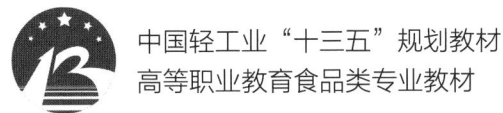

中国轻工业"十三五"规划教材

高等职业教育食品类专业教材

食品市场营销

主 编

童斌 解鹏 马长路

图书在版编目（CIP）数据

食品市场营销/童斌，解鹏，马长路主编.—北京：中国轻工业出版社，2025.1

中国轻工业"十三五"规划教材

ISBN 978-7-5184-2211-1

Ⅰ.①食… Ⅱ.①童… ②解… ③马… Ⅲ.①食品—市场营销学—高等学校—教材 Ⅳ.①F768.2

中国版本图书馆CIP数据核字（2018）第261781号

责任编辑：张　靓　　　责任终审：劳国强　　封面设计：锋尚设计
版式设计：砚祥志远　　责任校对：晋　洁　　　责任监印：张　可

出版发行：中国轻工业出版社（北京鲁谷东街5号，邮编：100040）
印　　刷：三河市万龙印装有限公司
经　　销：各地新华书店
版　　次：2025年1月第1版第9次印刷
开　　本：720×1000　1/16　印张：14.75
字　　数：280千字
书　　号：ISBN 978-7-5184-2211-1　定价：39.00元
邮购电话：010-85119873
发行电话：010-85119832　010-85119912
网　　址：http://www.chlip.com.cn
Email：club@chlip.com.cn
版权所有　侵权必究
如发现图书残缺请与我社邮购联系调换
242183J2C109ZBQ

本书编写人员

主　编　童　斌　江苏农林职业技术学院
　　　　　解　鹏　苏州农业职业技术学院
　　　　　马长路　北京农业职业学院

副主编　朱亚珠　浙江国际海运职业技术学院
　　　　　杨薇红　江苏农林职业技术学院
　　　　　余奇飞　漳州职业技术学院

编　委　曹　淼　江苏农林职业技术学院
　　　　　徐　良　苏州农业职业技术学院
　　　　　刘小飞　北京农业职业学院
　　　　　田文静　北京农业职业学院
　　　　　刘　卉　漳州职业技术学院
　　　　　刘秋民　浙江国际海运职业技术学院
　　　　　王锦文　祁连冰川矿泉水有限公司
　　　　　吴　闯　南京知心天瑞健康管理有限公司
　　　　　王丽娟　常州丽华快餐集团有限公司
　　　　　吉英东　江苏农林职业技术学院
　　　　　吴心磊　江苏农林职业技术学院
　　　　　狄婷婷　江苏农林职业技术学院
　　　　　窦媛媛　江苏农林职业技术学院

前言

市场营销（Marketing），又称作市场学、市场行销或行销学，MBA、EMBA等经典商管课程均将市场营销作为对管理者进行管理和教育的重要模块包含在内。市场营销是在创造、沟通、传播和交换产品中，为顾客、客户、合作伙伴以及整个社会带来经济价值的活动、过程和体系。主要是指营销人员针对市场开展经营活动、销售行为的过程。食品市场营销是市场营销的一个应用分支学科，它将营销学的理论、原则和客观规律应用于食品行业的实践活动中，重点研究食品行业营销活动的行为规律，分析营销工作中的内在因素，为改善食品行业经营管理、提高营销工作的服务质量，正确调整营销活动中的人际关系，为食品行业创造更多的经济效益，为更好地满足营销工作的需要提供理论依据。

随着国家经济的不断发展，食品因其特殊地位而日益为消费者关注，食品行业正逐步成为完全竞争行业，主要表现为集中度较低，中小企业比例高，技术水平低，同质化严重，价格竞争激烈，利润空间狭小，随着行业整合及行业成熟度的提高，行业利润向大企业迅速集中，龙头企业将担当起行业资源整合的重任。与此同时，食品行业对具有食品专业背景、又懂市场营销的高技术技能型人才的需求不断上升。为满足上述需求，编写一部符合高职教育时代特点、注重理实一体教学与训练的高职教材，是本教材编写的初衷。

本教材旨在强化食品市场营销理论与实践一体化目标，针对高职学生特点和高职教育规律对传统教学内容进行优化，设计了十个项目，三十个工作任务，基本实现了理论够用，突出实战的编写原则。教材内容设置了学习指南、案例导入、核心理论、学以致用、案例链接、项目小结、项目练习、项目资源和项目拓展理论等九个学习模块，可以促进学习者自发学习并开展拓展训练。

本教材包括的十个项目分别为：食品营销概述、食品营销环境分析、市场调研与需求预测、消费者购买行为分析、目标市场营销、产品策略、价格策略、食品营销渠道、促销策略、食品营销的管理。其中，典型食品营销、营销风险管理及营销新模式作为拓展内容列入指定项目内。

本教材适合于食品贮运与营销、食品加工技术、食品营养与检测、绿色食品生产与检验、农畜特产品加工、食品质量与安全、农产品加工与质量检测、食品药品监督与管理和食品营养与安全等高职高专专业，也适合食品企业人员学习与培训选用资料。

本教材由地处华东、华南和华北的五所高职院校专业教师、食品行业企业一线管理与营销骨干人员编写而成。具体编写分工：杨薇红负责项目一的编写；马长路、刘小飞、田文静负责项目二、项目三的编写；曹淼负责项目四的编写；童斌负责项目五、十的编写；解鹏、徐良负责项目六的编写；朱亚珠、刘秋民负责项目七、八的编写；余奇飞、杨薇红、刘卉负责项目九的编写；祁连冰川矿泉水有限公司副总经理王锦文、南京知心天瑞健康管理有限公司总经理吴闯、常州丽华快餐集团有限公司客服经理王丽娟负责案例资料整理与编写；吉英东、吴心磊、狄婷婷、窦媛媛负责部分图表绘制与文本编辑；童斌负责全书统稿。

本教材编写过程中得到了江苏农林职业技术学院、苏州农业职业技术学院、北京农业职业学院、浙江国际海运职业技术学院、漳州职业技术学院、祁连冰川矿泉水有限公司、南京知心天瑞健康管理有限公司、常州丽华快餐集团有限公司、苏州胥城食品有限公司、江苏省冷链学会、全国食品工业教育教学指导委员会的大力支持，特此感谢！

本教材涉及内容参考和引用了同行专家的教材与著作，无法全部列出，一并表示感谢！

鉴于编者自身学术水平限制，纰漏之处在所难免，敬请各位读者不吝赐教，以便再版时更正。

编者

目 录 CONTENTS

项目一　食品营销概述 ·· 1
　　任务一　食品营销的基本内涵 ··· 2
　　任务二　食品营销的性质、特点与功能 ·· 9
　　任务三　食品与食品工业概况 ··· 14

项目二　食品营销环境分析 ·· 22
　　任务一　营销环境的概念、内容与特征 ·· 23
　　任务二　营销环境分析方法 ·· 25
　　任务三　微观营销环境分析 ·· 30
　　任务四　宏观营销环境分析 ·· 36

项目三　市场调研与需求预测 ·· 49
　　任务一　食品市场调研的作用与类型 ··· 50
　　任务二　食品市场调研的步骤与方法 ··· 53
　　任务三　食品市场需求预测 ·· 58

项目四　消费者购买行为分析 ·· 68
　　任务一　消费者需求与购买动机分析 ··· 69
　　任务二　购买行为影响因素分析 ··· 72
　　任务三　购买行为决策过程分析 ··· 77

项目五　目标市场营销 ·· 85
　　任务一　食品市场细分 ·· 86
　　任务二　目标市场选择 ·· 91
　　任务三　食品市场定位 ·· 95

项目六　产品策略 ·· 105
任务一　产品整体概念、生命周期与组合策略 ································· 106
任务二　品牌与包装策略 ··· 111
任务三　新产品开发策略 ··· 123

项目七　产品定价策略 ··· 140
任务一　制定产品定价策略 ·· 141
任务二　选择定价方法 ·· 150
任务三　制定产品定价调整策略 ··· 155

项目八　食品营销渠道 ··· 163
任务一　分析产品渠道及选择渠道策略 ·· 164
任务二　选择与评估渠道成员 ·· 170

项目九　促销策略 ··· 181
任务一　传播与促销概述 ··· 182
任务二　广告与人员推销 ··· 186
任务三　营业推广与公共关系 ·· 192

项目十　食品营销的管理 ·· 209
任务一　食品营销的计划及制定 ··· 210
任务二　食品营销的组织与实施 ··· 213
任务三　市场营销的控制 ··· 218

参考文献 ·· 226

项目一

食品营销概述

【学习指南】

知识目标

1. 熟悉市场营销、营销管理、食品营销的概念。
2. 了解市场营销产生的历史背景和我国食品市场营销发展趋势。
3. 了解食品与食品工业的基本情况和特点。

技能概述

1. 能够熟练地进行市场营销观念的分析判断。
2. 能够熟练运用国内外食品法律法规,灵活分析企业市场营销中存在的相关问题。

【案例导入】

"秘密武器"为何不能长盛不衰——更新市场观念

库尔斯公司是美国一家啤酒酿造公司,地处科罗拉多的山沟里。1960年阿道夫·库尔斯这个44岁的啤酒王国的老板外出遇难后,公司由其儿子比尔和乔兄弟俩经营。库尔斯公司生产的啤酒是用纯净的落基山泉水酿制,公司只生产一种品质啤酒,且只有一家酿造厂生产这种啤酒,啤酒只在西部11个州销售,其中多数州是美国人烟最稀少的地区。它没有设立分厂,22年没有扩大过规模,同时,每一桶酒都要销往900英里以外的地方。啤酒质量很好,除了一些名演员像保罗·纽曼和伊斯特伍等外,从福特总统到亨利·基辛格,无不对库尔斯啤酒称道叫好。每年大约有30万库尔斯的崇拜者来啤酒厂游玩,人们一直称库尔斯有"秘密武器"。

到 1970 年,由比尔和乔经营的这一小规模地区性啤酒厂却异常繁荣,1969 年比 1968 年产量增长 19%,在全国啤酒行业中名列第四。在西部 11 个州市,库尔斯市场占有率达 30%。在加利福尼亚州,到 1973 年为止,他占有了 41% 的市场,比啤酒行业产量最大的安休斯-布希的 18% 还多。这与来自那些知名的和不知名的人士对库尔斯产品的狂热追求与爱好,以及与来自环境清洁和味道清淡适口的啤酒形象是分不开的。到 20 世纪 70 年代中叶,啤酒的消费趋势发生了很大变化,啤酒行业最热门的产品是凉爽型啤酒或低热量啤酒和高级名牌啤酒,这种啤酒的销售量几乎占到啤酒总销量的 10%,而其中全国发展最快的米勒公司啤酒占到 30%,并且这个比例还在上升,其他有发展的啤酒是高级名牌啤酒,安休斯-布希的米歇洛布牌啤酒竞争力很强。啤酒行业每年只以 3% 的速度增长,但几乎所有的增长均来自两种产品:凉爽或低热量啤酒和高级名牌啤酒,而这些库尔斯一种也不生产,只是一味地依赖于它的那一种啤酒,因循守旧。此外,研究表明,每十个饮用凉爽啤酒的新消费者中有四个是从库尔斯那里来的。西部市场也不再只属于库尔斯了,那里满是实力雄厚,根基牢靠的竞争对手,比尔不得不承认:"酿造我们能酿造的最好啤酒已经不够了"。库尔斯 1978 年利润下降到 5.48 亿美元,比利润最高的 1976 年减少将近 29%,即使退到 1975 年,利润也比这个数字高。

问题就在于对一个变化不定的和更有扩张性的市场,库尔斯一味采取长期观望的态度,而无所领悟,保守主义政策根深蒂固,错误地认为一种啤酒及一种形象的魅力会长盛不衰,从而否认任何大胆进取的甚至惯常的市场营销努力的必要性,最终使库尔斯这个历史悠久、令人肃然起敬的啤酒商不回头地走到这样一个历史时刻。

思考:你认为库尔斯的"秘密武器"来自何处?到 20 世纪 70 年代以后,为什么"秘密武器"却失灵了?产品的好坏应以什么为标准?库尔斯公司是以什么为导向?怎样才能使产品长盛不衰?

任务一

食品营销的基本内涵

任务目标

1. 理解市场营销、食品营销的概念。
2. 熟练而准确地对某个企业或产品进行营销管理观念的判断。

【核心理论】

一、市场营销学的历史与发展

1912年，美国哈佛大学经济学教授哈杰特奇首次出版了以"市场营销学"（Marketing）命名的教科书，标志着市场营销学正式成为一门独立的学科。20世纪30年代的经济萧条更使得生产厂家开始认真研究和分析市场销售活动，从而使市场营销学研究工作普遍展开，并逐渐传入西欧和日本。20世纪60年代，对市场营销学的研究进入高潮，各种理论著作相继问世，以美国麦卡锡和科特勒为代表人物的著作已形成了完整的现代市场营销学的理论体系和研究方法。20世纪70年代，市场营销学又结合社会学、心理学、行为学以及公共关系学等学科发展成为一门重要的边缘学科。随着商品经济不断向纵深发展，为适应瞬息万变的市场，适应社会经济发展的需要，市场营销学一直在不断充实、不断完善中发展，并形成了完整的学科体系。

1. 市场的概念

市场是指在一定时间、一定地点条件下，对某种产品或劳务具有潜在购买欲望和购买力的消费主体的集合。市场中三个主要因素可以用公式简单表示其关系：

$$市场 = 消费主体 + 购买力 + 购买欲望$$

消费主体是购买商品、服务的消费者和各类社会组织的总和，这些社会组织包括各类工商企业、政府机构和其他非营利性机构。

2. 市场营销的概念

1985年，美国市场营销协会（AMA）的前身——美国营销教师协会给出了定义，即市场营销是计划和执行关于商品、服务和创意的观念、定价、促销和分销，以创造符合个人和组织目标交换的一种过程。2004年8月，美国市场营销协会更新了该定义，即市场营销既是一种组织职能，也是为了组织自身及利益相关者的利益而创造、传播、传递客户价值，管理客户关系的一系列过程。

3. 营销管理的概念

营销管理是指企业等组织内部的市场营销管理。从理论上说，一切与市场有关的组织都有营销管理问题。所谓营销管理，菲利普·科特勒的解释：通过分析、计划、实施和控制，谋求创造、建立及保持营销者与目标顾客之间互利的交换，以达到营销者的目标。

在不同的需求情况下，市场营销管理的任务有所不同，通常可以分为8种不同的营销管理类型（见表1-1）。

表1-1　　　　　　　　　营销管理类型划分一览表

需求类型	营销管理任务	营销管理类型	营销管理措施
负（否定）需求	转换（扭转）需求	扭转性营销	了解原因，对症下药
无需求	创造需求	刺激性营销	营造环境，刺激需求
潜在需求	开发需求	开发性营销	设计4P，开发需求
退却需求	恢复需求	恢复性（再）营销	多购、吸引竞争者的顾客，新购
不规则需求	配合需求	同步性营销	调整4P以适应需求
理想需求	维持需求	维护性营销	积极采取措施维持需求
过度需求	减低需求	限制性营销	降低质量，提价，减少服务、网点、促销
无益需求	消灭需求	抵制性营销	不再营销

二、市场营销观念的演变

市场营销观念，是指企业领导人在组织和谋划企业的营销管理实践活动时所依据的指导思想和行为准则。市场营销观念是企业领导人对市场的根本态度和看法，是一切经营活动的出发点，也是一种商业哲学或思维方法。一种市场营销观念的形成不是凭人们主观臆造出来的，而是一种复杂的社会过程。市场营销观念大体经历了生产观念、产品观念、推销观念、市场营销观念和社会市场营销观念五个发展阶段。

1. 生产观念

生产观念认为，消费者会喜欢那些随处可购买到的价格低廉的产品。因此，生产导向型组织的管理部门总是把注意力集中在改进生产和销售效率方面。这一观念是指导销售者的最古老的理念之一。

生产观念在两种情况下不失为有效的指导思想。第一种情况是产品的需求超过供给；第二种情况是产品的成本太高，必须通过提高生产率来降低成本。

2. 产品观念

产品观念认为消费者欢迎那些质量最优、性能最好、特色点最多的产品。因此，企业应致力于对产品不断地进行改进。产品观念易导致"营销近视症"，主要表现为过分重视产品但不重视用户的需求。

3. 推销观念

推销观念产生于卖方市场向买方市场过渡时期。推销观念认为，除非一个组织做出大量的销售和促销努力，否则消费者就不会购买更多该组织的产品。推销观念支配下的销售导向目标是：尽可能地获得每一笔生意。

推销观念并不能建立起与顾客的长期关系，因为它的指导思想就是要甩掉所拥有的产品，而不是创造市场所需要的产品。

4. 市场营销观念

市场营销观念认为,组织目标的实现基于对目标市场的需要和欲望的正确判断,并能以比竞争对手更有效的方式去满足消费者需要的过程。市场营销观念是一种以顾客需要和欲望为导向的经营哲学,它把企业的生产经营活动看作是一个不断满足顾客需要的过程,而不仅仅是制造或销售某种产品的过程。

市场营销观念取代传统观念是企业经营思想上一次深刻的变革,是一次根本性的转变。

5. 社会市场营销观念

社会市场营销观念是不仅要满足消费者的需要和欲望并由此获得企业的利润,而且要符合消费者自身和整个社会的长远利益,使消费者欲望、企业利润和社会整体利益三者之间达到平衡与协调。

20世纪90年代以来,"绿色营销"即重视生态环境、减少或无污染、维护人类长远利益的营销,在许多国家方兴未艾,这也是社会市场营销观念的新的更高体现。

三、食品营销

1. 食品营销的概念

食品营销是指食品企业如何开拓市场,如何策划经营战略的一项活动。从产品的角度来说,食品营销是指从初级生产者到最终消费者的转移过程中,与投入品和消费品有关的所有交换和服务活动。从企业的角度来说,食品营销是所有出售企业新产品的必要活动。从社会的角度来说,食品营销是食品企业确认并满足消费者和社会需要的一种社会经济活动过程。

2. 食品营销的主要内容

(1) 市场营销观念　贯穿于食品营销全部内容的核心思想和理论基础,是以消费者为对象,以满足他们的需求为中心的市场营销观念。

(2) 市场营销调研　是食品企业确定经营目标,制定生产计划和营销策略之前认识和了解市场的重要手段。

(3) 市场环境分析　主要分析各种环境因素对食品企业市场营销的影响。

(4) 市场分析　它包括食品市场分类,特征分析,影响市场需求的各种因素的分析和购买行为分析等。

(5) 市场细分与选择目标市场　主要包括市场细分的意义和依据,选择目标市场和市场定位的方法和策略。

(6) 市场营销组合　它包括产品、分销、促销和定价,是食品企业可控制的四个经营手段,也是食品营销的核心内容。

(7) 食品营销管理　它涉及食品企业为确保营销目标的实现,将食品营销战略和计划转化为具体的营销活动的过程。

3. 我国食品市场发展趋势

（1）产品向多样化发展，市场进一步细分。

（2）消费者更加重视食品营养。

（3）消费者对食品安全的关注度越来越高。

【学以致用】

■ 实践目标

熟悉当前食品企业的市场营销观念的主要类型，并通过走访调查深入了解影响食品企业发展的营销观念。

■ 实践方案

1. 以小组为单位对学校周边食品企业进行调查，通过小组讨论来对食品营销观念进行总结。

2. 调查结果的汇报，每组同学对所得数据绘进行分析，PPT汇报。

■ 技能培养

1. 以走访调查的方式培养学生的口语交际能力。

2. 以PPT汇报的形式锻炼学生的文档处理能力。

3. 以小组为单位向全班进行分享汇报，锻炼学生口头表达能力与现场组织能力。

【案例链接】

追求挑战的"百事可乐"

在美国饮料市场上，作为防御者的可口可乐长期处于领先地位，而作为进攻者的百事可乐则处于第二，始终没有超过可口可乐。但有人断言，如果没有可口可乐，百事可乐也绝没有今天。原因很简单，可口可乐的存在为百事可乐提供了竞争目标和市场的压力，而压力又成为企业前进的动力。事实上也正是如此，百事可乐一直不停地挑战可口可乐，并取得了几个回合的胜利，百事可乐也就随着发展壮大了。

百事可乐公司自20世纪50年代开始，在恩瑞可的主持下，改革了该公司原来的经营方式，实行了5个方面的改革。一是改良本牌子饮料的口味，使其不逊色于可口可乐；二是重新设计玻璃瓶型及公司的各种标识，发挥整体广告宣传的作用；三是重新策划广告，提高本公司品牌形象，这当然要增加广告投入；四是集中力量攻占可口可乐所忽视的广大市场；五是集中兵力攻占市场据点，选定本国的25个州和国外的25个地区为重点攻占目标，与可口可乐开展争夺战。到1955年，百事可乐公司已克服了自己各方面的弱点，营业额有了较大增长，市场占有率有所提高。

在取得初步成功后，百事可乐希望运用各种强有力的竞争手段，与可口可乐争个高低，直接攻占可口可乐的市场，只是苦于抓不住可口可乐的弱点。但偶然发生的一件事为百事可乐提供了机会。1985年可口可乐在迎接其诞生100周年的时候，该公司突然宣布改变沿用了99年之久的配方，采用新的研制配方。可口可乐为研制这个新配方，花了几百万美元，满以为可以获得新的成功。岂料该新配方的产品上市后，引起了市场的轩然大波，消费者纷纷抗议这一改变，可口可乐的形象一时为之大挫。

百事可乐的老板们此时乐得不可开交，特地让公司员工们放假一天。同时，花了几百万美元制作了一个电视广告节目，在众多电视网络上反复播放1个月。其内容是这样的：一个眼神急切的姑娘对着镜头说："有谁能出来告诉我可口可乐为什么这么做吗？他们为什么要改变配方？"然后，镜头突然转变，姑娘说："因为他们变了，因此我要开始饮百事可乐了。"紧接着，她喝了一大口百事可乐，满意地说："嗯，嗯，现在我知道了"。经此一下一上，百事可乐形象开始鲜明起来。

可口可乐虽然因改变配方的错误决策带来上千万美元的损失，并失去了一些市场，但它不愧是老牌大企业，并未因此一蹶不振，他们迅速纠正了失误，大做广告向广大消费者承认错误，表示尊重顾客的意见。而百事乐公司也并不因此放松进攻，乘势开展种种促销活动和针对可口可乐的各种广告活动。最突出一个例子是，1987年间，可口可乐公司为夺回失去的部分，投资250万美元和雇聘了1000多人，拍摄了一个60秒钟的电视广告，由英国一位著名导演做策划。百事可乐获悉可口可乐公司这一举动后，于1991年年初利用当时最走红的歌星——美国好莱坞的迈克尔·杰克逊制作广告，单支付演唱酬金就是500万美元，可谓世界最大手笔的广告。但是百事可乐公司这样做，绝非为了争口气，而是为了通过广告行为树立企业的形象，以压倒竞争强手而获得消费者的认可，最终达到抢占市场的目的。

百事可乐公司在第二的位置上向强手挑战，敢于开创可口可乐未曾涉及的"真空地带"，不断创新是公司特定的风格。公司总裁韦因·卡拉维说："百事可乐公司与其他公司不同，其他公司是随着消费者增多而发展，我们则认为，市场发展到一定程度就要考虑另辟市场。"他认为，"只要还没有失败就要坚持下去的想法是错误的，在当今社会中，知道要失败就要赶快改变战略，否则早晚会完蛋"。因此，百事可乐没有死心眼地把鸡蛋放在一个篮子里，从60年代起公司就打破单一的业务种类，迅速发展其他行业，并一举成为多角化经营企业。

在快餐业，百事可乐又创造了一个新的奇迹。自1977年百事可乐公司闯入快餐业后，以其优质、低价的食品，高效、多样的服务赢得了顾客的青睐，成为当今世界上盈利情况最好的公司之一。百事可乐公司的销售额和收入年年创纪录，许多老牌快餐公司在其咄咄逼人的攻势下败落。公司所属的3家快餐公司——比萨饼屋、肯德基炸鸡店和特柯贝尔快餐店，甚至使最负盛名的快餐大王麦当劳公司也感到巨大威胁。麦当劳公司的年利润率为8%。而百事可乐快餐公司的年利润率却高达20%。

奇迹是怎样产生的呢？卡拉维常对下属说："如果你所在的市场不能发展，那么你就得不断反思，直到找出一条发展的道路。而且即便在情况良好时也要不断设法创新，要进一步有所变化。"因此，"力争成功"成为每一个身在百事可乐公司的经理的座右铭。

比萨、肯德基和特柯贝尔在未被百事可乐公司兼并之前，只有时冷时热的餐店，仅仅在自己狭隘的市场范围内略有优势。百事可乐公司对它们实行兼并后，就立即提出目标和竞争对手："不应再是城里的'另一家'炸鸡、馅饼店，而应是伟大的麦当劳！"于是在这个新的战场上又开始了一场角逐。

过去几年由于通货膨胀，麦当劳的食品不断涨价，百事快餐看准了这一突破口开始了攻势。公司不断设法降低成本，制定了"简化、简化、再简化"的原则。当然这绝非是降低食品质量，而是减少非食品经营支出。如预先炸好玉米饼，切好洋葱，在店外烧炒牛肉等，尽量减少厨房占地和降低人工成本；修改菜单，把做工快的菜放在首位等。结果每天高峰期，经营额超过以前两倍以上，而人力只有一半。因而实现了价格降低，利润上升，就餐者大大超过麦当劳，并带动了百事可乐饮料的销售。

百事可乐公司还开创了餐馆业的新潮流——送货上门。卡拉维说："如果只等着忙碌的人们到餐厅来，我们是繁荣不起来的。我们要使炸鸡、馅饼的供应如同看时间那样方便。"如今美国百事可乐公司拥有15万个销售网点，保证了迅速、准时地把百事可乐的馅饼、炸鸡送到千百万个家庭、学校、办公室、足球场、飞机场等。

这些还不能满足百事可乐变革、创新的欲望，卡拉维经常对各经营机构进行经理人员大换班，甚至是经营状况优异的机构也不能例外。其目的是打破因人所设的框框。百事可乐就像奔驰前进的战车，永不减速，永无止境。总裁卡拉维总是在制订雄心勃勃的新目标，让他的下属们忙得不亦乐乎。

虽然，百事可乐仍没有超过可口可乐。但要知道，百事可乐将其与可口可乐产品销售量之比从1∶12提高到1∶2。到1988年，百事可乐成为最强劲的竞争者，使全世界的企业家和经济学家刮目相看，也使可口可乐公司上下深感不安。

想一想

1. 从百事可乐对可口可乐的挑战中我们可以看出什么问题？
2. 这个案例给我们的启示是什么？

任务二

食品营销的性质、特点与功能

任务目标

1. 了解食品营销的性质与特点。
2. 了解食品营销的功能以及意义。

【核心理论】

一、食品市场营销的性质

食品市场营销是一门以经济科学、行为科学、现代管理理论为基础,研究以满足消费者需求为中心的食品企业市场营销活动及其规律性的综合性应用科学。

虽然市场营销学是 20 世纪初从经济学的母体中脱胎出来的,但是,食品市场营销不是一门经济科学,而是一门应用科学,属于管理学的范畴。

事实上,食品市场营销的发展经历了一个充分吸收相关学科研究成果、博采众家之长的跨学科演变过程,进而逐步形成了具有特定研究对象和研究方法的独立学科。其中,经济学、心理学、社会学以及管理学等相关学科对食品市场营销思想的贡献最为显著。

二、食品市场营销的特点

食品市场营销具有微观性、边缘性、实用性三个显著特点。

微观性是指食品市场营销的研究主要是从食品企业的角度着重于微观市场营销活动的经营策略、方法与技巧。但食品市场是食品生产和食品交换的具体实现领域,市场机制的运行,市场结构、市场环境的形成,市场作用的发挥都是宏观问题,这就决定了食品市场营销学也要研究宏观问题。但不是从国家的角度研究,而是从食品企业的角度研究,研究如何具体适应市场问题。所以,食品市场营销学研究的侧重点应该是微观。过去,在我国的市场理论研究中,对微观的研究是一个薄弱的环节,特别是对食品企业进行营销活动的具体策略和方法研究不够。食品市场营销就是要以食品企业为出发点,研究市场营销问题。

边缘性是指当今世界随着社会不断发展,科学技术的日益提高,各门学科从形式上表现为综合性,在本质上表现为科学的整体化和传统科学部门的解体。食品市场营销更是这样,它是在经济学、心理学、商业学、社会学、统计学、管理学市场营销学的基础上建立起来的一门新的学科。它应用了相邻学科的科学成果，把这些科学成果所获得的科学结论和科学概念运用于食品市场营销的策略方法和技巧的研究之中。

实用性是指食品市场营销的一切理论都来源于实践，在实践中不断充实、丰富和发展，反过来，它又能有效地指导实践。食品市场营销学的任务，就是通过对食品市场营销活动的研究，为食品企业实现利润提供有效的营销策略和方法。从这个意义上讲，食品市场营销就是研究如何赚钱的学问，是食品企业的"生意经"。

三、食品市场营销的功能

食品市场营销的功能是指食品企业为缩短生产和消费之间的距离，消除市场障碍，提供给消费者所期待的产品效用的基本流通过程和服务。由于在生产和消费之间，存在着信息的、空间的、时间的、所有权的不一致性，市场营销能够帮助食品企业克服和消除这些不一致性，实现生产和消费的相互协调，达到增加产品的效用、最大限度地满足消费者需求的目的。

产品的效用包括形式效用、时间效用、地点效用和占有效用，是指产品能够满足消费者需要的能力，产品对消费者来说是否有用，就决定于该产品在多大程度上满足了消费者的要求，是消费者对产品的一种感觉和评价。

食品的形式效用：是指产品必须具备一定的形式才能方便消费者食用。例如，冰淇淋是人们夏季喜爱的甜食品，但一旦融化了就不能作为冰淇淋来食用，失去了形式效用。

食品的时间效用：是指产品是否能在消费者最需要的时间内及时提供。例如，中秋节前月饼的消费需求最大；冷饮类食品在炎热的夏天消费旺盛、效用高，而严冬季节冷饮的效用就很低。

食品的地点效用：消费场所和生产场所不是同一个地点，往往相隔一定的距离。如果产品有地点效用，则这种产品必须在需要的时候即刻就能够买到，即刻可以食用。所谓"远水不解近渴"，指的就是产品没有地点效用。

食品的占有效用：在买卖交易之前，产品的所有权未转移，产品不归消费者所有，对消费者来说也是没有效用的。

食品企业开展市场营销活动就是为了使产品具有的以上四种效用，更好地满足消费者的需求。

四、食品市场营销的流通功能

1. 原料收集

用于食品加工的原料农产品广泛分散于远离加工厂的各个地理区域，将其运往加工地点集中起来,是实现地点效用的营销活动。例如,速冻蔬菜加工厂要从周围的农村产地收购新鲜蔬菜;乳品厂要到各地的乳牛养殖场收集牛乳。根据规模经济原理,大工厂生产比小工厂生产单位产品成本低,因此,将原料运给大的加工厂集中生产效率更高。

2. 原料分级

农产品收集起来以后,要进行分级,原料等级的价格受最终产品价格的影响。由于每年气候条件不同,不同地区作物生长环境条件也不同,原料品质质量的差异都会影响工厂产品的质量。例如,果品和蔬菜要经过大小分级,保证产品一致,达到制造商或消费者市场的要求。这种分级就是使产品具有形式效用。美国不同等级的水果最终用途不同:特级品送往礼品市场;一级品进入高收入者的食品商场;二级品供应中低收入者,如袋装果品销售市场;三级品专供生产罐头或果汁的加工厂。

3. 原材料储藏

由于大多数农产品生长期为 1 年,农产品加工企业生产有季节性,原料和配料也是季节性使用,原料必须放到仓储设施中储藏到需要使用的季节。不同的产品使用不同的储藏设施,谷物需要用传送带提升后置入高大的圆筒式粮仓中,果品之类易腐烂的产品,需要低温冷藏库储存。还有一些产品如蛋黄用于食品加工时,需要冷冻储存。储存可以增加产品的时间效用,还有助于提高地点效用。

4. 食品加工

活体家畜经屠宰厂加工变成白条肉,白条肉又经过肢解加工变成在食品商店里直接销售的各种形式的加工肉;果品和蔬菜也要经过果汁厂、罐头厂或速冻加工厂进行加工;谷物类则经过磨碎并加入其他配料而制成各种配方食品。对于食品来说,多级加工变得越来越普遍。例如,原料先加工成配料,再送往工厂制成糕点、速溶食品和方便食品等。加工赋予产品以形式效用。

5. 产品包装

食品的形态多种多样,有块状、粒状、粉状、浆状、液态等,均需进行包装。食品包装的目的在于:①保持食品的卫生;②便于贮运、销售,避免损坏;③防止吸湿、氧化和腐坏,延长保存期;④定量化,便于销售;⑤增加美观,提高价值;⑥吸引消费者注意,用标签说明产品、介绍品牌。近年来,由于包装材料和包装技术的发展使食品提高了品质,减少了损失,并且改善了外观,提高了品位和档次。包装提供产品的形式效用。

6. 产品库存

食品在分销渠道中必须保持足够的储量,以便及时补充零售货架上的空缺。企业的产品仓库、批发商的商品储备库、零售商的库房、专门为需要者出租的仓储设施等,都是产品储存场所。库存为产品提供时间效用。

7. 产品分销

产品分销指食品企业将产品分销给批发商、零售商和消费者的过程。企业可以自己建立独自的分销网络,还可以利用中间商渠道,将集中在加工厂仓库中的产品分配到各零售点去。分销赋予产品以地点效用。

8. 产品运输

从原料集中到最终产品的分配,运输几乎联结市场营销活动的所有阶段。加工企业要从远离工厂的地方取得原料资源,或者把产品销往其他地区,运输是一个关键的环节。运输增加产品的地点效用。

五、 食品市场营销的服务功能

1. 市场分析

市场分析是通过了解和分析市场的供求特点和环境条件,设法把消费者的现实或潜在需求同企业联系起来,把握市场需求特点的过程。消费者对食品的现实需求表现为购买维持最低生活需要的基本食品,而潜在需求是当收入进一步增长或饮食嗜好变化后要购买的食品的欲望。食品企业在研制和开发新产品时,首先要进行市场分析,否则生产的产品和市场需求不对路,就会导致产品销售不出去,造成巨大损失。

2. 产品开发

产品开发包括新产品的开发和现有产品的改进。市场营销要求食品企业要不断推出新的产品,并进行严格的市场试销,以便寻找新的或更好的产品,适应消费者的物质和心理需要,从而提高产品的效用。食品的形状、包装、品牌的改进也属于在原有产品基础上的产品开发。

3. 需求开发

食品企业的规模化生产虽然可以以较低的成本大量提供产品,但是,如果需求不增加或增加缓慢,市场营销的各个环节也不可能正常运转。所以,市场营销要刺激需求、创造需求,提高需求的水平,这项工作主要是由食品加工企业来承担。介绍新产品的广告投入大,市场开拓花费时间,一个新的产品在几周内就可以生产出来,但要被人们充分认识也许要花很长的时间。中间商在为食品企业介绍新产品或新品牌中也会起到重要作用,通过批发商、零售商的介绍,顾客会逐步形成对这种产品的需要。大型食品超级市场的增多,对开发食品的需求将会起到重要作用。

4. 交换服务

交换发生在食品市场营销的各个不同层次,例如,有加工厂和农户之间的原料买卖,还有中间商和加工厂之间、中间商和消费者之间的产品买卖等。买卖双方一经达成协议,交换就可能发生。交换形成价格,价格反映了供求关系,这在农产品市场交易、拍卖中最为明显。交换服务功能还包括货币的支付、银行结算及交货等手续。

5. 市场信息

市场信息是减少市场风险的灵丹妙药。市场信息为参与市场交换的所有的人的理智行为提供依据，使消费者选择那些最能满足他们需要的产品和服务，也使食品企业能够做出合理的决策来满足消费者的需要。国外一些大食品企业或公共部门建立有市场营销信息系统，收集、分析、预测和传递产品的未来的销售趋势，为企业和社会公众提供完善的市场信息服务。

【案例链接】

自从2016年来食品行业是冰火两重天，一方面是传统大鳄、小鳄以及他们跟随者的销量纷纷下滑，另一方面是一些有创新型的产品，以迅雷不及掩耳之势在市场上站住，快速获取市场份额，成为了一代网红。

当然最火的就是辣条，开了挂一样，从"垃圾产品"的光荣代表迅速蹿成了"食品界第一网红"，如果在食品行业说到声名狼藉，辣条说第二，没人敢说第一："垃圾食品""黑心作坊""校园小卖部食品"，各种标签贴得牢牢的，以至于做辣条的企业都不好意思说自己是做"辣条"的，而是说做"面筋熟食"的。

没想到，忽如一夜春风来，咸鱼不光是翻身了，都开始跃龙门了。这就不得不提的一家企业，那就是卫龙。卫龙2015年才上线的天猫店面，在淘宝的自然搜索率达到40%~50%，微博日互动话题最高达到十几万。打开卫龙的旗舰店，近百个单品中，动辄就是几十万的销量，几万条的互动评论。

那么卫龙从人人畏之如虎的"垃圾食品"到如今走出国门的"食品网红"，究竟是运气使然，还是一次精彩绝伦的营销战略呢？

分组调查"卫龙"的发展过程，分析"卫龙"的营销过程，找出其营销方法的独到之处，并进行讨论汇报。

【学以致用】

实践目标

1. 培养学生的信息搜集，整理以及分析能力。
2. 培养学生的营销思维模式。

实践方案

1. 以小组为单位调查某一类食品（如饮料、零食、熟食制品等）的市场情况，消费人群。

2. 根据以上调查结果选择一种销量不高的食品，调查其发展过程，并就此种食品对各类人群进行采访，从消费者的角度分析其销量不高的原因。

3. 对以上结果做成PPT等形式进行汇报。

任务三

食品与食品工业概况

任务目标

1. 理解食品与食品工业的基本情况。
2. 了解食品的作用与分类。
3. 了解食品行业的特点。

【核心理论】

一、食品概述

食品是人类生存不可缺少的物质条件之一，是维持人类生命和身体健康不可缺少的能量和营养源，是人类最基本的生活资料。

1. 食品的概念

食品是人类食用的物品，包括天然食品和加工食品。天然食品是指在大自然中生长的、未经加工制作、可供人类食用的物品，如水果、蔬菜、谷物等；加工食品是指经过一定的工艺进行加工后生产出来的以供人们食用或者饮用为目的的制成品，如大米、小麦粉、果汁饮料等，但不包括以治疗为目的的药品。

2. 食品的作用及要求

（1）食品的作用

①为人体提供必需的营养素，满足人体营养需求。

②满足人们的不同嗜好和要求，如色、香、味、形态、质地等。

③对人体产生不同的生理反应，如兴奋、镇静和过敏等。

（2）食品的基本要求　食品的安全卫生和必要的营养。

3. 食品的分类

（1）按原料分　有稻米及其制品，麦、面及其制品，淀粉及其制品，植物油脂及其制品，豆类制品，果蔬制品，糖及糖果，乳制品，肉制品，蛋制品，水产制品等。

（2）按加工方法分　有天然食品（不需加工）、油炸食品、焙烤食品、膨化食品、烟熏食品、挤出食品、微波食品、微生物发酵食品等。

（3）按包装方法分 有罐头食品、袋装食品、散装食品等。

（4）按保藏方法分 有冷藏食品、冷冻食品、冷冻脱水食品、腌制食品、糖渍食品、脱水干制食品等。

（5）按方便性分 有方便食品和一般食品。

（6）按消费方式分 有休闲食品、主食食品、饮料食品等。

（7）按消费对象分 有婴幼儿食品、儿童食品、中小学食品、老年食品、军用食品、旅游食品、一般食品等。

（8）按功能分 有功能食品或强化食品、一般食品等。

（9）按受污染程度分 有一般食品、绿色食品和生态食品。

二、食品工业概况

根据 GB4754—2017《国民经济行业分类》，中国食品工业包括农副食品加工业、食品制造业、酒、饮料、精制茶制造业、烟草制造业四大类、22 个中类、57 个小类，共计 2 万多种食品。农副食品加工业包括粮油加工、畜禽蛋加工、水产品加工、果蔬加工及豆制品加工等；食品制造业主要包括焙烤食品、面制品、罐头、糖果、调味品、乳制品及食品添加剂等；饮料制造业主要包括酒精饮料、软饮料、固体饮料及精制茶加工等。

1. 食品工业的概念

食品工业是运用机械设备和科学方法对食品原料进行初加工、深加工以供人们食用，满足人们生活水平不断提高的要求的工业。

食品工业是人类的生命工业，也是永恒不衰的工业，是全球经济中的重要产业。

2. 发达国家食品工业特点

（1）原料加工率高 发达国家食品原料加工率一般都在 70% 以上，有的高达 92%，而我国和其他发展中国家仅为 20%~30%。

（2）产值高 发达国际食品工业产值很高，且在工业总产值中所占比例也很高，一般在 10% 以上，最高的接近 18%。另外，发达国家食品工业产值与农业总产值之比很高，一般是（1.6~2.4）:1。

（3）工业体系完整 发达国家为食品工业提供装备的食品机械行业已经发展成为一个完整的体系，成为机械工业的一个重要组成部分。食品机械产品品种齐全，多达 3000 多种。由于不断应用新原理、新技术、新工艺、新材料，促使食品机械产品呈现质量可靠、稳定、标准化、通用化、系列化的特点，并具有消耗少、原料利用率高、污染少等优点。发达国家食品机械的出口率平均占总产值的一半。

（4）工业化生产特点突出 在工业化食品生产领域，设备的专业化、连续化、机械化、自动化程度都很高，生产能力都很大，显著提高了劳动生产率，改善了劳动条件，降低了加工成本，提高了产品质量，从而增强了产品的竞争力。

3. 我国食品工业特点及发展趋势

（1）特点

①国民经济的支柱产业：自改革开放以来，我国食品工业历经坎坷，在激烈的市场竞争中求生存，并且有了很大发展，成为工业发展中发展最快的行业之一。

②产品结构调整取得进展：各类食品在质量、品种、档次、功能以及包装等方面基本满足了不同消费层次的需求。

③食品工业企业不断壮大：截至2013年一季度，规模以上食品制造业企业数量达到7314家，到2015年，销售超过百亿元的食品企业数量达到50家以上。中国食品工业企业年销售收入增速将保持在10%以上。

（2）发展趋势

①居民消费与市场需求：一是随着生活水平的提高，城乡居民消费将由生存需要逐步扩展到享受需要、发展需要，从而由过去单纯满足"饱腹"来"养活"自己的观念转向营养、保健和美容的享受。二是恩格尔系数逐步下降。三是居民在外就餐消费支出不断提高。四是食品进出口贸易量不断增加。五是食品营养与安全受到更多关注。

②结构调整与产业升级：首先，食品工业的生产力不强。其次，产业结构不合理。第三，加工食品不能完全适应市场需求。

③食品工业与农业协调发展：从产业链的角度看，位于上游的农业，按照加工食品的需求，向位于中游的食品工业提供用于加工制造的原料，通过食品工厂，生产出工业制造品、半成品，再经过下游的食品批发零售业和餐饮业，供应给广大消费者。位于中游的食品工业不是农业的简单延伸和扩展，而是通过工业加工使产品性能、形态和经济价值产生质的变化和升华，从而形成中间小、两头大的"空竹"型现代食物体系，该体系以现代食品工业为轴心，运转越快，则带动作用越大。

④食品工业与营养改善：食品工业主要围绕以下几个发展方向，一是满足人们的营养需求为宗旨，进行加工原料的选择和工业生产；二是继续发展营养强化食品；三是绿色食品、有机食品越来越受消费者欢迎。

⑤食品工业与科学技术：电子技术、生物技术、新材料等基础科学技术以及超高压处理、超临界提取、膜分离、分子蒸馏、超微粉碎、微胶囊、真空处理、品质评价、食品掺假鉴定、超高温瞬时灭菌等尖端技术在食品工业生产和产品研发中得到广泛应用。

⑥食品工业面临市场转型：激烈的市场竞争和国家食品工业长远利益将迫使

中小食品企业被淘汰。人口大量流动导致食品区域差别缩小,城市化建设的加快使人们的膳食结构发生改变。大批外资和大型国际食品企业纷纷涌入中国食品市场。目前,食品行业正处在由以单纯生产加工为主的"橄榄型"经济,转向以原料及物流为主的"哑铃型"经济的过渡中。

⑦食品工业与可持续发展战略:食品工业要注意的三大问题:一是环境污染问题;二是能源消耗问题;三是水耗问题。

【案例链接】

连锁经营的经典:麦当劳

1955 年,52 岁的克劳克以 270 万美元买下了理查兄弟经营的 7 家麦当劳快餐连锁店及其店名,开始了他的麦当劳汉堡包的经营生涯。经过多年的努力,麦当劳快餐店已遍布世界大多数地区。如果你访问日本,你可走进麦当劳快餐店,来上一个大大的"麦当劳"汉堡包,喝上一杯牛奶冰淇淋饮料。你也可以在墨西哥、瑞士和泰国订上一份麦当劳。如果谈判成功的话,你甚至可以在匈牙利和南斯拉夫品尝到麦当劳的特色。总之,麦当劳现已成为一种全球商品,几乎无所不在。麦当劳金色的拱形"M"标志,在世界市场上已成为不用翻译即懂的大众文化,其企业形象在消费者心目中扎根到如此地步,正如美国密执安大学的一位教授说的:"有人哪一天看不到麦当劳餐厅的金色拱顶,会感到这一天真难以打发,因为它还象征着安全。"

麦当劳公司是怎样取得如此瞩目的成就呢?这归功于公司的市场营销观念。公司知道一个好的企业国际形象将给企业市场营销带来的巨大作用。所以其创始人克劳克在一方面努力树立起企业产品形象的同时,更着重于树立起良好的企业形象,树立起"M"标志的金色形象。当时市场上可买到的汉堡包比较多,但是绝大多数的汉堡包质量较差、供应顾客的速度很慢、服务态度不好、卫生条件差、餐厅的气氛嘈杂,消费者很是不满。针对这种情况,麦当劳的公司提出了著名的"Q""S""C"和"V"经管理念,Q 代表产品质量"Quality",S 代表服务"Service",C 代表清洁"Cleanness",V 代表价值"Value"。他们知道向顾客提供适当的产品和服务,并不断满足不时变化的顾客需要,是树立企业良好形象的重要途径。

麦当劳公司为了保证其产品的质量,对生产汉堡包的每一具体细节都有着详细具体的规定和说明,从管理经营到具体产品的选料、加工等,甚至包括多长时间必须清洗一次厕所、煎土豆片的油应有多热等细节,可谓应有尽有。对经营麦当劳分店的人员,必须先到伊利诺斯州的麦当劳汉堡包大学培训 10 天,得到"汉堡包"学位,方可营业。因此,所有麦当劳快餐店出售的汉堡包都严格执行规定的质量和配料。就拿与汉堡包一起销售的炸薯条为例,用作原料的马铃薯是专门培植并经精心挑选的,再通过适当的贮存时间调整一下淀粉和糖的含量,放入可以调温的炸锅中油炸立即供应给顾客,薯条炸出后 7min 内如果尚未售出,就将报废不再供应顾客,这就保证了炸薯条的质量。同时由于到麦当劳快餐店就餐的顾客来自不同的阶层,具有不同的年龄、性别和爱好,因此,汉堡包的口味及快餐的菜谱、佐料也迎合不同的口味和要求。这些措施使得公司的产品博得了人们的赞叹并经久不衰,树立了良好的企业产品形象,而良好的企业产品形象又为树立良好的企业国际形象打下了坚实的基础。

麦当劳快餐的服务也是一流的。在这里没有公用电话和投币式自动电唱机,因此没有喧闹和闲逛,最适于全家聚餐。它的座位舒适、宽敞,有早点,也有新品种项目,随顾客挑选。这里的服务效率非常高,碰到人多时,顾客要的所有食品都事先放在纸盒或纸杯坦克中,排队一次就能满足顾客所有的要求。麦当劳快餐店总是在人们需要就餐的地方出现,特别是在高速公路两旁,上面写着:"10 米远就有麦当劳快餐服务",并标明醒目的食品名称和价格;有的地方还装有通话器,顾客只要在通话器里报上食品的名称和数量,待车开到分店时,就能一手交货,一手付钱,马上驱车赶路。由顾客带走在车上吃的食品,不但事先包装妥当,不至于在车上溢出,而且还备有塑料刀、叉、匙、吸管和餐巾纸等,饮料杯盖则预先代为划十字口,以便顾客插入吸管。如此周详的服务,更为公司光彩的形象加了多彩的一笔。

麦当劳公司在公众中树起优质产品、优质服务形象的同时,也意识到清洁卫生对于一个食品公司的重要性,假如没有一个清洁卫生的形象,麦氏公司是无法一直保持其良好形象的,当然也就无法保证其良好的营销效果。所以麦当劳快餐店制定了严格的卫生标准,如工作人员不准留长发,妇女必须带发网,顾客一走就必须擦净桌面,落在地上的纸片,必须马上捡起来,使快餐店始终保持窗明几净的清洁环境。顾客无论什么时候走进麦当劳快餐店,均可立刻感受到清洁和舒适,从而对该公司产生信赖。

由于麦当劳快餐店在服务、质量、清洁三方面的杰出表现,使得顾客感到麦当劳快餐是一种真正的享受,花钱也值得。这种感受会促使他再次走进麦当劳店,走进那金色拱顶的餐厅。

麦当劳公司就是这样通过 Q、S、C、V 的营销管理模式,为企业赢得了良好的形象。今天,麦当劳公司正以一个安全、可靠的形象高高立在国际市场。良好的国际形象对企业的市场营销带来了巨大的效益。同时,良好的销售又进一步扩大,巩固了企业的国际形象。

企业的产品和服务能为顾客所承认、接受,这个企业才能在市场上站得住脚,因此企业全部经营活动的出发点和归宿,就是千方百计使顾客对其产品和服务感到满意。想顾客之所想,急顾客之所急,而且想得要更加周全细致。

想一想

仔细分析一下麦当劳的成长过程，为什么一种速食品牌能成为大众文化的象征呢？

【学以致用】

实践目标

体会食品在市场中的总体分布与个性化特点，通过现场调查与网络检索，归纳、总结出食品及食品工业发展现状。

实践方案

以小组为单位进行实践，假定你是某信息咨询公司主管，有客户向贵公司征询食品行业商业机会，公司管理层责成你负责答复，你如何安排团队人员开展相关调查和分析工作？将答复意见制作成PPT，向客户汇报。

技能培养

1. 通过制作《食品市场发展现状》，锻炼学生的市场调研与评估能力。
2. 通过对食品市场现状的分析锻炼学生的交际能力和口语表达能力。
3. 通过虚拟角色定位，让学生能够培养独立思考、综合分析、利用专业技能解决实际问题的能力。

【项目小结】

本项目主要介绍了市场营销学的产生和发展，营销观念的演变过程，食品营销的基本概念，食品与食品工业的基本概况和特点。

随着全球经济的发展和科学技术的进步，尽管新兴产业不断涌现，但食品业仍然是制造业的第一大产业，是永恒不衰的常青产业。

人们消费观念的改变与环境健康意识的普及，导致市场对农产品、食品的健康化、无害化要求越来越高。

【项目练习】

（一）单项选择题（在每小题的四个备选答案中选出一个最合适的答案）

1. 最早出版的《市场营销学》的作者是（　　）。
   A. 科特勒　　　　　　　　　B. 凯洛斯

C. 哈杰特奇 D. 索罗斯
2. 市场营销的研究工作最先从哪个国家开始（　　）。
 A. 日本 B. 英国
 C. 德国 D. 美国
3. 市场构成要素中不包括（　　）。
 A. 人口数量 B. 消费主体
 C. 购买力 D. 购买欲望
4. 以下哪项不是市场营销观念的一种（　　）。
 A. 生产观念 B. 市场营销观念
 C. 推销观念 D. 专业化观念
5. 以下哪种不属于产品效用？（　　）
 A. 时间效用 B. 占有效用
 C. 位置效用 D. 形式效用

（二）多项选择题（在每小题的备选答案中选出不少于一个的合适答案）

1. 属于市场营销管理类型的有（　　）。
 A. 扭转性营销 B. 开发性营销
 C. 限制性营销 D. 陪伴性营销
 E. 抵制性营销
2. 以下属于食品的有（　　）。
 A. 苹果 B. 蛋糕
 C. 口香糖 D. 野生菌
 E. 阿司匹林
3. 以下属于食品行业的有（　　）。
 A. 牙膏企业 B. 保健品企业
 C. 乳制品企业 D. 调味品企业
 E. 焙烤产品添加剂企业 F. 冰淇淋包装袋生产企业

（三）判断题（判断下列论述是否正确）

1. 市场营销就是企业的营销活动。（　　）
2. 交换是市场营销活动的中心。（　　）
3. 市场营销的最终目的是企业盈利。（　　）
4. 产品观念会导致营销近视症。（　　）
5. 营销管理的实质是需求管理。（　　）
6. 无需求状态下营销管理的任务是开发性营销。（　　）
7. 不规则需求状态下营销管理的任务是同步性营销。（　　）
8. 推销导向强调的是销售，生产导向强调的是生产，两者有本质差别。（　　）
9. 许多企业采取绿色包装以降低白色污染，这些企业持有的是社会市场营

销观念。　　　　　　　　　　　　　　　　　　　　　　　（　　）

(四) 简答题

1. 简述市场营销观念的演变。
2. 怎么理解市场营销的基本内涵？
3. 食品行业的特点有哪些？

(五) 论述题

1. 为什么说推销和广告不是市场营销活动中最重要的部分？
2. 如果你是一个公司经理，将会倡导什么样的营销理念，并用具体条目列举出来以便宣传贯彻。
3. 请结合实际谈谈我国食品的发展及前景。

项目二 食品营销环境分析

【学习指南】

知识目标

1. 了解影响企业市场营销环境的因素及其变化规律。
2. 掌握宏观环境因素和微观环境因素对企业生产经营活动的作用和影响。

技能概述

通过对企业营销环境的分析,能找出外部环境为企业所提供的可利用的机会以及外部环境对企业发展所构成的威胁,学会分析企业自身优势与不足,寻求市场环境中适合企业生存与发展的机会。

【案例导入】

2003年的非典,对中国和世界人民来说,都是一场灾难,也是一场严峻的考验。期间,政府和专家给出了一些预防病毒感染的建议措施,在这些建议中包括可用食用醋熏蒸消毒空气。随即,老百姓抢购白醋进入高潮。

面对这种情况,江苏恒顺醋业反应迅速,截至2003年2月11日下午4时止,向广州等地区发货量已达千吨以上,收到货款上百万元。到14日,其累积发货量已达十多万箱。而与此同时,赫赫有名的山西老陈醋的发货量只有2万箱。

思考:针对当时的环境,分析恒顺醋业在服务大众的同时,获得巨大成功的因素?

任务一
营销环境的概念、内容与特征

任务目标

1. 了解营销环境的概念。
2. 会判断及划分企业营销的宏观和微观环境。

【核心理论】

一、营销环境的概念

营销环境是指影响和制约企业营销活动的各种内部条件和外部因素的总和。

企业总是生存于一定的环境之中，企业营销活动离不开自身条件，也离不开周围环境。内部条件企业可以控制，但外部因素却是企业难以控制的。企业营销活动不仅要主动地去适应环境，而且也可以通过把握和预测环境，在某种程度上去影响环境，使环境有利于企业的发展。可见，重视研究营销环境及其变化，是企业营销的基本工作。

二、营销环境的内容

营销环境的内容比较广泛，可以根据不同标志加以分类。基于不同观点，营销学者提出了各具特色的对环境分析的方法，菲利普·科特勒采用划分为微观环境和宏观环境的方法。微观环境与宏观环境之间不是并列关系，而是主从关系，微观营销环境受制于宏观营销环境，微观环境中所有的分子都要受宏观环境中各种力量的影响（见图2-1）。

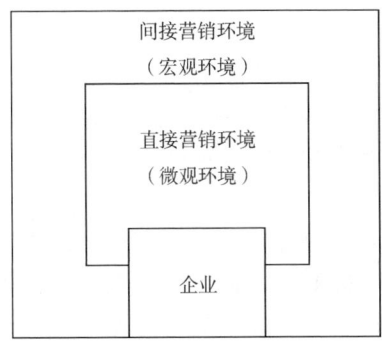

图2-1 营销环境对企业的作用

营销环境包括微观环境和宏观环境。微观环境指与企业紧密相联，直接影响企业营销能力的各种参与者，包括企业本身、市场营销企业、顾客、竞争者以及社会公众。宏观环境指影响微观环境的一系列巨大的社会力量，主要是：人口、经济、政治法律、科学技术、社会文化及自然生态等因素。微观环境直接影响与制约企业的营销活动，多半与企业具有或多或少的经济联系，也称直接营销环境，又称作业环境。宏观环境一般以微观环境为媒介去影响和制约企业的营销活动，在特定场合，也可直接影响企业的营销活动。宏观环境被称作间接营销环境。宏观环境因素与微观环境因素共同构成多因素、多层次、多变的企业市场营销环境的综合体（见图2-2）。

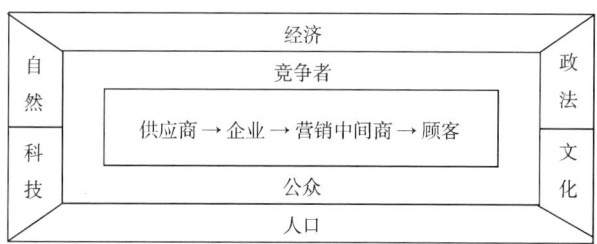

图2-2 市场营销宏观和微观环境

营销环境按其对企业营销活动的影响，也可分为威胁环境与机会环境，前者指对企业市场营销不利的各项因素的总和，后者指对企业市场营销有利的各项因素的总和。营销环境按其对企业营销活动影响时间的长短，还可分为企业的长期环境与短期环境，前者持续时间较长或相当长，后者对企业市场营销的影响则比较短暂。

三、营销环境的特征

1. 客观性

环境作为营销部门外在的不以营销者意志为转移的因素，对企业营销活动的影响具有强制性和不可控性的特点。一般说来，营销部门无法摆脱和控制营销环境，特别是宏观环境，企业难以按自身的要求和意愿随意改变它。

2. 差异性

不同的国家或地区之间，宏观环境存在着广泛的差异，不同的企业，微观环境也千差万别。正因营销环境的差异，企业为适应不同的环境及其变化，必须采用各有特点和针对性的营销策略。环境的差异性也表现为同一环境的变化对不同企业的影响不同。

3. 多变性

市场营销环境是一个动态系统。构成营销环境的诸因素都受众多因素的影响，每一环境因素都随着社会经济的发展而不断变化。80年代初的时候，"北冰洋"汽水成为了刚刚改革开放的中国的一种时尚汽水，成为了80后一代的回忆，而随着经济的发展和可口可乐、百事可乐的入驻，"北冰洋"汽水难觅踪影，但是近年，随着怀旧思潮的涌现，"北冰洋"汽水又逐渐进入大众视野，这与社会经济文化的发展是分不开的。营销环境的变化，既会给企业提供机会，也会给企业带来威胁。

4. 相关性

营销环境各因素之间，相互制约，相互影响。某一因素的变化，可能会带动其他因素的相互变化，形成新的营销环境。

【学以致用】

实践目标

会判断一些与企业有关的环境分类。

实践方案

1. 以小组为单位，对学校周边食品超市进行调查，列出影响其食品销售的宏观环境和微观环境。
2. 任选一种食品，分析影响该食品销售的有利环境和不利环境。
3. 进行小组讨论。
4. 班级里汇报小组分析结果。

技能培养

1. 锻炼学生分析问题的逻辑能力。
2. 锻炼学生讨论、小组协作能力。

思考练习

分析项目导入案例，思考问题：恒顺醋业取得成功的关键是什么？

任务二

营销环境分析方法

任务目标

1. 理解市场选择的概念。

2. 能够灵活运用所学知识，根据企业实际情况进行明智的市场选择。

【核心理论】

一、SWOT 法

SWOT 分析法，又称态势分析法或内外情况对照分析法，S、W、O、T 分别是英文 Strength（优势）、Weak（劣势）、Opportunity（机会）、Threaten（威胁）的意思。是将宏观环境、微观环境、市场需求、竞争状况、企业营销条件等进行综合分析，分析出与企业营销活动相关的优势、劣势、机会和威胁。目的是随时掌握其发展趋势，从中发现市场机会和威胁，有针对性地制定和调整自己的战略与策略，不失时机地利用营销机会，尽可能减少威胁带来的损失。

（一）机会与威胁（外部环境分析）

市场营销环境通过对企业构成威胁或提供机会而影响营销活动。

机会是对企业市场营销管理富有吸引力、享有差别利益的领域或范围。在该领域内，企业将拥有竞争优势。威胁是指环境中一种不利的发展趋势所形成的挑战和干扰，若不采取果断的市场营销行动将会损害企业的市场地位。

1. 机会分析

对市场机会的分析，必须深入分析机会的性质，以便企业寻找对自身发展最有利的市场机会。

（1）环境市场机会与企业市场机会　市场机会实质上是"未满足的需求"。伴随着需求的变化和产品生命周期的演变，会不断出现新的市场机会。但对不同企业而言，环境机会并非都是最佳机会，只有理想业务和成熟业务才是最适宜的机会。

（2）行业市场机会与边缘市场机会　企业通常都有其特定的经营领域，出现在本企业经营领域内的市场机会，即行业市场机会，出现于不同行业之间的交叉与结合部分的市场机会，则称之为边缘市场机会。一般说来，边缘市场机会的业务，进入难度要大于行业市场机会的业务，但行业与行业之间的边缘地带，有时会存在市场空隙，企业在发展中也可用以发挥自身的优势。

（3）目前市场机会与未来市场机会　从环境变化的动态性来分析，企业既要注意发现目前环境变化中的市场机会，也要面对未来，预测未来可能出现的大量需求或大多数人的消费倾向，发现和把握未来的市场机会。

机会分析主要考虑其潜在的吸引力和成功的可能性大小。其分析矩阵如图 2-3 所示。

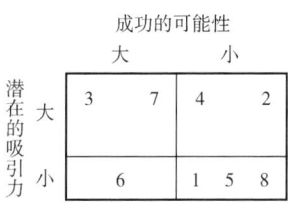

图 2-3　机会分析矩阵图

在上图中，处于3、7位置的机会，潜在的吸引力和威胁的可能性都大，有极大可能为企业带来巨额利润，企业应把握战机，全力发展；而处于1、5、8位置的机会，不仅潜在利益小，成功的概率也小，企业应改善自身条件，注视机会的发展变化，审慎而适时地开展营销活动。

2. 威胁分析

对环境威胁的分析，一般着眼于两个方面：一是分析威胁的潜在严重性，即影响程度；二是分析威胁出现的可能性，即出现概率。其分析矩阵如图2-4所示。

	出现概率	
	高	低
影响程度 大	3 5	1 6
影响程度 小	2 4 8	7

图2-4 威胁分析矩阵图

在上图中，处于3、5位置的威胁出现的概率和影响程度都大，必须特别重视，制定因应对策；处于7位置的威胁出现的概率和影响程度均小，企业不必过于担心，但应注意其发展变化；处于1、6位置的威胁出现概率虽小，但影响程度较大，必须密切注意监视其出现与发展；处于2、4、8位置的威胁影响程度较小，但出现的概率大，也必须充分重视。

用上述矩阵法分析、评价营销环境，可能出现4种不同的结果，综合如图2-5所示。

	威胁水平	
	低	高
机会水平 高	理想业务	冒险业务
机会水平 低	成熟业务	困难业务

图2-5 环境分析综合评价图

（二）优势/劣势分析（内部环境分析）

优势是企业较之竞争对手在哪些方面具有不可匹敌、无法模仿的独特能力，这种能力有助于实现企业的主要目标——赢利。而劣势则是企业较之竞争对手在哪些方面具有的缺点与不足。

虽然竞争优势实际上指的是一个企业比其竞争对手有较强的综合优势，但是明确企业究竟在哪一个方面具有优势更有意义，因为只有这样，才可以扬长避短，或者以实击虚。竞争优势可以指消费者眼中一个企业或它的产品有别于其竞争对手的任何优越的东西，它可以是产品线的宽度、产品的大小、质量、可靠性、适用性、风格和形象以及服务的及时、态度的热情等。

竞争劣势是指某种公司缺少或做的不好的东西，或指某种会使公司处于劣势的条件。产品的竞争优势使得企业的产品获得成功和胜利，但是更重要的是知道自己产品的劣势，从而采取措施，这样才能使企业处于不败，知己知彼，方能百战百胜。可能导致内部弱势的因素有：

（1）缺乏具有竞争意义的技能技术。

（2）缺乏有竞争力的有形资产、无形资产、人力资源、组织资产。

（3）关键领域里的竞争能力正在丧失。

每个企业都要定期检查自己的优势与劣势，这可通过"营销备忘录优势/劣势绩效分析检查表"的方式进行。管理当局或企业外的咨询机构都可利用这一格式检查企业的营销、财务、制造和组织能力。每一要素都要按照特强、稍强、中等、稍弱或特弱划分等级。

二、PEST法

PEST分析是指宏观环境的分析，P是政治（Political System），E是经济（Economic），S是社会（Social），T是技术（Technologg）。在分析一个企业集团所处的背景的时候，通常是通过这四个因素来进行分析企业集团所面临的状况，PEST详细分析情况见表2-1。

1. 政治要素（P）

政治要素是指对组织经营活动具有实际与潜在影响的政治力量和有关的法律、法规等因素。政治环境包括一个国家的社会制度，执政党的性质，政府的方针、政策、法令等。不同的国家有着不同的社会性质，不同的社会制度对组织活动有着不同的限制和要求。即使社会制度不变的同一国家，在不同时期，由于执政党的不同，其政府的方针特点、政策倾向对组织活动的态度和影响也是不断变化的。当政治制度与体制、政府对组织所经营业务的态度发生变化时，当政府发布了对企业经营具有约束力的法律、法规时，企业的经营战略必须随之做出调整。

2. 经济要素（E）

经济要素是指一个国家的经济制度、经济结构、产业布局、资源状况、经济发展水平以及未来的经济走势等。经济环境主要包括宏观和微观两个方面的内容。宏观经济环境主要指一个国家的人口数量及其增长趋势，国民收入、国民生产总值及其变化情况以及通过这些指标能够反映的国民经济发展水平和发展速度。微观经济环境主要指企业所在地区或所服务地区的消费者的收入水平、消费偏好、储蓄情况、就业程度等因素。这些因素直接决定着企业目前及未来的市场大小。构成经济环境的关键要素包括GDP的变化发展趋势、利率水平、通货膨胀程度及趋势、失业率、居民可支配收入水平、汇率水平等。

3. 社会要素（S）

社会要素是指组织所在社会中成员的民族特征、文化传统、价值观念、宗教信仰、教育水平以及风俗习惯等因素。社会文化环境包括一个国家或地区的居民教育程度和文化水平、宗教信仰、风俗习惯、审美观点、价值观念等。文化水平会影响居民的需求层次；宗教信仰和风俗习惯会禁止或抵制某些活动的进行；价值观念会影响居民对组织目标、组织活动以及组织存在本身的认可与否；审美观点则会影响人们对组织活动内容、活动方式以及活动成果的态度。构成社会环境的要素包括人口规模、年龄结构、种族结构、收入分布、消费结构和水平、人口流动性等。其中人口规模直接影响着一个国家或地区市场的容量，年龄结构则决定消费品的种类及推广方式。

4. 技术要素（T）

技术要素不仅仅包括那些引起革命性变化的发明，还包括与企业生产有关的新技术、新工艺、新材料的出现和发展趋势以及应用前景。技术环境除了要考察与企业所处领域的活动直接相关的技术手段的发展变化外，还应及时了解：

①国家对科技开发的投资和支持重点。

②该领域技术发展动态和研究开发费用总额。

③技术转移和技术商品化速度。

④专利及其保护情况等。

表 2-1　　　　　　　　　　PEST 分析表

P（政治、政策和法律环境）	E（经济环境）	S（社会文化环境）	T（技术环境）
执政党性质	GDP 及其增长率	妇女生育率	政府研究开支
政治体制	居民消费（储蓄）倾向	人口结构比例、性别比例	产业技术关注
经济体制	贷款的可得性	结婚数、离婚数	新型发明与技术发展
政府的管制	可支配收入水平	人口出生、死亡率	技术转让率
税法的改变	规模经济	社会保障计划	技术更新速度与生命周期
各种政治行动委员会	利率	生活方式	能源利用与成本
产业政策	通货膨胀率	平均可支配收入	信息技术变革
投资政策	消费模式	对政府的信任度	互联网的变革
国防开支水平	政府预算赤字	对工作的态度	移动技术变革
政府补贴水平	失业率	购买习惯	技术转移和技术商品化速度
反垄断法规	汇率	对道德的关切	专利及其保护情况
与重要大国关系	劳动生产率水平	社会责任	该领域技术发展动态和研究开发费用总额
地区关系	进出口因素	宗教信仰状况	
民众参与政治行为	证券市场状况	平均教育状况	
	不同地区和消费群体间的收入差别	性别角色	

【学以致用】

 实践目标

练习使用 SWOT 法和 PEST 法分析企业和产品营销环境，帮助企业做出正确的决断。

实践方案

最近几年,乳制品产业在中国发展迅速,其中酸奶产业是发展最为迅速的一种产品,某乳品企业想上马一条新的酸奶生产线,请分别利用 SWOT 和 PEST 法分析该企业的营销环境。采用 SWOT 法分析分析企业的优势、劣势、机会和威胁,形成矩阵图;利用 PEST 法分析政治、经济、社会和技术环境。并且撰写《酸奶生产线营销环境分析》。

技能培养

1. 锻炼学生分析问题、讨论、小组协作能力。
2. 锻炼学生的写作能力。

任务三
微观营销环境分析

任务目标

1. 掌握微观营销环境的分析要点。
2. 活学活用,会分析企业所处行业的微观营销环境。

【核心理论】

微观市场营销环境,即直接营销环境对企业营销活动的影响,主要体现在企业的具体对外业务往来过程中。主要包括企业内部因素、供应商、营销渠道企业、目标顾客、竞争者和公众。企业的营销管理者不仅要注视目标市场的要求,而且要了解微观市场营销环境因素对企业的影响。微观市场营销环境虽然与宏观市场营销环境一样,存在着一定的不可控性,但它比宏观市场营销环境对企业的市场营销的影响更为直接,且微观市场营销环境中的一些因素,企业经过努力程度可以加以控制。每个企业的主要目标都是在盈利的前提下为目标顾客服务,满足目标市场需求。要实现这个任务,企业必须把自己与供应者和营销中介联系起来,以接近目标顾客。供应者—企业—营销中介—顾客,形成企业的基本营销系统。

一、企业内部因素

企业内部环境是指企业内部的物质、文化环境的总和,包括企业资源、企能力、企业文化等因素，也称企业内部条件。内部环境是企业经营的基础，是制定战略的出发点、依据和条件，是竞争取胜的根本。

企业内部环境或条件分析的目的在于掌握企业历史和目前的状况，明确企业所具有的优势和劣势。它有助于企业制定有针对性的战略，有效地利用自身资源，发挥企业的优势；同时避免企业的劣势，或采取积极的态度改进企业劣势。

企业内部环境分析的主要内容：内部管理、营销能力、企业财务以及企业文化几个方面。

（一）内部管理分析

企业内部管理包括计划、组织、领导和控制四个职能领域，它们互相依赖、互相影响，其中计划职能是其他三种职能的基础。

计划是企业从现在到未来的发展过程中对目标、实现目标的途径以及时间的选择和规定。一个企业的计划能力如何，在很大程度上决定了其能否有效地实施企业的营销策略。

组织在实现企业目标过程中起协调使用企业各种资源的作用，其目的在于通过对企业各种活动和各种职位按照某种合理的结构加以安排，以提高企业的有效性和效率。

领导是影响企业员工按企业要求去工作的过程。企业的领导水平关系到企业职工是否被有效地激励起来，关系到企业各方面利益关系的协调。

控制职能包括所有旨在使计划与实际活动相一致的活动。企业管理者评价企业的活动并采取必要的纠正活动可以保障企业营销计划和目标的有效实现，减少可能出现的偏差给企业造成的损失。

（二）营销能力分析

企业营销能力分析，可以从企业市场定位策略和营销组合策略两方面来分析。

企业要为自己的产品和服务确定一个目标市场，从产品、地理位置、顾客类型、市场等方面来规定和表述。企业市场定位明确合理，可以使企业在竞争中获得优势地位。

找准市场定位之后，就要制定合适的营销策略。市场营销组合策略是指可以用于影响市场需求和取得竞争优势的各种营销手段的组合，主要包括产品、价格、渠道和促销等变量，并根据产品生命周期的变化及时地调整营销组合策略。

（三）企业财务分析

企业财务状况分析是判断企业实力和对投资者吸引力的最好办法。企业的清偿能力、债务资本的比率、流动资本、利润率、资产利用率、现金产出、股票的市场表现等可能排除许多原本可行的战略选择，企业财务状况的恶化也会导致战略实施的中止和现有企业战略的改变。分析企业财务状况的常用方法是财务比率的趋势分析，财务比率可分成清偿比率、债务与资产比率、活动比率、利润比率和增长比率五大类。

（四）企业文化分析

企业文化是企业在长期生产实践中，逐步形成的，为全体员工所认同并遵守的价值观、经营理念以及行为方式的总和。企业文化是企业的灵魂，是推动企业发展的不竭动力。由于企业文化建设是一个长期的过程，因此在营销环境分析过程中可以将企业文化作为相对稳定且已经既定存在的内部因素进行考虑。

二、供应商

供应者是向企业及其竞争者提供生产经营所需资源的企业或个人，包括提供食品加工、包装等原材料、设备、能源、劳务及其他用品等。这些资源的变化直接影响到企业产品的产量、质量以及利润，从而影响企业营销计划和营销目标的完成。

1. 供应的及时性和稳定性

食品原材料、能源及机器设备等货源的保证供应，是企业营销活动顺利进行的前提。企业为了在时间上和连续性上保证得到货源的供应，就必须和供应商保持良好的关系，必须及时了解和掌握供应商的情况，分析其状况和变化。

2. 供应的货物价格变化

供应的货物价格变动会直接影响企业产品的成本。如果供应商提高原材料价格，必然会带来企业的产品成本上升，生产企业如提高产品价格，会影响市场销路；可以使价格不变，但会减少企业的利润。为此，企业必须密切关注和分析供应商的货物价格变动趋势，使企业应变自如，早做准备，积极应对。

3. 供货的质量保证

对于食品来说，好的产品一定要有优质的食品原料。食品原料供应商能否供应质量有保证的原料直接影响到企业产品的质量，进一步会影响到销售量、利润及企业信誉。为此，企业必须了解供应商的产品，分析其产品的质量标准，从而来保证自己产品的质量，赢得消费者，赢得市场。

因此，企业一方面应与主要供应商保持长期稳定的关系；另一方面应建立广泛的购货渠道，以免因过分依赖某些供应商造成被动局面。

三、营销中间商

营销中介机构是指为企业营销活动提供各种服务的企业或部门的总称。营销中介对企业营销产生直接的影响，只有通过有关营销中介所提供的服务，企业才能把产品顺利地送达到目标消费者手中。营销中介的主要功能是帮助企业推广和分销产品，主要对象有：

1. 中间商

中间商是指把产品从生产商流向消费者的中间环节或渠道，它主要包括批发商和零售商两大类。中间商对企业营销具有极其重要的影响，它能帮助企业寻找目标顾客，为产品打开销路，为顾客创造地点效用、时间效用和持有效用。一般企业都需要与中间商合作，来完成企业营销目标。为此，企业需要选择适合自己营销的合格中间商，必须与中间商建立良好的合作关系，必须了解和分析其经营活动，并采取一些激励性措施来推动其业务活动的开展。

2. 营销服务机构

营销服务机构包括广告公司、广告媒介经营公司、市场调研公司、营销咨询公司等等。它们主要任务是协助企业确立市场定位，进行市场推广，提供活动方便。一些大企业或公司往往有自己的广告和市场调研部门，但大多数企业则以合同方式委托这些专业公司来办理有关事务。为此，企业需要关注、分析这些服务机构，选择最能为本企业提供有效服务的机构。

3. 金融机构

在现代化社会中，任何企业都要通过金融机构开展经营业务往来。金融机构是企业营销活动中进行资金融通的机构，包括银行、信托公司、保险公司等。金融机构不直接从事商业活动，但对工商企业的经营发展至关重要。金融机构的主要功能是为企业营销活动提供融资及保险服务。金融机构业务活动的变化还会影响企业的营销活动，比如银行贷款利率上升，会使企业成本增加。为此，企业应与这些公司保持良好的关系，以保证融资及信贷业务的稳定和渠道的畅通。

4. 物流公司

随着经济发展，物流业在我国迅速增长。物流公司在食品营销中的主要职能是协助厂商储存并把货物运送至目的地的仓储公司。实体分配的要素包括包装、运输、仓储、装卸、搬运、库存控制和订单处理六个方面，其基本功能是调节生产与消费之间的矛盾，弥合产销时空上的背离，提供商品的时间效用和空间效用，以利适时、适地和适量地把商品供给消费者。

四、顾客

顾客是指使用或接受企业最终产品或服务的消费者或用户，是企业营销活动的最终目标市场，也是营销活动的出发点和归宿。顾客是市场的主体，任何企业的产品和服务，只有得到了顾客的认可，才能赢得这个市场，现代营销强调把满足顾客需求作为企业营销管理的核心。

为便于深入研究各类市场的特点，国内顾客市场按购买动机可分为四种类型，即消费者市场、生产者市场、中间商市场和政府市场。消费者市场是指为满足个人或家庭消费需求购买产品或服务的个人和家庭；生产者市场是指为生产其他产品或服务，以赚取利润而购买产品或服务的组织；中间商市场是指购买产品或服务以转售，从中赢利的组织；政府市场是指购买产品或服务，以提供公共服务或把这些产品及服务转让给其他需要的人的政府机构。

各类市场都有其独特的顾客，他们不同的需求，要求企业以不同的方式提供相应的产品和服务，从而影响企业营销决策的制定和服务能力的形成。为此，企业要注重对顾客进行研究，分析顾客的需求规模、需求结构、需求心理以及购买特点，这是企业营销活动的起点和前提。

五、竞争者

食品企业的竞争者即是所有与它争夺相同的消费者、用户或者市场，以及他们手中货币的企业。企业的营销活动时刻处于业内竞争者的干扰和影响的环境之下。食品企业要做的并非仅仅去迎合目标顾客，还要通过有效的产品定位，使得自己的产品与竞争者产品在顾客心目中形成明显差别，从而获得竞争优势。

从消费需求的角度主要有以下几种类型：

愿望竞争者：即提供不同产品、满足不同欲望的竞争者。比如一个消费者对于高档保健品和高档茶叶都有消费欲望，而受限于购买能力，只能选择其一，这时高档茶叶销售企业和高档保健品销售企业就形成了愿望竞争关系。

平行竞争者：即满足同种需要、提供不同类型但可以互相代替的产品竞争者。比如啤酒、红酒、白酒都可以满足消费者对于酒类的消费欲望，这些酒类企业之间就形成了平行竞争关系。

产品竞争者：即满足同一欲望的同类产品不同产品形式的产品竞争者。比如茶叶有绿茶、红茶、黑茶等形式，这些不同的茶叶企业就形成了产品形式的竞争关系。

品牌竞争者：即满足同一欲望同种产品的各种品牌。比如白酒有茅台、郎酒、二锅头等，这些白酒的生产企业形成了品牌的竞争关系。

企业要成功，就要从众多的竞争对手中脱颖而出与众不同，找准顾客需求点准确定位对企业来说意义重大。任何企业在市场竞争中，主要是研究如何加强对竞争对手的辨认与抗争，采取适当而高明的战略与策略谋取胜利，以不断巩固和扩大市场。

六、公众

公众是指对本组织实现其营销目的具有实际的或其在的影响力的群体。按照其在营销中所起的作用，有以下种类：

1. 融资公众

融资公众指影响企业融资能力的金融机构,如银行、投资公司、证券经纪公司、保险公司等。

2. 媒介公众

媒介公众主要是报纸、杂志、广播电台和电视台等大众传播媒体。

3. 政府公众

政府公众指负责管理企业营销业务的有关政府机构。企业的发展战略与营销计划,必须和政府的发展计划、产业政策、法律法规保持一致,比如现阶段我国对于环保愈加重视,因此食品企业在营销时,一定要将环境保护政策考虑在内。

4. 社团公众

社团公众包括保护消费者权益的组织、环保组织及其他群众团体等。

5. 社区公众

社区公众指企业所在地邻近的居民和社区组织。

6. 一般公众

一般公众指上述各种关系公众之外的社会公众。一般公众虽未有组织地对企业采取行动,但企业形象会影响他们的惠顾。

7. 内部公众

内部公众是指企业内部的管理人员及一般员工,企业的营销活动离不开内部公众的支持。应该处理好与广大员工的关系,调动他们开展市场营销活动的积极性和创造性。员工的责任感和满意度,必然传播并影响外部公众,从而有利于塑造良好的企业形象。

【学以致用】

实践目标

根据本项目所学,锻炼学生对于企业营销微观环境分析的能力。

实践方案

目前烘焙行业在我国发展迅速,不仅出现了许多的街边西点店,还出现了许多连锁的烘焙经营店,同时许多消费者也比较有兴趣做一些家庭西点。假如你是某烘焙连锁经营店的营销经理,公司想要开发一款新的蛋糕,请分别从公司内部、供货商、营销商、竞争对手、公众等方面对公司新产品的微观营销环境进行分析,形成《产品营销微观环境分析报告》,作为公司下一步规划的参考。

技能培养

1. 锻炼学生查阅资料、分析问题、思考问题的能力。

2. 锻炼撰写分析报告的能力。

任务四
宏观营销环境分析

任务目标

1. 掌握宏观营销环境的分析要点。
2. 联系实际，会根据目前社会经济特点，分析所处行业的宏观营销环境。

【核心理论】

任何企业以及微观环境都处于大的社会环境中，受其影响，自身又无法改变，只能适应。这些社会因素构成宏观环境，宏观营销环境是对企业营销活动造成市场机会和环境威胁的主要力量。分析宏观营销环境的目的在于更好的认识环境，通过企业营销活动来适应环境及其变化，实现企业营销目标。宏观营销环境因素包括：政治法律环境、经济环境、社会文化环境、科技环境及自然环境。

一、政治环境

政治环境是指企业市场营销活动的外部政治形势。任何企业一定是在一定的政治环境中运营的，一个国家的政局稳定与否，会给企业营销活动带来重大的影响。如果政局稳定，人民安居乐业，就会给企业营销营造良好的环境。相反，政局不稳，社会矛盾尖锐，秩序混乱，就会影响经济发展和市场的稳定。企业在市场营销中，特别是在对外贸易活动中，一定要考虑政局变动和社会稳定情况可能造成的影响。

政治环境对食品企业营销活动的影响主要表现为政府所制定的方针政策，如人口政策、能源政策、物价政策、财政政策、货币政策等，都会对企业营销活动带来影响。而一个国家为了保证其社会经济正常运作，会制定有利于其国家经济发展的政策。例如，对于乳品企业来说，目前我国的现状是企业的加工能力超出了原料乳的生产能力，因此，为更加合理地进行资源配置，2008年3月20日国家发改委发布的《乳制品加工行业准入条件》规定，新增乳品项目（企业）的日处理能力要达到200吨以上，其中已有原料乳数量不低于加工能力的30%。这就是为统筹全局，合理分配资源而做出的政策性规定，对乳品企业有巨大的影响。

在国际贸易中，不同的国家也会制定一些相应的政策来干预外国企业在本国的营销活动,这些措施主要有:进口关税限制;税收政策;价格管制;外汇管制;国有化政策等。

二、法律环境

法律环境是指国家或地方政府所颁布的各项法规、法令和条例等,它是企业营销活动的准则,企业只有依法进行各种营销活动,才能受到国家法律的有效保护。法律与政治相互联系,共同对企业的市场营销活动产生影响和发挥作用。

在中国,与食品企业关系密切的法律法规包括《中华人民共和国食品安全法》及其《实施条例》《中华人民共和国产品质量法》《环境保护法》《商标法》《广告法》《反不正当竞争法》《消费者权益保护法》及《进出口商品检验条例》等,此外,国务院、农业部、国家质检总局、国家进出口检验检疫总局等食品相关部门颁布的一些条例及管理规定也会对食品企业运营产生约束。食品企业营销管理者只有熟悉相关法律条文,才能保证企业经营的合法性,才能运用法律武器来保护企业的合法权益。

另外,对从事国际营销活动的企业来说,不仅要遵守本国的法律制度,还要了解和遵守国外的法律制度及有关的国际法规、惯例和准则。只有了解并掌握了这些国家的有关贸易政策,才能制定有效的营销对策,在国际营销中争取主动。

三、经济环境

一个国家的政治、法律环境对于企业的经营是具有指向性的影响因素,而经济环境则是影响企业营销活动的主要环境因素,比如消费者收入、消费者支出、产业结构、经济增长率、货币供应量、银行利率、政府支出等,其中消费者收入、消费者支出对企业营销活动影响较大。

1. 消费者收入

市场规模的大小,归根结底取决于消费者的购买力大小,而消费者的购买力取决于他们收入的多少。企业必须从市场营销的角度来研究消费者收入,通常从以下四个方面进行分析。

(1)国民生产总值(GDP) GDP是衡量一个国家综合经济实力的重要指标,直接反映了一个国家经济发展的状况。国民生产总值增长越快,对商品的需求和购买力就越大,反之,就越小。

(2)人均国民收入 用国民收入总量除以总人口的比值即为人均国民收入。这个指标大体反映了一个国家人民生活水平的高低,也在一定程度上决定商品需求的构成。人均收入高,对商品的需求和购买力就大,反之就小。

(3)个人可支配收入 个人可支配收入是指在个人收入中扣除消费者个人缴

纳的各种税款和交给政府的非商业性开支后剩余的部分，是可用于消费或储蓄的那部分个人收入，它构成实际的购买力。个人可支配收入是影响消费者购买生活必需品的决定性因素。

（4）个人可任意支配收入　个人可任意支配收入是指在个人可支配收入中减去消费者用于购买生活必需品的费用支出（如房租、水电、食物、衣着等项开支）后剩余的部分。这部分收入是消费需求变化中最活跃的因素，也是企业开展营销活动时所要考虑的主要对象。

（5）家庭收入　因为现代社会的消费往往是以家庭为单位完成的，因此，衡量一个市场规模，不仅要看人们的个人收入，还要看其家庭收入。家庭收入越高，消费能力就越高。

2. 消费者支出

衡量一个市场的消费潜力，一方面看消费者的收入，这是前提，另一方面也要看消费者的支出情况。

消费结构是指在消费过程中人们所消耗的各种消费品及服务的构成，即各种消费支出占总支出的比例关系。德国统计学家恩斯特·恩格尔于1857年发现了消费者收入变化与支出模式，即消费结构变化之间的规律性。恩格尔定律指出，当人们收入水平很低时，收入主要用于食品等生活必需品的购买；随着收入的增加，食品结构开始改善，质量提高；随着收入的再增加，食品等生活必需品在总消费中的比重开始下降，而用于衣着、娱乐等消费的支出增长。而人们用于食品消费的金额支出与家庭消费总支出的比值即为恩格尔系数。

恩格尔系数越小，表明人们不用为食品花费太多，说明生活富裕，生活质量高，恩格尔系数越大，表明人们生活质量低。

在我国，随着社会经济的发展，恩格尔系数逐年下降，消费结构发生了很大的变化。而对于食品行业来说，近年来，人们越来越不满足于基本的"填饱肚子"这样的食品消费，取而代之的是"健康、营养"的新的消费潮流。食品企业要抓住这一食品市场消费变化的特点，应该将营销重点专注于如何给人们提供更加优质、营养、健康的食品，从而来制定自己的营销策略。

3. 消费者储蓄和信贷

企业衡量消费者的消费能力时，不仅要参考消费者的购买力和支出，还要参考消费者储蓄意愿和信贷意愿，消费者储蓄意愿高，把更多的收入用于储蓄，相应用于消费的份额会减少；而若消费者信贷意愿提高，则消费的意愿可能更高。

（1）储蓄　消费者的储蓄行为直接制约着市场消费量购买的大小。当收入一定时，如果储蓄增多，现实购买量就减少；反之，如果用于储蓄的收入减少，现实购买量就增加。而居民储蓄倾向是受到多重因素影响的，比如利率、经济环境等。

企业应关注居民储蓄的增减变化，了解居民储蓄的不同动机，以便科学地预测市场需求规模和结构的变动，制定相应的营销策略，获取更多的商机。

（2）信贷　信贷是指消费者凭信用先取得商品的使用权，然后按期归还贷款，完成商品购买的一种方式。信用消费允许人们购买超过自己现实购买力的商品，创造了更多的消费需求。然而，我国现阶段的信用消费还停留在初级阶段，信贷商品基本上局限于住房、汽车等，还有待于完善和发展。

对于食品企业来说，要考虑消费者信贷对于其可用于食品消费的影响。

四、自然环境

自然环境是指自然界提供给人类各种形式的资源。随着人类社会进步和科学技术发展，工业化进程加速，创造了丰富的物质财富，但也造成资源短缺、环境污染等问题。

在现代社会，自然环境对于食品企业的影响日益突出。工业化、城镇化的发展导致环境污染问题日趋严重，直接关系到了食品安全问题，还关系到了食品的品质问题。一般来说，在生产环境良好、无污染的地区生产的食品及其原料，受环境污染较少，品质更加优良，从而价格也更高，比如一些经过有机认证的食品产地，生产出的有机食品，价格很高。另一方面，不可再生的自然资源日益减少，为减少资源浪费，减少污染，政府会制定严格的环境监管政策，这些政策往往直接关系到企业的生产成本，甚至关系到企业的命脉。比如随着北京市大力疏解非首都核心功能的工作的推进，目前北京市不再允许新建食品企业。

五、社会文化环境

社会文化环境是指一个国家或地区长期形成的价值观、宗教信仰、风俗习惯、道德规范等的总和。任何企业总是处于一定的社会文化环境中，企业营销活动必然受到所在社会文化环境的影响和制约。为此，企业营销管理者应了解和分析社会文化环境，针对不同的文化环境制定不同的营销策略，开展不同的营销活动。分析一个国家或地区的社会文化环境，一般从以下几方面入手：

1. 价值观念分析

价值观念是指人们对社会生活中各种事物的态度和看法。不同文化背景下，人们的价值观念往往有着很大的差异，消费者对商品的需求和购买行为深受其价值观念的影响。对于乐于变化、喜欢猎奇、富有冒险精神、较激进的消费者，应重点强调产品的新颖和奇特；而对一些比较注重传统、喜欢沿袭传统消费习惯的消费者，企业在制定促销策略时最好把产品与目标市场的文化传统联系起来。比如一些新型的运动功能饮料，在年轻人中比较受欢迎，而在中老年人中却销量一般。

2. 风俗习惯

消费习俗是指人们在长期经济与社会活动中所形成的一种消费方式与习惯。不同的国家、不同的民族有着不同的社会习俗和道德观念，从而会影响人们的消费方式和购买偏好，进而影响着企业的经营方式。了解目标市场消费者的禁忌、习俗、避讳、信仰、伦理等，是企业进行市场营销的重要前提。比如我国在肉食方面，壮族（偏僻山区）忌食牛肉，土家族（湖北西部）忌食狗肉，回族禁食猪肉，羌族（产妇）禁食马肉，蒙古族忌食虾、蟹、鱼、海产品等。因此，企业营销者应考虑不同国家不同民族人们的传统习俗与禁忌，做出有针对性的营销决策。

3. 宗教信仰分析

宗教是构成社会文化的重要因素，也是影响人们消费行为的重要因素之一。不同宗教在思想观念、生活方式、宗教活动、禁忌等方面各有其特殊的传统，某些宗教组织甚至在教徒购买决策中有决定性的影响，这将直接影响着宗教人群的消费习惯和消费需求。比如伊斯兰教不食猪肉，不饮酒，并且要求食用的肉制品屠宰过程为清真屠宰，因此食品企业在营销活动中要注意不同的宗教信仰，尊重宗教信仰，以避免由于矛盾和冲突给企业营销活动带来的损失。

六、科学技术环境

科学技术是第一生产力，科技的发展对经济发展有巨大的影响，科学是人类认识自然的知识体系，是潜在生产力；技术是生产过程中的劳动手段、工艺方法，是现实的生产力。

1. 科学技术的发展直接影响食品企业的营销活动

食品企业生产率的提高，主要依靠设备的技术开发、创造新的生产工艺、采用新的生产流程。在食品行业，新技术的应用，有可能创造新的明星产品，从而引起企业市场营销策略的变化。比如最近几年新出现的常温酸奶，利用了新的技术，将酸奶做到可以不依赖于冷链，延长了保质期，从而成为了目前我国乳制品市场消费的新潮流。

2. 科技发展促进企业营销管理的现代化

科技发展为食品企业营销管理现代化提供了必要的技术与装备，如电脑网络、网络办公、光纤通讯等设备，以及现代化通讯技术的广泛运用，对改善企业营销管理，实现企业现代化发挥了重要的作用。同时，科技发展对企业营销管理人员也提出了更高要求，促使其更新观念，掌握现代化管理理论和方法，不断提高营销管理水平。

3. 新技术影响食品营销手段和消费者的消费习惯

随着多媒体和网络技术的发展，越来越多的消费者采用"网上购物"等购买方式。对于食品营销来说，不仅包装食品，还有蔬菜、肉类、海鲜等生鲜食品都越来越多地采用了网络营销的方式，人们可以在家中通过手机移动支付，快递小哥送货上门，方便、快捷、省时、省力。目前，越来越多的人使用着移动支付，手机正在悄然改变着食品的营销手段和消费者的消费习惯。

4. 科学技术的进展和应用影响企业的营销决策

消费者、经营者、竞争者和市场都受到科学技术的冲击。这种冲击，意味着科技的发展给企业既带来机会，也伴随着风险和隐忧。消费者面对着成千上万的新技术而感到迷惑，每天都有新品种、新款式、新功能、新材料的食品在市场推出。因此，营销人员在决策时，必须考虑科技所带来的影响。

【案例链接】

麦当劳经营陷入低谷

就在人们欢度圣诞、迎接新年的时候，杰克·格林伯格的心情也许除了欢乐，还有别的。在刚刚过去的2002年里，这个世界最大快餐企业的首席执行官承受了常人难以想象的压力。

10月，麦当劳股价跌至7年以来的最低点。22日，麦当劳公司宣布其第三季度的经营收入再度大幅下滑11%，这是麦当劳连续8个季度里第7次出现收入负增长。格林伯格无奈地说，2002年的严峻形势远远超乎预料。

两年来，麦当劳的业绩一直不理想，很多投资者已经通过抛售股票来表示他们的不满，格林伯格也不断遭到股东和华尔街分析人士的批评。为了扭转公司萎靡不振的情形，格林伯格于2002年初撤换了公司首席运营官，并开始实施一系列的改革，包括提高服务质量、产品创新，以及优化连锁店的布局等，同时还广招营销、广告高手为其造势和支招。然而，一切并没有像他预想的那样，事实上，情况更遭。截至麦当劳发布报告时，公司股价已经比1998年格林伯格上任时缩水70%。11月8日，麦当劳总部宣布，公司将从3个国家完全撤出，并关闭其他10个国家的175家连锁店。

虽然越来越多的人对格林伯格的经营能力产生怀疑，但是用"时运不济"来形容他本人以及此时的麦当劳公司似乎更准确一些。

近几年，快餐业的境况正在日益恶化。在美国，快餐市场的竞争已经到了白热化的地步，市场容量有限，但经营者的分店却越开越多。众所周知，在这个国家聚集着世界上最优秀的经营管理专家、广告人、营销人才以及最为挑剔的顾客。每个快餐公司都通过不断的产品创新和营销创新来吸引顾客。麦当劳的老对手汉堡王快餐店一直在大力推动管理上的变革，温迪快餐店则推出了新的沙拉生产线，而在地铁经营的麦克沃尔斯连锁店数目已经超过了麦当劳。更可怕的是，地铁快餐店和其他一些三明治快餐店的数量以每年12%的速度递增，许多非快餐馆也开始提供快餐服务。在这种情况下,想要保持住现有的份额都是不容易的事。

在欧洲,"疯牛病"已经成为当地市场的梦魇,它的影响不是短期内可以结束的。自从英国出现疯牛病后,欧盟其他国家立即实行了对英国牛肉的禁令,而与牛肉关系密切的麦当劳当然受到了重创。直到2002年10月2日,法国才解除了这一持续6年的禁令,它是最后一个解除禁令的欧盟国家。即便如此,麦当劳在欧洲国家仍然心有余悸,它的金色拱形门在这个地区已经失去光泽。在这种情况下,麦当劳不得不改变经营策略,它正在悄悄地改头换面。例如,在巴黎,它的生意不错,但是很少有人知道他们经常光顾的法国餐馆原来就是麦当劳,因为人们在店外看不到金色拱形门和麦当劳叔叔的形象,店内的塑料椅也全部撤换了。在英国,麦当劳则购买了一家三明治食品连锁公司,通过它来经营与麦当劳截然不同的产品。然而即便如此,麦当劳在欧洲能否重现以前的风光,仍有待观察。

麦当劳在亚洲、中东以及太平洋地区的市场销售也出现了不同程度的下滑。日本麦当劳为了刺激市场消费,曾通过大降价使8月的收入大大超过了7月。然而此后的经营业绩表明,降价在短期内是有效的,但并不能作为一个长期策略。虽然日本麦当劳是麦当劳总公司在日本的合资公司,其股份只占到50%,但是由于从分店数量上讲,日本是美国本土以外最大的市场(它拥有将近4000家分店),它的作用不可低估,直接影响到麦当劳的整体业绩。

市场境况不佳,使得麦当劳总部连续两年业绩下滑,而更糟糕的是,它又遇到9·11以来的全球经济放缓,以及安然事件后美国股市的低迷。这种雪上加霜的态势,让投资者对公司2003年的业绩不敢抱有太多的信心。

复杂问题层出不穷

除了受经济和市场因素方面的影响外,麦当劳还面临着更为复杂的问题。之所以复杂,是因为它们涉及到社会道德、法律、宗教、民族文化、生态环境、人权以及国际政治等等。值得注意的是,这些问题远远不是经营管理方法能够解决的。

消费者健康问题

2002年10月,一条新闻让世人惊讶:法国麦当劳在一个杂志广告中称:"孩子们在麦当劳就餐一星期最好不要超过一次。"也就是说,它在提醒顾客要少买自己的产品!消息一出,麦当劳美国总部震怒,发言人立即说明公司并不赞同这一主张。然而,法国麦当劳的说法却得到营养学家和律师的支持。有营养学家表示,汉堡包、薯条、可乐之类的快餐只是方便食品,而不是营养食品。这些食品的共同特点是价钱便宜、热量高,"一吃就饱,一饱就胖",影响人的健康。

实际上,在此之前,已发生过多起肥胖症患者状告麦当劳的事件了。一位律师表示:"孩子们缺乏判断力,根本抵挡不住商家策划出来的各种宣传的诱惑。当他们被麦当劳精心设计的玩具以及热闹的场面所吸引,以致逐渐习惯,甚至把吃快餐视为一种生活方式的时候,他们以后根本无法为自己当初的选择而负责。"分析人士称，律师有可能把这种案件发展成集体诉讼，从而为更多的因吃麦当劳而导致健康问题的青少年们争得利益。对于麦当劳而言，这显然不是好消息，因为如果它成为现实，那么麦当劳将面临巨额赔偿，这很容易让人联想到美国烟草行业的巨额赔偿案。

虽然麦当劳总部对各种指责不以为然，但是它的一项新政策却显示健康问题已经引起麦当劳的注意了。9月，麦当劳公司宣布今后将改用新的食用油炸薯条，使其中容易造成动脉血管堵塞的反式脂肪酸下降约50%。这虽是一件好事，但也贻人口实。一位控方律师说，麦当劳更换食用油的理由是其中含有危害健康的反式脂肪酸，那么，以前为什么不把这个信息让顾客知道呢？还有多少这样的信息他们没有披露呢？

也许是受到了"启发"，英国食品标准局在2002年底提出议案，要求无论大小餐馆或是快餐店，必须在其菜谱上标出食品饮料中的卡路里、脂肪及添加剂含量，以此提醒消费者注意饮食健康。食品标准局还表示，准备将该议案推广到整个欧洲。伯明翰大学糖尿病专家巴内特教授建议："正如警告'吸烟有害健康'一样，政府应该同样发出警告：高热量、高脂肪和高糖食品有害身体健康。"如果这一政策被欧盟采纳，麦当劳在欧洲的业务将受到多么严重的影响，这是显而易见的。

民族与宗教问题

麦当劳是全球最大的跨国快餐连锁企业，它在全球拥有30,000多家连锁店，分布在六大洲121个国家，因此，在收获各地区的利润时，麦当劳也承担着很多风险，比如不同地区、不同民族在文化上的对抗。

2001年5月，约500名示威者分别在印度首都新德里、最大的商业城市孟买的几家麦当劳餐厅前举行抗议活动。示威者包围了麦当劳设在新德里的总部，向麦当劳餐厅投掷牛粪块，并洗劫了孟买一家麦当劳连锁店。他们还要求瓦杰帕伊总理下令关闭印度国内所有的麦当劳连锁店。这件事的起因是麦当劳制作炸薯条的食用油中含有牛肉调味成分，而大多数印度教徒都把牛看成圣物。一个月后，美国麦当劳公司宣布将向印度教徒、素食主义者和其他一些相关组织赔偿1000万美元。这次事件不仅造成麦当劳经济上的损失，更严重影响了公司的声誉。

麦当劳代表着美国文化，这已被世人公认，因此，在一些人的眼中，麦当劳连锁店就具有了美国国旗的象征意义。这在穆斯林国家显得尤为突出。由于巴以冲突一直得不到解决，美国在中东地区又实行强硬政策，大多数穆斯林有着强烈的反美情绪，而在美国计划再次攻打伊拉克期间，这种情绪更是达到高潮，他们掀起了强大的抵制美国货的活动，麦当劳则成为抵制的主要对象之一。

另外，随着恐怖主义的蔓延，尤其是"9·11"事件之后，美国成为反恐阵营的领导者，美国驻外机构都有可能成为恐怖袭击的目标，麦当劳更是不能不提防。麦当劳在世界各地有着强大的连锁网络，加之麦当劳餐厅人群密度高，非常容易被亡命之徒当作攻击目标。从全球的媒体新闻来看，几乎每月都有爆炸事件在麦当劳餐厅发生。

可见，如何尊重其他国家和民族的文化，真正实现"当地化"发展，并摆脱美国形象的一些负面影响，这对麦当劳来说已经是一个重要问题了。

"反快餐"，"反麦当劳"

随着经济水平的提高，人们发现，人性关怀、生态环境以及各地区的传统文化等这些曾被人类所忽视的东西，如今对我们越来越重要。尤其是在发达国家，一些有识之士开始反思大工业时代所遗留下来的生产方式和生活方式。以麦当劳为代表的快餐文化，当然成为反思的对象之一。

《大西洋月刊》的著名财经记者艾里克·施洛瑟经过深入调查，写成《快餐国家：发迹史、黑幕和暴富之路》一书，书中指出了快餐业所带来的一系列问题，如：导致社会同一化、加速了对自然景观的破坏、扩大了贫富差别、刺激了肥胖症的流行等。该书甫一出版即在欧美引起巨大震动，连登美国《纽约时报》的"最畅销书"榜。该书的出版以及引起的相关讨论和思潮，显然给麦当劳带来不可估量的损失。

与施洛瑟不同，另一些人则通过行动开始反对麦当劳及其所代表的文化。"快节奏生活正以生产效率的名义扭曲我们的生命和环境。我们要从'慢慢吃'开始，反抗快节奏的生活。"这是国际慢餐运动组织发表的《慢餐宣言》中的一句话。1989年，来自世界20个国家的代表在巴黎共同签署了这个宣言。该组织希望人们扔掉那个包装纸上印满"M"标志的汉堡包，保护自己"享受的权利"。他们以一只蜗牛图案作为标志，希望人们坚持用蜗牛的速度去享受美食。

当然，"反对快餐"本身并不是慢餐运动的目的。国际慢餐运动发起人卡洛·佩特里尼说，一块传统方法制作的火腿，其文化价值不亚于一座中世纪的古堡。从1997年开始，该组织成员在各自的地区深入农户，努力发掘那些被人们即将遗忘的食品资源，比如科尔巴拉的西红柿、阿尔彭加的紫芦笋、特莱维的黑芹菜、维苏威的杏子、土耳其高山上特殊蜂群的蜂蜜等，然后推荐给厨师，并向公众做宣传。通过这种方式，该组织不仅保护了食品物种、工艺、配方，更重要的是保护了一些传统和文化。鉴于此，《纽约时报》把国际慢餐运动组织誉为餐饮界的"绿色和平组织"。目前，国际慢餐运动已得到世界广泛响应，现有多个地区协会，正式成员65000多个，他们分布在世界45个国家。

另一个趋势更应引起麦当劳足够的重视。由于麦当劳身上具有美国、快餐、工业化、全球化、资本主义等多种符号，导致它成为不同组织斗争的共同对象，比如慢餐运动、素食主义、保护动物组织、反全球化组织以及环保人士等。

2002年10月16日，抗议人士在全世界多个地区的一些麦当劳餐厅门前展开统一活动。他们有的拉开写有"垃圾食品"字样的横幅，有的给路人发放抗议麦当劳的传单，有的免费发放蔬菜食品，还有的做出比较极端的抗议行为。当天，还有针对麦当劳的游行、会议和演讲等活动。活动人士称，这一天是"世界反麦当劳日"，每年都会有类似的活动在世界范围内出现。

劳工组织的对抗

"我们重视每个员工的价值、成长及贡献。我们不只是服务顾客的汉堡公司，更是供应汉堡的人性化公司。我们要成为每个所在社区的最佳雇主。"这是麦当劳经营理念中关于"人员承诺"的句子，它具有相当的感染力。然而，这个承诺正在遭到质疑。

2002年10月9日，欧洲议会就业与社会事务委员会主席西·包曼先生偕同部分议员在布鲁塞尔会见了来自世界各地的麦当劳员工活动人士，他们就各地麦当劳反对和阻碍员工组织的行为，以及在"人员承诺"背后的真实情况进行了交流和讨论。活动人士还介绍了麦当劳如何在莫斯科摧毁了一个员工联合会，即使当时政府当局已经勒令麦当劳与之签订了集体合同。据活动人士称，麦当劳在不少国家都曾利用多种手段阻碍员工建立工会或开展相关活动。为了扩大声势，活动人士在布鲁塞尔的一家麦当劳餐厅门前向过往人群发放了宣传单。

国际自由劳工联盟的一位跨国公司专家说："麦当劳公司宣称自己要承担社会责任，但这并不意味着它真正做到了这一点。它的伪善清楚地说明，我们不应该让这些公司自己来定义什么是真正的社会责任。"

目前，麦当劳对工会活动的态度和行为已经导致麦当劳员工以及国际劳工组织的对抗，而这种对抗同时得到其他各种组织的支持。在10月16日的"反麦当劳"行动中，也开始有麦当劳员工参与其中，比如在英国、欧洲大陆、俄罗斯、北美以及澳大利亚等地。他们通过消极怠工、请病假、集体罢工、游行等方式表示抗议。一些传单上写着"再也不做现代奴隶！"、"所有麦当劳员工们联合起来！"等口号。

很明显，麦当劳在一些地区的劳资关系正在恶化，而随着资讯日渐发达以及全球化的迅速进展，采取强硬手段已经无法解决这些问题。

那么，为什么有半个世纪历史的麦当劳在近几年却出现如此广泛的劳资关系问题呢？这与麦当劳前几年向全球大规模的扩张有关。在2002年麦当劳缩减扩张计划之前，麦当劳在世界新建分店的速度一度达到每8小时一家。而支持这种扩张最主要的就是其特许加盟政策的改变。现任首席执行官格林伯格上任后，改变了公司创始人雷·克拉克对特许经营商的一些"硬性原则"，使公司的授权经营政策更为灵活，这种改变一方面提高了经营管理的效率，另一方面则促使麦当劳的扩张更为迅速，极大地发挥了麦当劳的品牌优势。然而，它也为日后麦当劳对加盟经销商的管理留下隐患。公司对于加盟店的管理无法涉及更多关于"人性"方面的内容，一旦出现无视劳工利益之类的问题，其规范与否的界限无法界定。可见，在对待劳工组织对抗的问题上，格林伯格将面临它上任以来的又一次艰难考验。

麦当劳的问题至今仍在继续，谁也无法预见未来将会怎样。当雷·克拉克

1961年从麦当劳兄弟手里完全买下"麦当劳"商标时,他不会想到,40年后,麦当劳的金色拱形门已经遍布世界。然而,他更不会想到,今天的世界已经完全改变,麦当劳庞大的实体网络在各种复杂问题面前显得多么羸弱。麦当劳的问题,是许多跨国公司共同的问题,当然,也即将成为中国企业面临的问题。对于立志跨出国门的中国企业而言,除了雄心壮志、管理方法、市场韬略以外,更需要有一种人性化的思维和态度,以此去对待自己的员工、顾客以及社会公众。

想一想

请根据本项目所学内容,分析"麦当劳"所面临的宏观环境和微观环境?

【学以致用】

实践目标

理解市场营销宏观环境对于食品企业发展的重要影响,会分析宏观环境对于食品企业的具体影响。

实践方案

假如你是一个肉制品加工企业的营销经理。公司最近打算在宁夏推出一款新的产品,请根据实际,分析该肉制品营销的宏观环境,撰写《产品营销宏观环境分析报告》,为公司的新产品规划提供借鉴。

技能培养

通过分析,实际锻炼学生的资料查阅和问题分析能力,通过撰写《产品营销宏观环境分析报告》锻炼学生的写作能力。

【项目小结】

任何企业的营销均处在一定的环境之下,企业营销活动一定会受到内外部的环境制约。提前分析企业所处环境,预料环境变动带来的机会和威胁,根据环境的特点与发展态势,制定并不断调整营销策略是营销工作的重要内容之一。

食品企业在发展过程中,不仅会面临很多发展机会,而且也会遇到一些阻力或威胁。因此,企业一定要对其所面临的市场机会和环境威胁做总体分析,分析包括机会威胁分析和优势劣势分析。

营销环境是指影响和制约企业营销活动的各种内部条件和外部因素的总和。分为外部环境和内部环境,而外部环境又包括宏观环境和微观环境。

宏观营销环境是指对企业营销活动造成市场机会和环境威胁的主要力量,包括政治环境、法律环境、经济环境、社会文化环境、科技环境及自然环境。分析宏观营销环境是为了适应社会发展，通过企业营销努力来适应环境及其变化，实现企业的营销目标。

微观营销环境是指直接制约和影响企业营销活动的因素，包括供应商、营销中介、顾客、社会公众以及竞争者。分析企业微观营销环境的目的在于更好地协调企业与这些相关群体的关系，促进企业营销目标的实现。

【项目练习】

（一）单项选择题（在每小题的四个备选答案中选出一个最合适的答案）

1. 企业营销环境的特点不包括（　　）。
   A. 客观性　　　　　　　　B. 多边形
   C. 独立性　　　　　　　　D. 特异性
2. 代理中间商属于市场营销环境的（　　）因素。
   A. 内部环境　　　　　　　B. 竞争
   C. 市场营销渠道企业　　　D. 公众环境
3. 理想业务的特点是（　　）。
   A. 高机会高威胁　　　　　B. 高机会低威胁
   C. 低机会低威胁　　　　　D. 低机会高威胁
4. 企业所在地邻近的居民和社区组织在企业营销环境中属于（　　）。
   A. 社团公众　　　　　　　B. 社区公众
   C. 内部公众　　　　　　　D. 政府公众
5. 消费习俗属于（　　）因素。
   A. 人口环境　　　　　　　B. 经济环境
   C. 文化环境　　　　　　　D. 地理环境
6. 以下哪个是影响消费者需求变化的最活跃因素（　　）。
   A. 人均国民生产总值　　　B. 个人收入
   C. 个人可支配收入　　　　D. 个人可任意支配收入
7. 根据恩格尔定律，随着家庭收入的增加，恩格尔系数将（　　）。
   A. 上升　　　　　　　　　B. 下降
   C. 大体不变　　　　　　　D. 时升时降
8. 协助厂商储存并把货物运送至目的地的仓储公司是（　　）。
   A. 中间商　　　　　　　　B. 财务中介
   C. 营销服务机构　　　　　D. 实体分配公司

（二）多项选择题（在每小题的备选答案中选出2~4个正确答案）

1. 以下属于市场营销微观环境的是（　　）。
   A. 辅助商　　　　　　　　B. 政府公众

C. 人口环境 D. 消费者收入
2. 以下属于宏观营销环境有（　　）。
A. 公众 B. 人口环境
C. 经济环境 D. 政治法律环境
3. 营销中间商包括（　　）。
A. 中间商 B. 物流公司
C. 营销服务机构 D. 财务中介机构
4. 企业面对的公众有（　　）。
A. 融资公众 B. 社区公众
C. 中间商公众 D. 企业内部公众
5. 营销环境包括（　　）。
A. 宏观环境 B. 间接环境
C. 作业环境 D. 微观环境

（三）判断题（判断下列论述是否正确）
1. 企业的市场营销环境包括宏观环境和微观环境。　　　　　　（　　）
2. 企业可以按自身的要求和意愿随意改变市场营销环境。　　　（　　）
3. 公众是指对企业实现其市场营销目标构成实际或潜在影响的任何团体。
　　　　　　　　　　　　　　　　　　　　　　　　　　　（　　）
4. 宏观环境是企业可控制的因素。　　　　　　　　　　　　　（　　）
5. 市场是由那些想买东西并且有购买力的人构成。　　　　　　（　　）
6. 在一定时期货币收入不变的情况下，如果储蓄增加，购买力消费支出会增加。　　　　　　　　　　　　　　　　　　　　　　　　　　　　（　　）
7. 环境发展趋势基本上分为两大类，一类是环境威胁，另一类是市场营销机会。　　　　　　　　　　　　　　　　　　　　　　　　　　　　（　　）
8. 恩格尔指数越小，生活水平越低。　　　　　　　　　　　　（　　）
9. 营销活动只能被动地受制于环境的影响。　　　　　　　　　（　　）
10. 在经济全球化的条件下，国际经济形势也是企业营销活动的重要影响因素。　　　　　　　　　　　　　　　　　　　　　　　　　　　　（　　）

（四）简答题
1. 根据面临的市场机会与环境威胁的不同，企业业务可划分为哪几种类型？应分别采取怎样的营销对策？
2. 市场营销环境有哪些特点？
3. 食品企业有可能面临哪些不同层次的竞争者？举例说明。

（五）论述题
1. 分析食品市场营销环境对食品市场营销活动的意义。
2. 试述科学技术的发展对食品市场营销的影响？

项目三

市场调研与需求预测

【学习指南】

知识目标

通过本章的学习,明确市场营销调研的内容、方法及步骤,了解市场需求预测的内容和方法。

技能概述

1. 能够熟练地进行市场调研,为企业的决策提供准确的市场信息和可靠的依据。
2. 依据实际情况,能够灵活运用所学的知识和科学的方法,对目标作出准确的预测。

【案例导入】

荷兰食品工业公司以生产色拉调料在世界食品工业独树一帜。公司每推出一个新产品均受到消费者的普遍欢迎,产品供不应求,这主要得益于不同寻常的关于产品征求意见的市场调查。以"色拉米斯"为例,在推出该产品之前,公司选择了700名消费者作为调查对象,询问消费者是喜欢公司原有的"色拉色斯"产品,还是喜欢新的色拉调料,以征询消费者对新产品的各种期望,公司综合消费者的希望,于几个月后研制出一种新的色拉调料。当向被调查者征求新产品的名字时,公司则拿出预先选好的名字:"色拉米斯"和"斯匹克杰色斯"供大家挑选,80%的人认为"色拉米斯"是个很好的名字。这样,"色拉米斯"便被选定为这次产品的名字。不久公司又解决了"色拉米斯"的颜色问题,在产品销售前又进行最后一次消费试验,公司将白色和粉色两种颜色的产品提供给被调查者,根据消费者的反映,以确定产品颜色。同时,公司还调查消费者愿花多少钱来购买,以此确定产品的销售价格。经过反复的征求意见,并根据消费者意见作了改进,使"色拉米斯"一举成功。

思考:通过阅读材料,探讨"色拉米斯"的推出为什么能够一举成功。

任务一
食品市场调研的作用与类型

任务目标

1. 了解食品市场调研在食品营销中不可或缺的地位和作用
2. 了解并掌握当前形式下食品市场调研的主要类型。

【核心理论】

一、市场调研的定义

市场调查就是指运用科学的方法,有目的地、系统地搜集、记录、整理有关市场营销的信息和资料,分析市场情况,了解市场的现状及其发展趋势,为市场预测和营销决策提供客观的、正确的资料。

二、市场调研的内容

市场调查的内容很多,有市场环境调查,包括政策环境、经济环境、社会文化环境的调查;有市场基本状况的调查,主要包括市场规范,总体需求量,市场的动向,同行业的市场分布占有率等;有销售可能性调查,包括现有和潜在用户的人数及需求量,市场需求变化趋势,本企业竞争对手的产品在市场上的占有率,扩大销售的可能性和具体途径等;还可对消费者及消费需求、企业产品、产品价格、影响销售的社会和自然因素、销售渠道等开展调查。

三、市场调研的主体流程

市场调研的重要环节主要在两个方面:信息收集、调研分析。信息收集是为调研分析提供数据;调研分析是对信息数据的剖析并写出调研报告,企业战略目标、管理计划等管理方案就是根据调研的报告来制订(图3-1)。

图 3-1　市场调研的主体流程

四、市场调研的类型

由于影响市场的因素很多，故市场调查和预测的范围很广。凡是直接或间接影响企业营销状况的因素都可能被列入调查和预测的范围。市场调查和预测的内容可以包括以下几方面：

1. 调查宏观市场环境

宏观市场环境调查的主要内容包括：政治法律、经济、人口、社会文化和技术环境等方面。

2. 调查市场需求

市场需求调查主要包括：市场商品需求量（市场需求总量主要关系到6个因素：产品；顾客；地理区域；时限；营销环境；营销组合方案）；需求结构（指对吃、穿、用、住、行商品的需求结构）；需求时间（了解消费者需求的季节、月份以及需求时间内的品种和数量结构。）

3. 调查消费者

为了准确把握消费者的需求情况，通常需要对消费者的人口构成、家庭、职业与教育、收入、购买心理、购买行为等方面进行调查，然后再得出结论。

4. 调查企业自身经营的全过程

（1）产品调查　主要包括：生产者生产能力调查；产品本身调查；产品包装调查；产品生命周期调查。

（2）销售渠道调查　商品流通渠道的具体形式决定了销售渠道调查的具体内容，一般为：批发商；零售商；生产者自销市场。

（3）促销调查　具体内容包括：促销形式、促销活动有无创新特点等。

（4）销售服务调查　企业目前提供服务的网点数量、消费者的反映等。

5. 调查竞争对手

对竞争对手的调查主要是了解：

（1）竞争对手的数量，主要的竞争对手，是否具有潜在的竞争对手；

（2）竞争对手的经营规模、人员组成及营销组织机构情况；

（3）竞争对手经营商品的品种、数量、价格、费用水平和营利能力；

（4）竞争对手的供货渠道情况和对销售渠道的控制程度；

（5）竞争对手所采用的促销方式；

（6）竞争对手的价格政策；

（7）竞争对手的名称、生产能力、产品的市场占有率、销售量及销售地区。

五、市场调查的作用

（1）提供市场行销讯息，避免企业在拟订行销策略错误，造成巨大财务损失。

（2）提供市场行销讯息，为企业对现况行销策略及行销活动之得失，作适切建议。

（3）提供正确市场信息，了解市场可能趋势及消费者潜在购买动机需求，提供企业发展新契机。

【学以致用】

实践目标

通过小组讨论的方式来确定市场调研分为哪几种类型，并通过上网搜索食品市场调研的成功案例来了解市场调研在食品市场营销中不可或缺的作用。

实践方案

1. 以小组为单位上网搜索知名食品企业发布的市场调研报告，以小组讨论的方式总结当前市场调研都分为哪些类型。

2. 同样以小组为单位上网搜索各大食品企业的成功案例，并仔细研究其制胜的关键因素，并从中体会到市场调研在食品市场营销中的地位和作用。

3. 各小组与小组之间互相交流心得，并总结出影响市场调研成败的因素有哪些。

4. 各小组的组长负责在课堂上把本小组总结得出的结论向任课老师进行汇报，任课老师通过汇总各小组上报内容总结出普遍规律并告知学生。

技能培养

1. 搜索知名企业的市场调研报告的方式不限，可以锻炼学生的信的获得和检索能力。

2. 把所得数据和内容进行整合和概括处理有利于锻炼学生的数据整合和概括能力。

3. 把小组总结得出的结论以PPT或者口述的方式向指导老师报告，有利于锻炼学生的口语表达能力。

思考练习

分析项目导入案例，思考以下问题。

1. 百事可乐的营销战略属于哪种市场调研类型，其主要调研对象为谁？

2. "仅仅3个月的时间,可口可乐的新可乐计划就以失败告终。尽管公司前期花费了2年时间,数百万美元进行市场调研,但可口可乐忽略了最重要的一点——对于可口可乐的消费者而言,口味并不是最主要的购买动机。可口可乐公司推广新可乐,没有分析到消费者最主要的购买动机,一味的重视它的口味,从而失去了消费者的强大支持,以失败告终。"这样一个失败案例给我们以怎么样的启示?

任务二
食品市场调研的步骤与方法

任务目标

1. 了解市场调研的基本步骤和方法。
2. 掌握市场调研报告的撰写。
3. 熟练而准确地运用市场调研方法对某个企业或产品进行食品市场调研,并完成调研报告。

【核心理论】

一、食品市场调研的步骤

市场调研是一个收集、整理、加工和处理信息的系统工程,要想顺利完成调研任务,必须依据科学的程序,有计划、有组织、有步骤地进行,方能取得预期效果。一般而言,根据调研活动中各项工作的自然顺序和逻辑关系,市场调研主要包括以下三个步骤。

(一) 调研准备阶段

1. 确定调研目标

市场调研的主要目的是收集和分析资料以帮助企业减少决策的失误,因此调研的第一步就要求决策人员和调查人员认真的界定所要调研的问题,选择调研工作所要达到的目标,也就是确定市场调研的目的、范围和要求。

(1) 确定调研目标的注意事项

①目标的界定不可太宽、太空泛,要明确集体。例如"怎样才能使顾客感到满意"作为调研主题就太宽泛、模糊。因为对任何一个企业来说,影响顾客满意程度的因素都太多了,绝不是一两项调研就能调查清楚的。

②调研目标尽可能定量化、数量化。例如,一家食品企业在向市场推出桶装

方便面产品之前，先做了一次市场营销调研，主题是"我们的桶装方便面是否会畅销？"，但由于概念模糊此次调研效果不佳。随后将主题调整为"我们的桶装方便面年销售量能否突破 500 万桶？"，最终取得了满意的结果。

（2）调研目标的分类

①探索性调研目标：一般是在调查主题的性质与内容不太明确时，为了解问题的性质、确定调研的方向与范围而进行的收集初步资料的调研。例如，某企业发现近段时间其产品销售量大幅下降，其原因可能是竞争者抢夺市场、广告支出减少、代理商推销不力、消费者偏爱转变或者近期产品质量出现问题等，此时，企业就应该通过探索性调研寻找症结。

②描述性调研目标：通常是对市场营销决策所面临问题的不同因素、不同现状的调研。描述性调研强调资料数据的采集和记录，着重于客观事物的静态描述。例如某白酒生产企业要预测今后 3~5 年的需求情况，就需要了解城乡居民收支结构、消费观念、消费方式及变化情况，了解居民对白酒的需求和认知程度及现有白酒生产企业的成产销售现状及变化等。

③因果关系调研目标：因果关系调研目标指分析营销活动不同因素间的关系，查明导致某些现象产生的原因而进行的调研。如销售额的增加与新产品的开发、包装、广告花费等因素之间的关系；成本降低与新工艺、新材料的采用之间的关系等。

2. 制定调研计划

在明确了调研主题和目标后，需由专业人员设计和制定一个具体的、明确的、有效的调研计划。调研计划的内容应包括：本次调研的目的和意义，调研范围和方法、时间和地点、调研对象，确定调研人员组成，明确调研步骤和工作内容，拟定调研提纲，提出调研过程中可能遇到的问题及解决办法，调查资料的处理及分析方法，调查经费预算等。调研计划是调研目的和任务的具体化，是指导市场调研工作的总纲。

（二）调研实施阶段

这个阶段的主要任务是根据企业的需求，按照调研方案和工作计划的安排，组织调研人员深入实际，系统地收集各种资料。调研过程中既要通过企业内部、消费者、各类中间商及市场经营组织、各类企业以及其他途径收集第一手资料，也要企业内部相关部门、政府机构、出版物、行业团体、专业调研机构、电子网络等途径收集第二手资料。

在营销调研中，资料收集阶段是花费最高也最容易出错的阶段，因此，要合理组织市场调研人员并进行必要的培训，以确保市场调研的质量。

（1）调研人员的一般条件

①诚实认真：不马虎、不敷衍、不弄虚作假，客观地、实事求是地对待调研结果。

②有能力：指调研人员要有观察能力、辨别能力及交往能力。

③勤奋负责：调研工作非常艰苦，要求调研人员不怕困难、不怕吃苦，具有努力完成调研任务的高度责任心。

④谦虚有耐心：要尊重被调研者，耐心解释调研问题的含义、聆听被调研者的回答。

（2）调研人员的特殊条件　特殊条件主要是依据研究的主题、社区的性质、被定义对象的特点来考虑的。

①选用的调研人员在年龄、职业、社会地位等背景条件上与调研对象越接近越好。如调研家庭用品问题时以女性调研人员为合适；当调研者为青少年时，应尽量选择青年调研员。

②调研人员最好是被调研地区当地的、同民族的、同宗教的人。由于这些调研员熟悉被调查地区的风俗习惯、文化传统、语言特点等，进而能顺利开展调研工作。

③受教育程度、社会经验要与被调研问题相适应。

（3）调研人员的培训　调研人员往往集调查者、指导者和资料收集者三种角色于一身，因此必须进行调研前的培训，培训主要步骤和内容如下。

①介绍本次调研的计划、内容、目的、方式方法以及与调查项目有关的其他情况。同时，还要说明调研的步骤、要求、时间安排、工作量、报酬等具体问题。

②培训一些基本的、关键的调研访问技术。组织调研人员集中学习调研人员须知、调查问卷、调查员手册等材料，弄清楚调查问卷的全部内容、提问方式、填写方法、注意事项等。

③进行摸底调查、实习。

④建立相互联系、监督和管理的方法及规定，保证正式调研工作的顺利进行。包括组织管理措施、指导监督措施、总结交流制度等。

目前我国的食品企业大都没有专门的市场调查机构，为提高市场调查的准确性和可信性，一般都需要委托专业的市场调查公司进行调研。

（三）调研结果分析阶段

通过前一阶段的实施，获得了大量的调研资料。为了保证资料的完整性、系统性、科学性和时效性，需要对调研资料进行整理、分析，通常包括原始资料的统计分析、撰写调研报告两步。

1. 原始资料的统计分析

（1）筛选　目的是发现、剔除原始资料中的错误部分，去粗取精、去伪存真。

（2）编号与分类　将已编辑整理过的资料进行分类编号，以便于资料的统计、分析、查找和归档。

（3）制表　将已分类的资料有系统地制成各种统计表，以方便分析与利用。

（4）分析与解释　就是对资料进行综合分析与说明。

2. 撰写调研报告

将经过整理分析的市场调研资料做出准确的解释和结论,是市场调研的最后一个步骤,也是市场调研结果的集中体现。市场调研报告要根据所收集到的资料信息,紧密围绕调研的目的与要求,客观、准确且有的放矢地分析问题,做判断性结论,提出建设性意见;文字简明扼要,内容通俗易懂;结论与建议可归纳成要点,后可附表格与附件,以便营销管理人员阅读和提出有效的营销决策。

市场调研报告通常有以下两种形式。

(1) 技术性报告　它着重报告市场调研的过程。

(2) 结论性报告　它着重报告市场调研的结论。

但不管哪种报告,一般都包括以下内容:调研的主题,调研的时间、区域、参与人员,调研的目的和范围,调研所采用的方式方法,数据资料的处理技术、方法,调研结果、提出的建议及必要的附件。

二、 食品市场调研的方法

资料收集是市场调研与预测过程中的基本步骤之一,直接影响着市场活动的优劣或成败。资料收集的方法,也就是市场调研方法,通常在设计市场调研计划时根据调研的目的和内容来进行确定。市场调研的方法按信息数据来源可以分为文案调查法和实地调查法两大类。

(一) 文案调查法

文案调查法(Desk Research Survey),又称间接调查法、资料分析法或室内研究法,是市场调研人员对现成的资料、报告、文章等信息数据进行收集、分析、研究和利用的一种市场调研方法。文案调查法包括文献资料筛选法、报刊剪辑分析法、计算机网络检索法、情报联络网法等方法。文案调查的资料,主要分为企业内部资料和外部资料两部分。

1. 内部资料

内部资料包括企业内部的业务资料、统计资料、财务资料和其他资料。

2. 外部资料

外部资料主要来自政府部门、统计部门、行业协会、研究机构、信息中心或咨询公司、出版物、电视或广播、展销会或博览会、国际市场、电子网络和在线数据库等渠道。

但是,仅靠文案调查法有时不能满足决策者对信息的需要,那就需要调研人员进行实地市场调研以收集原始资料。

(二) 实地调查法

1. 访问调查法

访问调查法是将所要调查的事项以当面、书面或电话的方式,向被调查者提出询问，以获得所需要资料的一种调查方法。通常应该事先设计好询问程序及调查表或问卷，以便有步骤地提问。

（1）按调查访问方式可划分为

①直接访问：指访问人员直接向被调查对象当面询问以获得所需资料的一种最常见的调查方式，又称面谈调查法。

②间接访问：指访问者通过电话、书面问卷、电子网络等中介工具对被访问者进行访问。

（2）按调查访问内容可划分为

①标准化访问（也称结构性访问）：是将"选择访问对象的标准和方法、访谈中提出的问题、提问的方式和顺序以及对被访问者回答的记录方式等"统一设计成有一定结构的问卷进行访问的调查方法。

②非标准化访问（也称非结构性访问）：是按照一定调查目的和一个粗线条调查提纲进行的访问，该方法对访问对象的选择和访谈中所要询问的问题有一个基本要求，但可根据访谈时的实际情况作必要调整。

访问调查法是通过直接或间接的回答方式来了解被调查者的看法和意见，为提高访谈的成功率和可靠性，应注意掌握访谈过程中的技巧，如怎样接近被访者的技巧、提问的技巧、听取回答的技巧，有时还需要引导和追询，同时访谈应适可而止和善始善终。

2. 观察调查法

观察调查法是指研究者根据一定的研究目的、研究提纲或观察表，用自己的感官（如视觉、听觉、嗅觉、味觉、触觉）和辅助工具去直接观察被研究对象，从而获得所需信息的一种方法。例如，调查人员到被调查者厨房去观察食用油的品牌及包装情况。

①按观察的形式不同划分：直接观察法、间接观察法。

②按调查对象是否参与调查活动划分：参与性观察、非参与性观察。

③按调查内容的范围、数量和界定上划分：结构性观察、非结构性观察。

④按观察手段划分：人员观察、仪器观察。

3. 实验调查法

实验调查法，是指调研员有目的、有意识地改变或控制一个或几个市场影响因素，观察市场现象在这些因素影响下的变动情况的方法。

一种产品在进入市场前，均可以通过改变包装、设计、价格、广告、陈列方法、推销方法等影响因素，来做小规模试验，然后决定是否大规模推广。例如，某食用油公司为开拓市场，准备改进油的包装，于是把新改进的0.5kg、1kg、2kg、4kg装的四种规格食用油作为实验对象，和现在正在销售的5kg规格食用油相比较，经一个月试验发现2kg规格的食用油最受欢迎，销量最多，适合大规模推广应用。

【学以致用】

实践目标

熟练掌握市场营销调研的步骤和方法,并通过实践加深对营销调研的认识和理解。

实践方案

假如你是市场调研公司的一名调研员,现某食品公司想推出一款新的保健食品,委托你公司就不同人群对产品的需求及现状进行调查,以小组为单位进行实践,分别尝试不同的市场调研方法,严格按照调研的步骤设计和实施调研,最后以组为单位撰写调研报告。

技能培养

1. 在市场调研的准备阶段培养学生的组织和筹划能力。
2. 在市场调研的实施阶段培养学生的信息和资料收集能力。
3. 在询问调查的过程中培养学生的口语交际能力。
4. 在撰写市场调研报告阶段培养学生整理、分析、加工和处理信息的能力。
5. 最后以小组为单位向全班进行分享汇报,综合得到目前市场上保健食品的消费现状及不同消费人群对保健食品的需求。

任务三

食品市场需求预测

任务目标

1. 理解食品市场需求预测的概念。
2. 了解食品市场需求预测的内容和方法。
3. 能够灵活运用所学知识,对食品市场的需求进行预测。

【核心理论】

一、市场预测的定义

市场预测(Market Forecasting)是在市场调查的基础上,运用科学的方法对市场需求和企业需求以及影响市场需求变化的诸因素进行分析研究,对未来的发展趋势做出判断和推测，为企业制定正确的市场营销决策提供依据。

二、食品市场预测的作用

（1）食品企业发展生产、满足需求的重要手段。
（2）食品企业制定生产经营计划的重要依据。
（3）食品企业经营管理决策的重要前提条件，是提高企业素质、增强企业应变能力和竞争力的重要途径。
（4）充分发挥市场调节作用的重要保证。
（5）食品企业合理配置资源，提高经济效益的重要手段。

三、食品市场预测的类型

（1）按市场预测时间的长短分　近期预测（以周、旬或月为时间单位）、短期预测（1年以内）、中期预测（1~5年）和长期预测（5年以上）。
（2）按市场预测的空间范围分　宏观市场预测、中观市场预测和微观市场预测。
（3）按市场预测的商品内容分　单项商品市场预测、分类别商品市场预测和商品总量预测。
（4）按市场预测的方法分　定性预测和定量预测。

四、食品市场预测的步骤

食品市场预测应遵循一定的程序和步骤，以使工作合理化、有序化、协调化。其过程大致包括以下步骤。

1. 确定预测目标

明确目标，是开展市场预测工作的第一步，因为预测的目标不同，预测的内容和项目、所需要的资料和所运用的方法都会有所不同。明确预测目标，就是要确定预测的内容、范围、要求和时间等。

2. 收集资料

在市场预测计划的指导下，调查和收集预测有关资料是进行市场预测的重要一环，也是预测的基础性工作。根据预测目标，确定应收集的信息、数据资料等内容；在完成收集工作后，应对资料进行科学地分析，去粗取精、去伪存真，以得到全面客观、真实准确的资料。

3. 选择预测方法，建立预测模型

根据预测的目标以及各种预测方法的适用条件和性能，选择出合适的预测方法。有时可以运用多种预测方法来预测同一目标。预测方法的选用是否恰当，将直接影响到预测的精确性和可靠性。运用预测方法的核心是建立描述、概括研究对象特征和变化规律的模型,根据模型进行计算或者处理,即可得到预测结果。

4. 预测分析和修正

一般情况下,在得出初步预测值以后,还应对其进行进一步的分析、检验和评价。在分析评价的基础上,修正初步预测值,得到最终的预测结果。

5. 编写预测报告

预测报告应该包括预测的主要活动过程,包括预测目标、预测对象及有关因素的分析结论、主要资料和数据,预测方法的选择和模型的建立,以及对预测结论的评估、分析和修正等,最后还应附上所使用的原始资料和记录。

五、 食品市场预测的方法

市场预测的方法有很多种,归纳起来可分为两大类:定性预测和定量预测。定性预测是以市场调研为基础的经验判断法,定量预测则是以统计资料为基础的分析计量法。

(一) 定性预测

定性预测(Qualitative Forecast),也叫判断预测,是指预测者通过调查研究、了解实际情况(历史资料和现实资料),根据自己的实践经验和理论、业务水平,对市场未来的变化趋势作出判断的预测方法。常用的定性预测方法有以下几种:

1. 购买者意向调查预测法

购买者意向调查预测法是通过直接询问潜在购买者的购买意向或计划,据此判断未来某时期市场需求潜量的一种定性预测法。市场是由现实购买者和潜在购买者构成的,未来市场需求潜量取决于各类购买者的购买计划,而这种计划只有购买者自己知道。因此,通过调研了解各类购买者的购买意向,进而对未来的市场需求作出预测,该预测方法的准确性较高。

2. 销售人员综合意见预测法

销售人员综合意见预测法是以企业管理人员和基层业务人员的经验和判断为基础,经过分析综合,以判断未来市场情况的预测方法。由于销售人员接近顾客、熟悉市场,对购买者意向有较全面深刻的了解,比其他人有更充分的知识和更敏锐的洞察力,因此,在不能直接与顾客见面时,企业可以通过听取销售人员意见来预测市场需求。通过这种方法,可以获得按产品、区域、顾客或销售人员划分的各种销售预测。

一般情况下销售人员所做的需求预测必须经过进一步修正才能利用,因为此法的缺点是主观意志较多,客观数据和资料不足,容易发生偏差。例如,销售人员可能对经济发展形势或企业的市场营销总体规划不了解;也可能对这种预测没有足够的知识、能力或兴趣;或者受个人近期销售成败的影响,对市场的预测过于主观化等。尽管有这些不足之处,但这种方法仍为人们所利用,因为各销售人员过高或过低的预测可能会相互抵消,从而使预测总值较理想。有时,有些销售人员预测的偏差可以预先识别并及时得到修正。

3. 专家意见预测法

专家意见预测法,是以专家的知识、经验和判断力为依据进行定性预测的方法。这种方法的优点是可以充分发挥集体智慧的作用,在资料不齐或缺乏准确性的情况下也可得出比较令人满意的预测结果。但这种方法的准确性主要取决于专家的专业知识和与此相关的科学知识基础,以及专家对市场变化情况的洞悉程度,因此,依靠的专家必须具备较高的水平。在市场营销中,专家通常包括理论学者、经销商、分销商、供应商、营销顾问及其他营销方面的专业人员。

专家意见预测法有很多种,目前主要有以下三种形式:

(1) 小组讨论法　召开专家会议,邀请有关专家参加,进行集体讨论得出预测结果。

(2) 单独预测集中法　由单个专家单独给出预测值,然后由预测项目负责人对其进行综合分析得出预测结果。

(3) 德尔菲法　德尔菲法是目前应用较普遍的专家意见预测法,采用函询调查的方式,对与所预测问题有关领域的专家分别提出问题,各专家针对所预测事物的未来发展趋势独立提出自己的估计和假设,然后将专家们回答的意见予以综合整理后反馈给各位专家,这时专家们根据综合的预测结果,参考他人意见修改自己的预测,即开始下一轮估计。如此多次反复循环,最终得到一个比较一致的且具有较大可靠性的预测意见。

这种方法的优点是简单易行,具有一定的科学性和实用性,可以保证信息的交流不受权威、资历、口才等原因的影响;同时,可使大家发表的意见较快收敛,参加者也易接受结论,具有一定程度综合意见的客观性;由于预测结果是综合全体专家的意见,因而可使预测结果具有较大的可靠性和权威性。

4. 市场试验法

市场试验法,又称为试销,通常是由企业拿出一定数量的商品让消费者试用,通过调查试用者对商品的质量、价格、包装等方面的反映,来测算社会需求潜力、改进产品质量、开拓市场。

若购买者并无详细的购买计划,或其意向变化不定,或专家的意见也并不十分可靠的情况下,就需要利用市场试验这种预测方法。特别是在预测某种新产品的销售情况和现有产品在新的地区或通过新的分销渠道的销售情况时,市场试验法比较适用。

(二) 定量预测

定量预测(Quantitative Forecast),又称统计预测,是根据市场调研所得出的比较完备的历史和现状统计资料,运用一定的数学或统计方法进行科学的分析、处理,找出预测目标与其他因素的规律性联系,并依此对市场未来发展趋势做出预测的方法。

1. 时间序列预测法

时间序列预测法是将历史资料、数据按照时间顺序排列成一系列,根据时间序列所反映的经济现象的发展过程、方向和趋势,将时间序列外推或延伸,以预测经济现象未来可能达到的水平。时间序列又称动态序列,是将某个经济变量在不同时间发展变化的数值,按照时间先后顺序排列所形成的数列,如商场计算商品销售额时按月排列数据。

时间序列预测法突出了时间因素在预测中的作用,但实际上时间序列数据会受到多种因素的影响,预测对象根本不可能按照某一个既定的规律向前发展,不可能是历史的简单重复。时间序列数据的变动趋势主要有以下四种类型。

(1) 长期趋势　指社会经济现象由于受某种特定因素的影响,在一个较长时期内所呈现的持续稳定的变化趋势。它是人口、资本积累、技术发展等方面共同作用的结果。

(2) 季节变动　指时间序列数据以年为周期,呈现反复的有规律的变动趋势。这一般与气候、假日、贸易习惯等有关,可为短期预测提供基础。

(3) 循环变动　又称周期性变动,是指时间序列数据呈现不固定的周期变动,且变动的周期大于一年。周期因素在中期预测中尤为重要。

(4) 不规则变动　指时间序列数据所呈现的变化趋势没有一定的规律,呈忽升忽降的动态变化。这往往是由一系列偶然因素引起的,如自然灾害、战争恐慌、一时的社会流行时尚或其他干扰因素,这些因素属于不正常因素,一般无法预测,应从过去的数据中剔除这些因素的影响,考虑较为正常的销售活动。

时间序列预测就是把过去的销售序列 Y 分解成趋势(T)、周期(C)、季节(S)和不确定因素(E)等组成部分,通过未来这几个因素的综合考虑,进行销售预测。这些因素可构成线性模型,即 $Y = T + C + S + E$;也可构成乘数模型,即 $Y = TCSE$;还可以是混合模型,如 $Y = T(C + S + E)$。

2. 回归分析预测法

时间序列预测法把过去和未来的销售都看作是时间的函数,即仅随时间的推移而变化,不受其他任何现实因素的影响。然而,任何产品的销售都要受到价格、收入、人口和促销等很多现实因素的影响,这些变量同销售量之间的关系一般不能用严格的数学公式表示出来,而只能用统计分析来揭示和说明。

回归分析预测法就是从各种经济现象之间的相互关系出发,通过对与预测对象有联系的现象变动趋势进行统计分析,并建立回归预测模型,据此推断预测对象未来状态和数量表现的一种预测方法。按自变量个数可以划分为一元回归分析预测法和多元回归分析预测法。

需求预测是一项十分复杂的工作。实际上只有特殊情况下的少数几种产品的预测较简单,如未来需求趋势相当稳定,或没有竞争者存在(如公用事业),或竞争条件比较稳定（如纯粹垄断的产品生产）等。在大多数情况下，企业经营的市场环境是在不断变化的，由于这种变化，总市场需求和企业需求都是变化的、不稳定的。需求越不稳定，就越需要精确的预测。这时准确地预测市场需求和企业需求就成为企业成功的关键，因为任何错误的预测都可能导致诸如库存积压或存货不足，从而使销售额下降以致中断等不良后果。

在预测需求的过程中，所涉及的许多技术问题需要专业技术人员解决，但是市场营销经理应该熟悉主要的预测方法以及每种方法的主要特征。

【学以致用】

实践目标

深刻理解市场需求预测对某种产品或企业发展的重要意义，熟练掌握市场预测的步骤和方法，并通过实践熟悉市场需求预测的整体流程。

实践方案

假如你是某食品公司的市场营销经理，现你公司想推出了一款新的休闲食品，以期在竞争激烈的休闲食品市场上占据一席之地，需要你对现在的休闲食品市场有一个清晰的认识，并在此基础上对未来的发展趋势作出判断和推测，为企业制定正确的方案和决策。以小组为单位进行实践，严格按照食品市场预测的步骤，使小组成员分别向消费者、销售人员、相关专家等进行咨询调研，运用定性预测法（购买者意向调查预测法、销售人员综合意见预测法、专家意见预测法、市场试验法）和定量预测法（时间序列预测法、回归分析预测法）对休闲食品的未来发展趋势做出判断和预测，以此为基础制定一个合理的方案，并撰写《市场需求预测报告书》，最后以组为单位在课堂上进行汇报交流。

技能培养

通过制作《市场需求预测报告书》锻炼学生的市场分析和判断能力；通过对消费者、销售人员、专家等进行咨询调研，培养了学生的交际能力和口语表达能力；经过与被调研人员的直接接触，使学生更清晰地了解到不同角色的意向和思考方式，对今后的分析和决策也十分有利。

【案例链接】

Qoo 酷儿是如何酷起来的

Qoo 酷儿是可口可乐公司针对亚洲市场研发的一种特色果汁饮料。这种饮料在亚洲饮料市场上所向披靡，迅速成为日本、韩国、中国等地最受消费者喜爱的果汁产品。Qoo 酷儿果汁能够在竞争激烈的果汁饮料市场取得如此成功，绝非偶然。

在中国的果汁饮料市场上，汇源、茹梦、大湖、华邦等诸多品牌各占一席之地，统一、康师傅、娃哈哈、牵手、农夫山泉相继推出瓶装果汁，品牌林立。在此竞争态势下，一个新品牌要想成功进入该市场确非易事。可口可乐公司经过市场调查发现，6~14 岁的儿童是果汁饮料的重要消费群体，但并未引起果汁生产厂商的重视，无论是统一的"多喝多漂亮"，还是梁咏琪代言的"（康师傅）鲜的每日 C"独特表达方式，都集中在卖青春、卖健康，主要的目标消费者是城市年轻女性，至于汇源的"喝汇源果汁，走健康之路"更是想把男女老少都一网打尽，但却没有一家是针对 14 岁以下儿童的诉求。在洞察这一市场需求后，可口可乐公司就顺理成章地将自己的果汁饮料目标定位在儿童市场。

准确地定位之后，可口可乐对这一目标市场进行了进一步深入的调查与分析。根据一项"儿童生活快乐指数"的调查发现，有将近一半的小学儿童体会不到快乐。同时，要打入儿童饮料市场，得先通过父母亲严格把关（事实上，可口可乐后来发现，这款饮料的购买者有 65% 是妈妈）。由此，公司制定了"快乐"、"健康"这两大诉求点。儿童的消费心理特点决定了不可能向他们灌输天然、健康等理性说教的概念，于是公司针对儿童的特点成功创造了"酷儿"这一独具特色的品牌形象，使与目标消费者的沟通变得轻松、简单、容易。关于"酷儿"的描述是这样的：出生在遥远的大森林中，敏感而好奇，喜欢喝果汁，一喝果汁就两颊泛红。喝的时候要右手叉腰，同时要很陶醉地说"Qoo……"，它的个性是快乐、喜好助人但又爱模仿大人，有点儿笨手笨脚但又不易气馁，这种个性正是一般小朋友的性格特点，小朋友看到 Qoo 酷儿，就像是看到了自己。为了突破妈妈对饮料的心理防备，酷儿的产品更是从一开始就宣传"添加维他命（维生素）C 及钙"，强调可以喝得快乐又健康。

Qoo 果汁透过广告、网络、试饮、"Qoo 酷儿与消费者面对面"等活动，火力一致集中于建立 Qoo 酷儿这个角色的个性，让它真人化。Qoo 酷儿在电视广告中显得可爱、快乐，让不少观众因为酷儿而采取购买行动。根据润利公司"Qoo 果汁电视广告效果调查"，在看过 Qoo 果汁广告的观众中，有一半以上的人喜欢这个广告，高达 65% 的人认为 Qoo 酷儿很可爱，其中更有 47% 的人会因为喜欢这个广告而有购买 Qoo 果汁的意愿。与麦当劳热卖史努比玩具、Kitty 猫，肯德基热卖叮当玩具一样，可口可乐在中国内地推出 Qoo 之余，也设计了各种诱人的纪念品配合产品销售，深受小朋友们的喜爱。角色的成功塑造使 Qoo 酷儿成为小朋友心目中的超人气小明星。2002 年，Qoo 果汁饮料在中国市场上创造了仅用 3 个月便完成预订全年销售额的成绩。

想一想

Qoo 酷儿果汁为什么能够在竞争激烈的果汁饮料市场取得如此成功？制定方案

的依据是什么？这些依据是如何得到的？我们又能从中得到哪些启示？

【项目小结】

企业的生存与发展离不开市场。企业开发市场、满足市场的前提条件是充分"透视"市场，企业营销成功的关键是要对市场进行科学有效的调查和预测。

食品市场调研是通过收集、整理、分析和研究市场相关信息，为企业经营决策提供正确依据的活动。市场调研的主要作用是通过信息把营销者和消费者、顾客及公众联系起来，并用这些信息来辨别和界定营销机会和问题，产生、改善和估价市场营销方案，监控市场营销行为，改进对市场营销过程的认识，帮助企业营销管理者制定有效的市场营销决策。市场调研的类型有探究性调研、描述性调研、因果关系调研和预测性调研四种。市场调研的步骤：调研准备阶段、调研实施阶段、调研结果分析阶段。市场调研的方法：文案调查法和实地调查法（访问法、观察法和实验法）。

市场预测是在市场调查的基础上进行分析研究，对未来的发展趋势做出判断和推测，为企业制定正确的市场营销决策提供依据的过程。市场预测的步骤：确定预测目标、收集资料、选择预测方法和建立预测模型、预测分析和修正、编写预测报告。市场预测的主要方法：定性预测法（购买者意向调查预测法、销售人员综合意见预测法、专家意见预测法、市场试验法）和定量预测法（时间序列预测法、回归分析预测法）等。

市场调研是预测的基础和前提，而预测和决策是检验市场调研是否有效的重要标准。

【项目练习】

（一）单项选择题（在每小题的四个备选答案中选出一个最合适的答案）

1. 在市场经济条件下，企业经营与市场的关系表现为（　　）。
   A. 与市场可以有联系　　　　　　B. 与市场可能有联系
   C. 企业受市场的制约和调节　　　D. 市场只提供机会
2. 一般说来，下述几种调研方式中，（　　）对市场的调研更深入。
   A. 探索性调查　　　　　　　　　B. 描述性调查
   C. 因果性调查　　　　　　　　　D. 抽样性调查
3. 市场调查首先要解决的问题是（　　）。
   A. 确定调查方法　　　　　　　　B. 选定调查对象
   C. 明确调查目的　　　　　　　　D. 解决调查费用
4. 市场调查工作中，（　　）阶段是调研实施阶段。

A. 搜集资料阶段 B. 研究阶段
C. 总结阶段 D. 准备阶段
5. 当对调查问题一无所知时，宜采用（　　）。
A. 描述性调查 B. 因果性调查
C. 探索性调查 D. 入户调查
6. 对现成的资料、报告等信息数据进行收集、分析和利用的调研方法是（　　）。
A. 文案调查法 B. 访问调查法
C. 观察调查法 D. 实验调查法
7. 以年为时间单位对五年以上的市场发展前景进行预测称为（　　）。
A. 短期预测 B. 近期预测
C. 中期预测 D. 长期预测
8. 依据数字资料，运用统计或数学方法建立模型并做出预测的方法称为（　　）。
A. 定量预测法 B. 定性预测法
C. 长期预测法 D. 短期预测法
9. 市场预测程序是（　　）。
A. 明确目的、收集资料、建立模型、分析预测
B. 收集资料、明确目的、建立模型、分析预测
C. 建立模型、明确目的、收集资料、分析预测
D. 明确目的、收集资料、分析预测、建立模型

（二）多项选择题（在每小题的备选答案中选出2~4个正确答案）
1. 市场营销调研的类型包括（　　）。
A. 探索性调研 B. 描述性调研
C. 因果关系调研 D. 预测性调研
2. 市场调查的步骤包括（　　）。
A. 确定问题和调研目标 B. 制定调研计划
C. 收集信息 D. 分析信息、提出调查结论
3. 预测未来需求的方法包括（　　）。
A. 购买者意向调查法 B. 销售人员综合意见法
C. 市场试验法 D. 专家意见法

（三）判断题（判断下列论述是否正确）。
1. 描述性调研着重于客观事物的静态描述。　　　　　　　　　　　　（　）
2. 调研计划是调研目的的具体化，是指导市场调研工作的总纲。　　　（　）
3. 文案调查法既包括对现成资料的分析利用，也包括对实地调查所获资料的研究。　　　　　　　　　　　　　　　　　　　　　　　　　　　　　　（　）
4. 食品市场预测可以为食品企业制定正确的市场营销决策提供依据。　（　）
5. 收集资料是开展市场预测工作的第一步，也是最重要的一步。　　　（　）

6. 运用德尔菲法进行预测所得的结果比较可靠。　　　　　　（　　）

（四）简答题

1. 简述市场调研的作用。
2. 简述市场调研的步骤。
3. 简述市场需求预测的程序。
4. 简述市场需求预测的常用方法。

（五）论述题

1. 试论现代企业进行市场调研与需求预测的必要性。
2. 试论述市场需求预测的步骤和方法。

项目四 消费者购买行为分析

【学习指南】

知识目标

熟悉消费者需求与购买动机、购买行为影响因素、购买行为决策过程分析的概念及其联系。

技能概述

学会运用心理的有关知识和技能提高产品的营销效果。

【案例导入】

一位母亲有一天在报纸上看到"初生婴儿不宜喂食蜂蜜"的报道,联想起她天天给宝宝吃的某品牌的米粉,恰好是含有蜂蜜的,于是她非常担心地拨电话到该公司询问。接电话的工作人员不但指责该教授信口胡说,还埋怨这位母亲太小题大做,最后用相当自满的口气说"我们的产品没问题"。这位母亲不但大失所望,而且受了一肚子的气,使她对该品牌信心大失,不但立刻转换品牌,还逢人就数落该品牌不好。

思考:导致消费者态度变化的原因是什么?你认为如何才能转化其态度?

任务一
消费者需求与购买动机分析

任务目标

1. 了解消费者的消费需求。
2. 掌握购买行为的动机、模式和类型。

【核心理论】

一、消费需求及购买动机的定义

人的一切活动,包括购买行为都是为了满足自身的某些需要。换言之,当消费者一旦产生需求欲望,便会产生实现需求愿望的动机。因此,消费者需求和购买动机与购买行为间存在直接而紧密的联系。

二、消费者需求分析

需求,是人感觉到缺少什么从而想获得它的一种心理状态。

消费需求:是指人们对生产质量和生活资料的需求欲望。应具备两个基本条件:购买欲望+购买能力。

研究和发现消费需求、满足消费者的需求对有效开展营销活动具有十分重要的意义,也将贯穿于营销的整个过程。消费者的需求是多种多样的,并不一定都能满足,因此必须进行分类,企业能有针对性地满足目标市场的需求。1943年美国心理学家亚伯拉罕·马斯洛创立了"需要五层次"理论,即生理需求、安全需求、社会需求、自尊需求和自我实现需求(图4-1)。

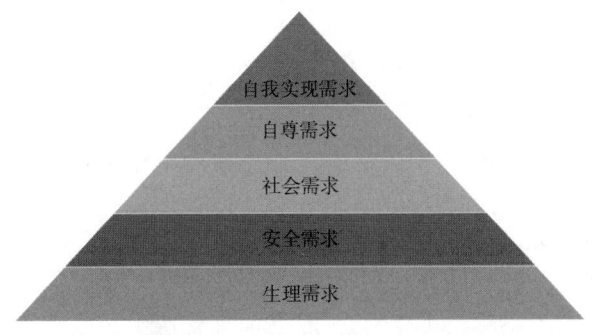

图4-1 马斯洛需求层次理论图

1. 生理需求

生理需求指与个人生存直接相联系的需求，如衣食住行方面的需求，生理需求是驱使人类进行各种行为的强大动力，当人们的生理需求到了一定程度的满足时，人们才会产生更高一层次的需求。

2. 安全需求

安全需求是指人类为了保障身体、健康及财产等周边安全不受危险和威胁而产生的需求及社会稳定，没有灾难、没有疾病、没有危险、没有混乱。

3. 社会需求

社会需求是指人们在社会生活中期望能得到社会群体或个人的认可，是自己在精神上有所归属，如爱情、友谊、鲜花、礼品等。得不到会感觉孤独，精神萎靡。

4. 自尊需求

自尊需求是指人们对名誉、地位的欲望及个人能力、才华和成就能得以展示，并能获得人们尊重和社会认可。如受人尊重、威望、成就、赞赏、身份显示等。

5. 自我实现需求

自我实现需求是人类的高级需求，是人们充分发挥个人能力，实现理想抱负，取得成就等的需求。如获得成就的欲望、个人自主权的行使等。

只有低一档次的需求得到一定程度的满足时，才能出现高一层次的需求：如生理需求获得80%才能感到满足，安全70%，社会需求50%，自尊需求40%，自我实现需求30%，才能感到满足。

人们的需求未得到满足前，这一层次的需求便推动消费者构成了购买行为，也便成为企业的目标市场。

三、购买动机分析

动机，是一种推动和维护人们达到特定的目的而采取行动的直接原因，也是推动人们进行各种活动的愿望和思想。消费者一旦产生需求欲望，就会产生某种吸纳需求欲望的动机。消费者的购买动机是消费者为了满足某种需求，产生的对某种商品的购买欲望和意向，是消费者作出商品决策的内在驱动力，是引起购买行为的前提。

引起消费者购买动机的原因主要来自两个方面：消费者的需求和外界对消费者的刺激。不同的购买动机，构成消费者不同的购买行为。这里将消费者购买动机分为生理性动机、心理性动机和社会性动机三大类。

1. 生理性动机

生理性动机是由生理需求引起的，即是购买维持生命生理需要的生活资料的东西，是人们最基本的购买动机。如对粮食、副食品、服装等的购买动机。

2. 心理性动机

（1）感情动机　是指由消费者的认知、情感、意志等心理过程引起的购买动机。

（2）理智动机　是指建立在消费者对商品的外形、性能、质量等特征，经过思维分析后产生的购买动机。

（3）惠顾动机　是消费者基于感情和理智的判断，对某商品、品牌、企业、商店等产生的特殊的信任和偏好，驱使其重复地、习惯性地购买的一种行为动机。

3. 社会性动机

社会性动机是指消费者主要受社会因素的影响，购买某些商品来满足社会性需求的购买动机。如购买食品、衣服、药品捐给地震灾区或洪涝灾区。

四、消费需求、购买动机与企业营销的关系

（1）消费者的购买动机是由需求引起的，但在一定时间内，不同层次的需求不能同时得到满足，因此其购买动机的强烈程度便不同。其中最迫切得到满足的需求和最强烈的购买动机才最容易构成购买行为，因此营销人员应及时了解消费者最迫切得到满足的需求和最强烈的购买动机，针对性地开展营销，加速促成消费者购买行为。

（2）消费者的消费需求和购买动机往往是通过不同的商品来满足的，这些商品之间具有相互代替性，因此，企业一定要通过提高质量、加强包装等方式提升自己的产品和相同及相关产品的竞争力。

（3）消费者的消费需求和购买动机的产生都有一定的背景性。企业要深层次分析消费需求和购买动机的产生背景和原因，可为企业开拓消费者潜在和未来的消费市场做准备。

（4）消费者在同一时期可能具备同一层次的多种消费和购买动机，在不能同时被满足时，企业可以运用多种有效的促销方式来争取顾客，让自己的商品成为满足消费者同一层次需求和动机的首选，从而赢取市场份额。

【学以致用】

实践目标

了解消费者的购买行为，并通过调查深入了解影响消费者购买行为的因素。

实践方案

1. 调查某产品的市场购买力及消费者的职业和年龄分布等。
2. 对购买产品的消费者进行现场访问，如为什么购买该产品，对该产品有什

么意见和建议等。

技能培养

1. 帮助学生了解消费者的购买需求及购买动机的重要性。
2. 使学生能够掌握市场营销调研的操作技能。
3. 通过市场调查提高学生的人际交往和语言表达能力。

思考练习

分析项目导入案例，思考以下问题。
1. 本案例中，消费者的心理特征有哪些？
2. 公司应如何对待消费者的疑问或投诉？

任务二

购买行为影响因素分析

任务目标

1. 理解消费者的购买行为及其影响因素。
2. 能够灵活运用所学知识，简述黑箱模式。

【核心理论】

一、消费者购买行为的定义

消费者购买行为是指消费者为满足自己生活的需要，在一定的购买动机驱使下，所进行的购买商品的活动过程。

二、消费者购买行为模式

1. "黑箱"模式

"黑箱"模式也被称为刺激-反应购买模式，是消费者行为理论中最基本的模式。消费者行为是在其动机的支配下发生的，动机的形成是消费者一系列复杂心理过程的结果。消费者这一系列的心理过程及其购买决策是看不见的，心理学家称为"黑箱"。如图4-2所示。

企业的营销任务就是了解"黑箱"发生的内容，以便采取有针对性和实效性

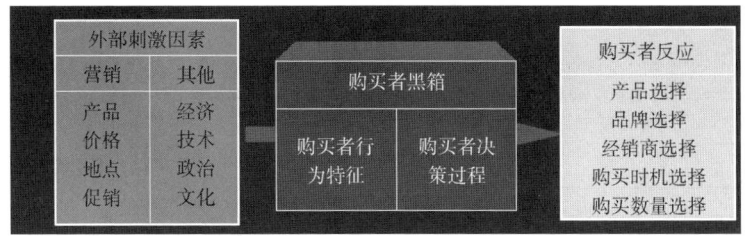

图4-2 "黑箱"模式示意图

的营销刺激。

2. 霍华德-谢思模式

霍华德-谢思模式由学者霍华德（Howard）在1963年提出，后与谢思（Sheth）合作经过修正，于1969年霍华德-谢思模式正式形成。其重点是把消费者购买行为从四大因素去考虑。刺激或投入因素（输入变量）；外在因素；内在因素（内在过程）；反映或者产出因素。

霍华德-谢思（Howard-Sheth）模式来自于"刺激-反应"概念，整个模式包含三部分：投入，借外界的刺激让消费者接收信息，此部分包括了三种刺激来源，分别为实体刺激、符号刺激及社会环境刺激；知觉与学习建构，此部分主要是描述消费者得到刺激或信息后，如何处理在脑中所形成的印象，加上消费者本身的动机、信心等因素后如何产生意愿的过程；产出，消费者在经过前述的刺激、认知和学习等反应后，最后的结果便是产生购买行为，分别为注意、品牌认知、态度、意愿及购买行为。

霍华德-谢思模式认为投入因素和外界因素是购买的刺激物，它通过唤起和形成动机，提供各种选择方案信息，影响购买者的心理活动（内在因素）。消费者受刺激物和以往购买经验的影响，开始接受信息并产生各种动机，对可选择产品产生一系列反应，形成一系列购买决策的中介因素，如选择评价标准、意向等，在动机、购买方案和中介因素的相互作用下，便产生某种倾向和态度。这种倾向或者态度又与其他因素，如购买行为的限制因素结合后，便产生购买结果。购买结果形成的感受信息也会反馈给消费者，影响消费者的心理和下一次的购买行为。

霍华德-谢思模式利用心理学、社会学和管理学的知识，从多方面解释了消费者的购买行为。可适用于各种不同产品和各种不同消费者的购买模式，其参考价值较大。霍华德-谢思模式如图4-3所示。

3. 恩格尔-克拉特-布莱克威尔模式

恩格尔-克拉特-布莱克威尔模式又称恩格尔（Engel）模式，为目前消费者行为中，较为完整而清晰的一个理论。此模式是由恩格尔（Engel）、科特拉（Kollat）和克莱布威尔（Blackwell）三个人于1968年提出，并于1984年修正而成的理

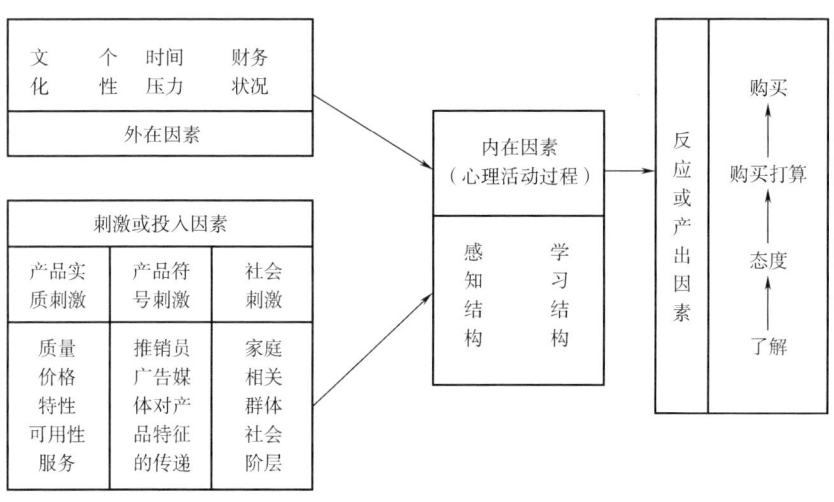

图4-3 霍华德-谢思模式示意图

论框架。其重点是从购买决策过程去分析。整个模式分为4部分:中枢控制系统,即消费者的心理活动过程;信息加工;决策过程;环境。恩格式-克拉特-布莱克威尔模式如图4-4所示。

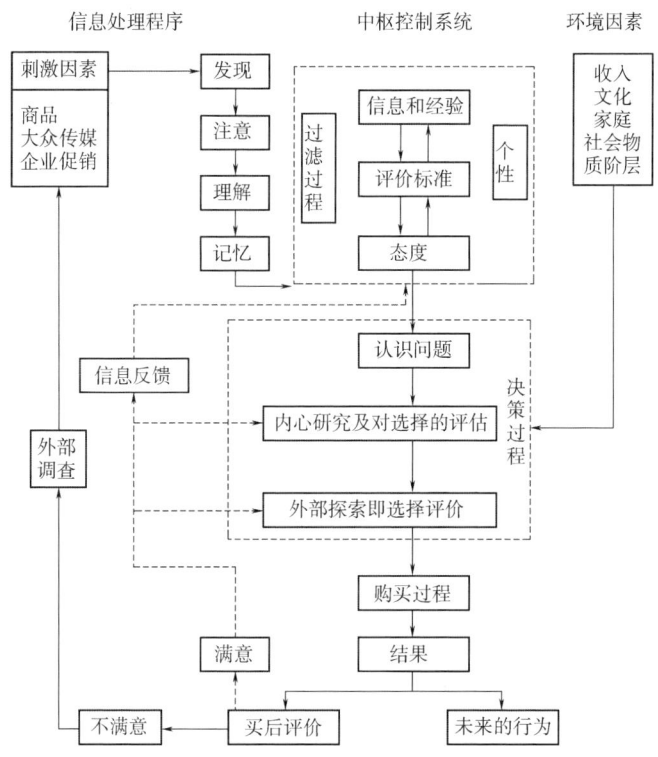

图4-4 恩格尔-克拉特-布莱克威尔模式示意图

恩格尔模式认为，外界信息在有形和无形因素的作用下，输入中枢控制系统，即对大脑引起、发现、注意、理解、记忆与大脑存储的个人经验、评价标准、态度、个性等进行过滤加工，构成了信息处理程序，并在内心进行研究评估选择，对外部探索即选择评估，产生了决策方案。在整个决策研究评估选择过程，同样要受到环境因素，如收入、文化、家庭、社会阶层等影响。最后产生购买过程，并对购买的商品进行消费体验，得出满意与否的结论。此结论通过反馈又进入了中枢控制系统，形成信息与经验，影响未来的购买行为。

三、消费者购买行为的类型

（一）按消费者的个性特征分

（1）习惯型购买行为　是指消费者根据自己对商品的信任和喜好，忠于一种或某几种品牌，购买时出于对商品的固定消费习惯和偏好，因此目标明确，并常常出现重复购买的行为。这种类型的购买行为在日常生活必需品中比较多见，企业应尽可能地争取更多的习惯型顾客。

（2）理智型购买行为　是指消费者在购买活动中以理智为重，对商品的效用、特性、价格、式样作仔细比较和考虑后做出决策的购买行为。企业对这类消费者应真诚地提供更多的可靠信息，才能更加坚定他们对商品的选择。

（3）冲动型购买行为　是指消费者在购买活动中易受外界因素的影响，而冲动地做出购买决策的购买行为。企业对这类消费者应尽量通过促销手段来感染消费者，调动消费者情绪，从而争取消费者的购买行为。

（4）经济型购买行为　是指消费者主要从经济的角度出发，以经济实惠、物美价廉为中心做出购买决策的行为。企业对这类消费者可以采用商品降价、商品优惠等促销方式吸引他们。

（5）情感型购买行为　是指消费者往往受到感情的支配来做出购买决策的购买行为。这种类型的购买者都具有一定的艺术细胞，善于联想，审美情趣高，在购买过程中易受商品的品牌、知名度及象征意义等的影响。企业对这类消费者可以采用丰富商品的寓意、加强商品的现代包装方式来打动他们。

（6）随意型购买行为　是指消费者在一些商品的购买中没有固定的要求，而是抱着试试的态度来选购的一些购买行为。这种类型的消费者对商品缺乏购买经验，没有固定的偏好。企业对这种消费者可以采用加强广告宣传的方式来刺激消费者，引起消费者的购买欲望和购买动机，最终实现购买行为。

（二）按消费者购买介入程度和品牌差异程度分

（1）复杂性购买行为　是指消费者对价格昂贵、品牌差异大、功能复杂、不常买的商品，由于缺乏必要的产品知识，在进行商品选购前要进行信息收集，仔细对比等高度介入，以求降低风险的购买行为。企业的具体营销策略：制作详细的产品说明书；实行灵活的定价；通过广告宣传树立品牌。

（2）协调性购买行为　是指消费者对价格高、品牌差异小、不经常购买、购买时有一定风险的商品，购买介入度高，购买时需要花大量的时间和精力去货比三家，最终做出决定，但购后又容易出现不满意等失衡心理，需要企业及时化解的购买行为。企业的营销策略：定价合理、真诚服务、树立企业良好形象；选择与同类商品在同一地点和时间进行销售，以便消费者进行对比；培养专业化服务好的销售人员，能及时为消费者进行产品推销，消除消费者心中疑虑。

（3）多样性购买行为　是指消费者对品牌差异大的商品，不愿花时间和精力去评价和选择，而是为了寻求多样化，不断变化所购品牌的购买行为。针对这种购买行为，企业可采取的策略有：品牌多样化，并突出不同品牌的特性和优势；不同的品牌确立不同的价格定位；加大广告宣传，树立品牌形象。

（4）习惯性购买行为　是指消费者对于价格低廉、品牌差异小、经常购买的商品，花最少的时间，随时就近购买的一种最简单的购买行为，企业可采取的策略：在消费者方面的地区设置销售网点，为消费者随时购买提供条件；采取价格优惠政策；进行产品改良，加强品牌效应；加大促销力度，留住老顾客，发展新顾客。

【学以致用】

实践目标

理解消费者购买动机和决策过程，并据此提出一条建议。

实践方案

以小组为单位，小组内部讨论。结合你的一次购物经历，谈谈你对购买行为主要受到哪些因素的影响？这样的经历使你对产品产生了怎样的看法？对于以后的购买又会产生哪些影响？

【案例链接】

双汇瘦肉精事件

据中央电视台《每周质量报告》3·15特别节目的曝光，河南孟州等地使用瘦肉精喂猪，几乎成了公开的秘密；当地的动物检疫机构形同虚设。"毒肉"不仅进了南京的菜场，还被顺利地卖到双汇集团下属的济源双汇公司。而双汇所宣称的"十八道检验"，并不包括瘦肉精的检测。双汇，国内最大的肉类加工企业，上了黑名单，不啻一场行业地震。

想一想

在当代社会中,人们对食品安全问题日益关注。双汇集团的瘦肉精事件涉及广大人民群众的安全。请利用所学的影响消费者购买行为的因素,谈谈对于此次事件你的看法和观点。

任务三

购买行为决策过程分析

任务目标

1. 理解购买决策的概念。
2. 能够运用所学知识,根据实际情况分析购买决策过程。

【核心理论】

一、购买行为的参与者

商品购买的决策的主体是个人和家庭。按照消费者在购买决策过程所发挥的作用,也就是扮演的角色,可分为以下五类。

(1) 发起者 是指首先提出或有意购买某一产品或服务的人。
(2) 影响者 指其看法或建议对最终决策者具有一定影响的人。
(3) 决策者 指对是否买、为何买、如何买、哪里买等方面的购买决策做出决定的人。
(4) 购买者 指实际采购的人。
(5) 使用者 指实际消费或使用产品和服务的人。

企业必须识别这些角色,针对不同的角色,采取不同措施,分别去调动和影响他们对产品购买的积极性。

二、购买决策的内容

消费者购买的决策主要包括六个方面(简称 6 O):购买者(Occupants)、购买对象(Object)、购买目的(Objectives)、购买方式(Operations)、购买时间(Occasions)、购买地点(Outles)。

三、购买决策的过程

购买决策过程是一个复杂的过程，分为五个阶段：

确认需求→信息收集→方案评估→购买决定→购后行为

（一）确认需求

消费者为了满足自身的某个方面的需求，正确识别和确认自身的新需求是购买决策的开始。来自内在的原因和外在的刺激都可能引起需要，诱发相应购买动机。

企业应了解消费者产生某种需要的兴趣和环境，研究需要是如何产生的，需要是如何被引导到对其需求上来的。制定相应的沟通策略。

（二）信息收集

企业要了解不同信息对消费者购买行为影响的程度，注意不同文化背景收集信息的差异性，有针对性设计恰当的信息传播策略。

（三）方案评估

如果产品的每种属性都完全满足了消费者的要求，则这个品牌的产品就是"理想品牌"，但是现实品牌都不可能达到消费者"理想品牌"的要求，故只能考虑购买最接近"理想品牌"的现实品牌的产品。

企业应从以下几个方面入手：

（1）改进现有的产品　即对产品进行重新设计——实际再定位。

（2）改变品牌信念　改变品牌在一些重要属性方面的购买者信念，一般用于消费者低估了品牌属性的时候——心理再定位。

（3）改变对竞争对手品牌的信念　企业可以设法改变消费者对竞争对手品牌在不同属性上的信念，特别是在消费者误认为竞争者品牌某项属性的性能高于其实际性能时——竞争性反定位。

（4）改变重要性权数　即说服消费者把他们所重视的属性更多的放在本品牌具有优势的属性上，强调这一属性才是消费者最应注重的品牌属性。

（5）唤起对被忽视属性的注意　设法引导消费者重视某些被忽视的属性，而这些属性也正是本品牌具有的优势所在。

（6）改变购买者的理想品牌　试图说服消费者改变其对一种或多种属性上的理想标准。

（四）购买决定

经过选择评价，消费者形成购买意图，但购买意图和最终形成的购买决策是否一致，还有3种因素会起作用，影响到消费者的最终决策（图4-5）。

企业在消费者消费的决策阶段应向消费者提供更多的专业的产品信息，增强消费者购买产品的信心，同时还应通过各种优质的服务，加深消费者对企业的良

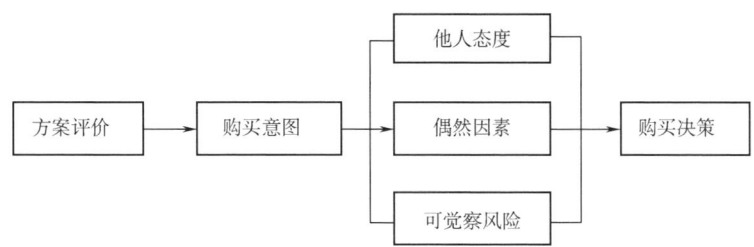

图 4-5 影响购买决策的因素

好印象，以便消除和减少消费者对产品因其的可察觉风险。

（五）购后行为

消费者购买以后，可能获得满足，这将鼓励他今后重复购买或向别人推荐该产品。如果不满意，其反应会有许多不同的做法，有的可能要求退货、换货，有的可能诉诸法律，有的可能弃之不用，有的则会四处抱怨以发泄心中的不满。显然，不满意的消费者对企业的影响要比满意的影响要大。如果处理得不好，企业将会受到损失。为此，重视顾客满意的企业，都建立起专门接待顾客投诉抱怨的机构与相应的制度。购后行为示意图见图 4-6。

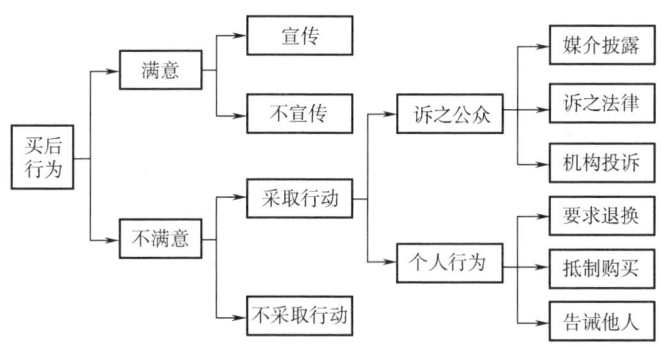

图 4-6 购后行为示意图

【案例链接】

Cub 食品公司

瓦尔斯太太最近特意去伊利诺斯州转了一趟美尔罗兹公园的 Cub 食品超市，它不是一般意义的杂货店。看着各种各样的 Cub 食品摆放在桌子上，以及高达 30% 的价格折扣，瓦尔斯太太花了 76 美元买了一堆食品，比预算多花了 36 美元。Cub 的执行经理分析说："瓦尔斯太太被规模宏伟这一视觉优势所征服，规模宏伟的优势就是货物花样繁多,加之价低所带来的狂热的购物欲,这正是 Cub 仓储式超级市场所期待的效果,并且成功地实现了这个效果。"

Cub 食品公司是食品工业的领导者,它使许多同行的商店不得不降低价格,提高服务质量,甚至有些超市在竞争中被淘汰出局。当 Cub 和许多其他仓储式超市在全美雨后春笋般地出现后,消费者购物习惯被改变。一些购物者不再像以前在附近的杂货店购物,而是开车 50 英里甚至超过 50 英里到一个 Cub 店,并且把购物袋填得满满的。他们享受的好处是在一个商店里可以买到他们想要买的任何东西,并且价格比别的超市便宜。Cub 的低价促销手段和规模宏伟等优势吸引了购物者在此大把大把地花钱,其开支大大超过在别的超市所花的钱。

当购物者跨进 Cub 的那一刻,便感觉 Cub 超市与其他超市的不同之处,宽阔的通道两端堆满了两层高的各种各样的食品,如 2 美元 1 磅的咖啡豆、半价出售的苹果汁等。往上看,天花板上暴露的托梁,给人一种雄伟宽阔的感觉,这显示了大批买卖正在里面进行着,反映在购物者头脑里的意思是,可以省一大笔钱。

Cub 的购物车出奇地大,显示着大量购物的情景,并且可以很轻易地通过宽大的走廊,使购物者很容易进入高价区,也使人忍不住想去食品区。总之,整个商场给人一种吸引人的感觉。Cub 的顾客普遍地批量购物,来一次花 40 美元到 50 美元不等,比在别的超市的开支多 3 倍。一般 Cub 商场的销售额是每星期 80 万美元到 100 万美元,是一般超市的 4 倍。

Cub 食品公司对零售杂货有一个简单的方法,通过严格压低成本和薄利多销的方法低价售货。对于农林牧产品和肉类保证高质量和多品种。这些食品需求者通常愿意开着车多走几个地方,当这些食品在干净的、比仓库式加工场大 1 倍、比一般超市大 3 倍的区域被包装,增加了消费者的购买欲望。一个 Cub 超市通常有 25000 种货物,是一般超市的 2 倍,从大路货到奢侈品,到稀有的不容易找到的食品,样样俱全,这使得货架令人叹为观止;88 种热狗和主餐用香肠,12 种品牌的墨西哥食品,成吨的鱼肉和农林牧产品。

商场有导购图引导购物者购物。即使没有导购图或无目的地闲逛,购物者也会被宏伟宽大的走廊牵着鼻子走。宽阔的通道从农林牧产品区开始,延伸到高价的环形区域,这里出售肉、鱼、烧烤食品、冷冻食品,高价食品被放在新鲜肉类之前的区域,目的是使顾客将家庭预算开支花在必需品之前,以购买那些忍不住想买的高价品。

总的说来,Cub 的利润率,即买进价与卖出价之间的差别是 14%,比一般超市低 6~8 个百分点。但是,由于 Cub 主要依靠顾客的口头宣传,因此其广告预算开支比其他连锁店低 25%。

想一想

Cub 食品公司依靠顾客的口头宣传，使广告预算开支比其他连锁店低 25% 是因为什么因素呢？请分析过程。

【学以致用】

实践目标

理解、研究、分析消费者购买决策过程的意义（引导学生自己归纳总结），掌握消费者购买决策的过程。

实践方案

以小组为单位，小组内部讨论。结合模拟一次购物经历，谈谈你在这次购物中决策的因素有哪些？根据所学内容具体阐述你的购买决策过程？

技能培养

通过对消费者购买决策过程的研究，把握消费者的购买行为背后的规律，培养提高学生的营销能力。

【项目小结】

消费需求是指人们对生产质量和生活资料的需求欲望。应具备两个基本条件：购买欲望和购买能力。

动机，是一种推动和维护人们达到特定的目的而采取行动的直接原因，也是推动人们进行各种活动的愿望和思想。消费者一旦产生需求欲望，就会产生某种吸纳需求欲望的动机。消费者的购买动机是消费者为了满足某种需求，产生的对某种商品的购买欲望和意向，是消费者作出商品决策的内在驱动力，是引起购买行为的前提。

消费者购买行为是指消费者为满足其个人或家庭生活而发生的购买商品的决策过程。消费者购买行为是复杂的，其购买行为的产生是受到其内在因素和外在因素的相互促进交互影响的。企业营销通过对消费者购买的研究，来掌握其购买行为的规律，从而制定有效的市场营销策略，实现企业营销目标。

消费者购买决策是指消费者谨慎地评价某一产品、品牌或服务的属性并进行选择、购买能满足某一特定需要的产品的过程。

广义的消费者购买决策是指消费者为了满足某种需求，在一定的购买动机的支配下，在可供选择的两个或者两个以上的购买方案中，经过分析、评价、选择并且实施最佳的购买方案,以及购后评价的活动过程。它是一个系统的决策活动过程,包括需求的确定、购买动机的形成、购买方案的抉择和实施、购后评价等环节。

【项目练习】

(一) 单项选择题(在每小题的四个备选答案中选出一个最合适的答案)

1. 影响消费行为最广泛、最深远的因素是(   )。
   A. 文化因素   B. 社会因素
   C. 个人因素   D. 心理因素
2. 体育明星、歌星等一般属于(   )。
   A. 首要群体   B. 次要群体
   C. 成员群体   D. 向往群体
3. 家庭属于(   )。
   A. 首要群体   B. 次要群体
   C. 成员群体   D. 向往群体
4. 马斯洛认为人类最低层次的需要是(   )。
   A. 生理需要   B. 安全需要
   C. 自尊需要   D. 社会需要
5. 参与者的介入程度高,品牌差异不大的购买行为属于(   )。
   A. 习惯性购买行为   B. 寻求多样化购买行为
   C. 复杂购买行为   D. 化解不协调购买行为
6. 参与者的介入程度低,品牌差异不大的购买行为属于(   )。
   A. 习惯性购买行为   B. 寻求多样化购买行为
   C. 复杂购买行为   D. 化解不协调购买行为
7. 有些产品品牌差异明显,但消费者并不愿花长时间去选择和估价,这时一般采用(   )购买行为。
   A. 习惯性   B. 寻求多样化
   C. 复杂   D. 化解不协调
8. 首先提出要购买某一产品或服务的人是(   )。
   A. 发起者   B. 影响者
   C. 公共来源   D. 购买者
9. 消费者从包装物上获取信息,这种信息来源属于(   )。
   A. 个人来源   B. 商业来源
   C. 公共来源   D. 经验来源
10. 消费者从朋友处获取信息,这种信息来源属于(   )。

A. 个人来源 B. 商业来源
C. 公共来源 D. 经验来源

（二）多项选择题（在每小题的备选答案中选出 2~5 个正确答案）

1. 影响消费者购买行为的主要因素包括（　　）。
   A. 文化因素 B. 社会因素
   C. 环境因素 D. 个人因素
   E. 心理因素

2. 某家庭要给孩子购买电脑，除了孩子是最终的使用者之外，参与购买电脑的角色还包括（　　）。
   A. 发起者 B. 影响者
   C. 决策者 D. 购买者
   E. 参谋者

3. 组织市场是由以下（　　）市场构成的。
   A. 消费者市场 B. 产业市场
   C. 中间商市场 D. 政府市场
   E. 国外市场

4. 从消费者对信息信任程度看，消费者对于（　　）的信息信任程度最高。
   A. 公共来源 B. 商业来源
   C. 个人来源 D. 经验来源

5. 下列哪些是影响消费者购买行为的社会文化因素（　　）。
   A. 文化 B. 亚文化
   C. 社会阶层 D. 家庭
   E. 动机

6. 影响消费者购买行为的心理因素有（　　）。
   A. 动机 B. 感觉
   C. 学习 D. 信念和态度

（三）判断题（判断下列论述是否正确）

1. 家人、亲属、朋友和伙伴等是最典型的、主要的非正式群体。（　　）
2. 消费品尽管种类繁多，但不同品种甚至不同品牌之间不能相互替代。（　　）
3. 研究消费者购买行为的理论中最有代表性的是刺激—反应模式。（　　）
4. 消费者通常会买那些与否定群体有关的产品。（　　）
5. 归属于不同生活方式群体的人，对产品和品牌有着相同的需求。（　　）
6. 顾客的信念并不决定企业和产品在顾客心目中的形象，也不决定他的购买行为。（　　）
7. 在价格不变条件下，一个产品有更多的性能会吸引更多的顾客购买。（　　）

（四）简答题

1. 简述相关群体的含义及对消费者行为的影响？

2. 影响消费者购买行为的因素有哪些?

3. 消费者购买行为类型可分为哪几种?

4. 消费者的购买决策过程如何?

(五) 论述题

1. 试述习惯性购买行为的主要营销策略。

2. 试述消费者购买决策过程的信息收集阶段,企业需要做哪些方面的营销工作?

项目五

目标市场营销

【学习指南】

知识目标

熟悉市场细分、目标市场选择、市场定位的概念及其联系。

技能概述

能够熟练地进行市场细分,准确的进行目标市场选择,为企业或产品做出精确的市场定位。

运用市场细分原理和市场定位方法,灵活处理企业目标市场营销中存在的种种问题。

【案例导入】

中国软饮料市场向来是烽烟四起,外有可口可乐、百事可乐龙盘虎踞,内有如娃哈哈、农夫山泉、康师傅、统一等大牌企业群狼环伺,但在看似需求饱和,竞争激烈的软饮料市场,却有一匹黑马凭其独特的市场定位和一句简简单单的广告语"怕上火,喝王老吉"而在当下群雄逐鹿般的市场竞争里脱颖而出。

思考:通过调查王老吉的"前世今生",研究为什么王老吉能够在如此激烈的市场上占据一席之地。

任务一
食品市场细分

任务目标

1. 理解市场细分的概念。
2. 熟练而准确地对某个企业或产品进行食品市场细分。

【核心理论】

一、市场细分的定义

市场细分（Market Segmentation）是指营销者通过市场调研，依据消费者的需要和欲望、购买行为和购买习惯等方面的差异，把某一产品的市场整体划分为若干消费者群的市场分类过程。

二、市场细分的意义

（1）有利于挖掘市场机会，开拓新市场。
（2）有利于按目标市场的需要推出新产品。
（3）有利于针对目标市场制定适当的营销组合，合理配置资源。
（4）减少竞争的强度，增加获利的可能性。

三、市场细分的依据

（一）消费者市场的细分变量

（1）地理变量——地区、人口密度、气候、城市规模。
（2）人口变量——年龄、性别、收入等。
（3）心理变量——社会阶层、生活方式、个性。
（4）行为变量——购买时机、寻找利益、用户状况、使用率、忠诚度。

消费市场的细分变量典型细分表如表5-1所示。

表5-1　　　　　　　　消费市场细分变量的典型细分表

细分变量	典型细分
心理因素	个性：内向、外向
	生活方式：简朴型、浪漫型

续表

细分变量	典型细分
行为因素 （购买状况）	作用时间：普通时节，特殊时节，春夏秋冬 追求利益：卫生、营养、美味 食用状况：未曾食用、初次食用、经常食用 食用频率：不食用、少量食用、适量食用、大量食用 品牌忠诚度：坚定忠诚、弹性忠诚、转移忠诚、随机 消费偏好：敌视、否定、不关心、积极、热情
公司规模	大型企业、中型企业、小型企业、微型企业
地理位置	国别、区域地形、气候条件、城市规模、交通条件、其他
行为标准	追求利益、使用频率、购买频率、购买批量、品牌忠诚度、价格要求、交货条件要求、服务要求、其他
地理因素	地理位置：南方、北方、沿海、内陆 城市规模：大城市、中等城市、小城市、乡镇 气候条件：亚热带、温带、寒带、干燥、湿润、炎热、寒冷
人口因素	性别：男，女 年龄：65岁以上、46~64岁、19~45岁、7~18岁、0~7岁

（二）单一变量的细分

（1）单一变量的细分是根据影响消费者需求的某一个重要因素进行市场细分。如食品企业，按年龄细分市场，可分为老年保健食品、便捷速成食品、儿童营养食品；当企业生产的产品通用性比较强，消费者的偏好比较一致时，企业可以选择其中一个影响消费者需求最强的因素来进行细分。

（2）按照单一变量来细分的市场显得过于粗略，不能把消费者对同一商品的不同需求和偏好明确地区分开来。所以，更多的情况下，企业是采取多种变量来进行市场细分。

（三）多变量的细分

多变量的细分就是根据影响消费者需求的两种或两种以上的因素进行市场细分。如生产者市场锅炉生产厂，主要根据企业规模的大小、用户的地理位置、产品的最终用途及潜在市场规模来细分市场。方式是把各种地理、人文统计资料与消费者的行为方式相结合。

根据企业经营的特点并按照影响消费者需求的诸因素，由粗到细地进行市场细分。这样可使目标市场更加明确而具体，有利于企业更好地制定相应的市场营销策略。如食品市场，可按地理位置（城市、郊区、农村、山区）、性别（男、女）、年龄（儿童、青年、中年、中老年）、收入（高、中、低）、职业（工人、农民、学生、职员）、购买动机（求新、求美、求价廉物美）等变量因素细分。

(四) 有效市场细分的原则

从市场营销的角度看,无论消费者市场还是生产者市场,并非所有的细分市场都有意义。有效细分市场必须具备以下条件:

(1) 差异性　差异性即细分后不同子市场在需求和购买行为上有着显著差别,企业可据此制定不同的营销策略。

(2) 可衡量性　可衡量性即细分后各子市场的规模能够被测量。假如使用过多的心理因素来细分市场,例如热爱生活的人、追求刺激的人,市场规模很难测定,企业就无法做出为每个细分市场投入多少营销资源的决策,那么市场细分也就失去了意义。

(3) 足量性　足量性即细分后各子市场有足够大的规模且有一定的发展潜力,保证企业进入该市场后能获得长期稳定的利润,否则企业占领该市场是得不偿失的。例如专门为像姚明这样身高的人做服装或家具,可能由于市场太小而无法生存。

(4) 可实施性　可实施性即企业有能力通过适当的营销组合策略进入细分后的市场,例如企业能够通过一定的传播媒介将产品和服务的信息传递给该细分市场并通过一定的渠道将产品传送给该细分市场的顾客。

市场细分的实质就是要对消费者需求进行细分,即按消费者的需求特征将市场划分为有若干个具有某种相同性质的消费者组成的规模较小的细分市场的过程。产品属性是影响顾客购买行为的重要因素。根据顾客对不同属性的重视程度,可以分为三种偏好模式。这种需求偏好差异的存在,是市场细分的客观依据。

(五) 市场细分的基本模式

如图 5-1 所示,市场细分一般存在三种基本模式。

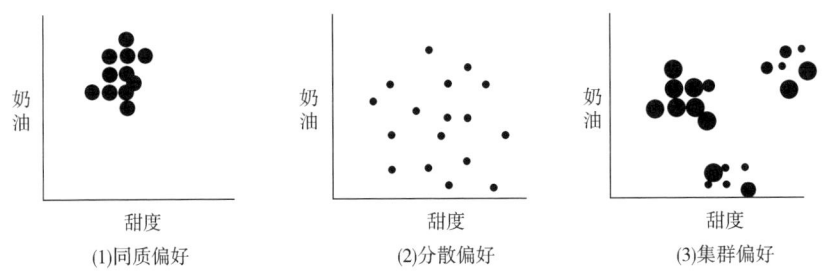

图 5-1　市场细分基本模式示意图

1. 同质偏好

市场上所有的顾客有大致相同的偏好(以某食品厂生产的奶油蛋糕为例),且相对集中于中央位置,即顾客对蛋糕的甜度和奶油的需求类同。在这样的条件下,各品牌的产品特性必然比较集中,即针对顾客需求和偏好的中心。

2. 分散偏好

分散偏好表示市场上的顾客对两种属性的偏好散布在整个空间,偏好极其分散。进入该市场的第一品牌可能定位于中央位置,以最大限度地迎合数量最多的顾客。因为,定位于中央的品牌可将消费者的不满足感降到最低水平。进入该市场的第二个品牌可以定位于第一品牌的附近,与其争夺份额。当然,也可以远离第一品牌,形成有明显特征的定位,吸引对第一品牌不满的顾客群。如果该市场潜力很大,会同时出现几个竞争品牌,定位于不同的空间,以体现与其他竞争品牌的差异性。

3. 集群偏好

当市场上出现几个群组的偏好,客观上形成了不同的细分市场。这时,进入市场的企业有三种选择:定位于中央,以尽可能赢得所有顾客群体(无差异营销);定位于最大的或某一"子市场"(集中营销);可以发展数种品牌各自定位于不同的市场部位(差异营销)。

(六)市场细分的方法

根据细分时采用因素的多少,市场细分方法可归纳为三类:单一因素法、多因素法和系列因素法。

1. 单一因素法

单一因素法就是只用一个因素细分市场的方法。例如,按地区把食品市场分为两个子市场,城市市场和农村市场。

2. 多因素法

多因素法即运用两个或两个以上因素进行市场细分。例如年龄、性别和收入,将食品市场分割成24个子市场,如图5-2所示。

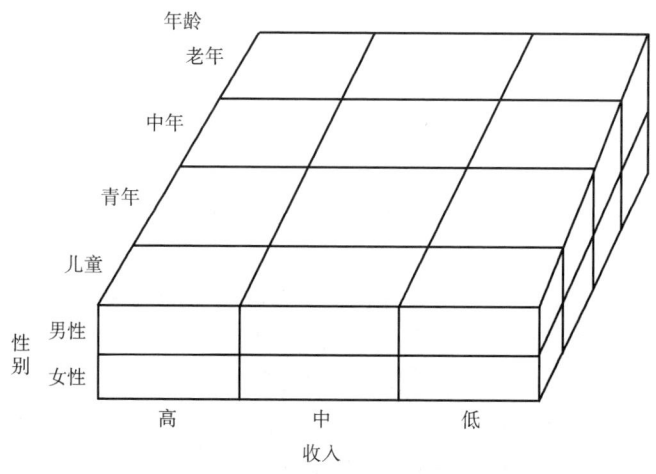

图5-2 多因素法细分食品市场示意图

3. 系列因素法

系列因素法也是运用两个或两个以上因素细分市场,但它与多因素法不同的是,依据一定顺序,由粗到细,逐层展开,下一步的细分,均在上一步选定的子市场中进行。细分过程,其实也就是比较、选择目标市场的过程,通过一系列因素,就可以大致为某食品厂构划一个细分市场,将服务对象集中为居住在城市的、中等收入、追求口感的青年身上(图5-3)。客观上讲,细分市场时使用的因素越多,分得越细,越容易找到市场机会。当然,操作起来也越麻烦,成本越高。所以,在细分某一个具体市场时究竟使用几个因素为好,要通过综合权衡确定,既不是越少越好,也不是越多越好。

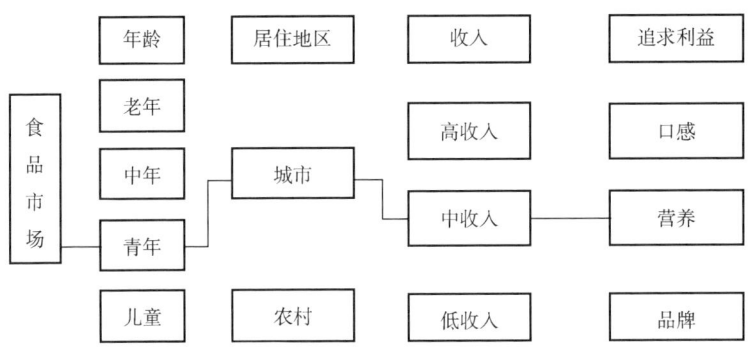

图5-3 系列因素法确定细分市场示意图

【学以致用】

实践目标

了解当前市场的构成形式,并通过走访调查深入了解影响市场细分的因素。

实践方案

1. 以小组为单位对学校周边市场进行调查,通过小组之间讨论来对周边市场的构成进行总结。

2. 以小组为单位通过对不同年龄段的顾客进行走访调查,并如实记录下不同食品在不同年龄段顾客喜好下所占的比例,并计算出不同食品之间的比例差异,再通过小组讨论的方式得到影响市场分类的普遍性因素。

3. 以小组为单位对学校周边不同职业人群进行走访调查,通过比较不同收入人群在食品市场选择的差异性来得到影响食品市场分类的普遍性因素。

4. 调查结果的汇报。

每组同学用所得数据绘制频率分布直方图,从而更加直观的感受年龄层次和收入高低对于市场分类的影响。

技能培养

1. 以走访调查的方式培养学生的口语交际能力。
2. 以绘制数据分析图的形式锻炼学生的数据处理能力。
3. 最后以小组为单位向全班进行分享汇报,从而得到影响市场细分的确定性因素。

思考练习

分析项目导入案例,思考以下问题。
1. 王老吉为什么对中国市场进行细分?
2. 食品企业为什么对市场进行细分?
3. 王老吉对食品市场细分的主要依据是什么?

任务二

目标市场选择

任务目标

1. 理解市场选择的概念。
2. 能够灵活运用所学知识,根据企业实际情况进行明智的市场选择。

【核心理论】

一、目标市场的定义

目标市场(Target Market)就是企业决定进入的市场,也就是企业准备为之提供产品或服务的顾客群。

二、目标市场选择定义

企业在划分好细分市场之后,可以进入既定市场中的一个或多个细分市场。

三、目标市场的评价

企业在选择目标市场时,需要对各个候选细分市场的规模和成长性进行分析评价,然后才能决定是否值得去占领。

首先，对细分市场的总体规模和潜量进行测算。市场的总体规模和潜量可采用"连续比率法"加以测定。例如，某市场新投放某种饮料，估计市场潜力：某饮料的市场潜力=人口×每人可任意支配的收入×可支配收入中用于食品的平均百分比×在食品的花费中用于饮料的平均百分比×在饮料中某种饮料所占的百分比。

其次，评估企业需求与营销的潜力。企业需求是指在整个市场需求中属于企业的那一部分。企业需求受企业营销努力的影响，企业营销有方，所得到的份额就大，如整个市场为某一企业所独占，则企业需求相当于市场需求。以公式表示如下：

$$Qi = SiQ$$

式中：Qi 表示 i 企业的需求；Si 表示 i 企业的市场占有率；Q 表示整个市场需求。市场占有率表示企业在市场需求中所占的份额，反映了企业对市场的控制程度。在市场竞争中，市场占有率不仅是衡量企业营销水平的重要标志，也说明了企业的市场地位。市场占有率的大小，标志着企业市场地位是强还是弱，因而市场占有率的大小往往比营销额的增减更为重要。在一定时期内，企业的营销额尽管有较大的增长，但若市场占有率下降了，表明企业在竞争中的市场阵地缩小了，这是一个危险的信号，应警惕被对手挤出市场。

企业需求预测是指在特定的营销环境及营销计划下，预期企业能获得的市场需求。在营销努力不断增加的情况下，企业所能获得的最高市场需求就是营销潜力。

四、目标市场选择策略

选择目标市场即确定市场覆盖模式，是指企业根据自身实力选择若干个细分市场或整个市场作为目标市场的一种战略。根据所选的细分市场覆盖整个产品市场的范围，选择目标市场战略有五种形式（图 5-4）。

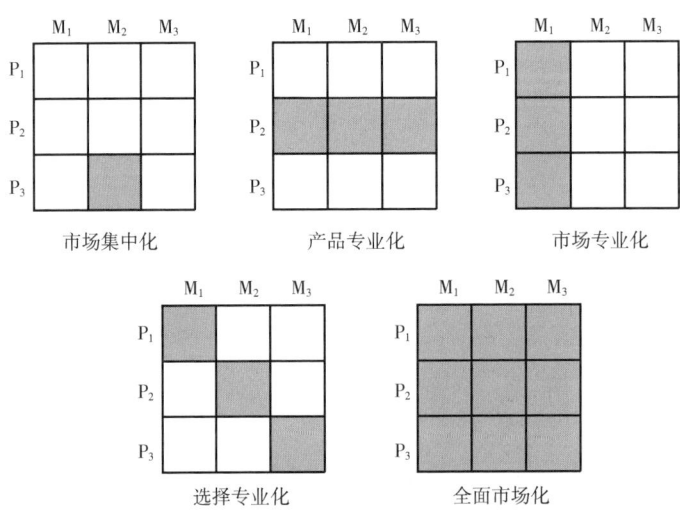

图 5-4 目标市场选择策略示意图

1. 市场集中化

市场集中化是指企业只生产一种产品去满足一个细分市场的需求。这是最简单的目标市场模式。一般是小企业经常选择的战略。

2. 产品专业化

产品专业化是指企业只生产一种产品来满足整个市场的需求。实行产品专业化战略有利于企业充分发挥生产和技术优势，降低成本，树立企业形象，提升品牌知名度，但是由于产品品种单一，一旦该行业出现新技术或替代品，将给企业造成很大威胁，因此这种战略风险较大。

3. 市场专业化

市场专业化是指企业服务于某一特定顾客群，尽力满足他们各种不同层次的需求。例如服装厂商专门为老年消费者提供各种档次的服装，形成老年服装市场的专业化品牌，但如果老年顾客群的需求潜量和特点发生重大变化，企业将承担较大风险。

4. 选择专业化

选择专业化是指企业选择若干个互不相关的细分市场作为自己的目标市场。实行选择专业化战略有利于企业分散经营风险，即使在某个细分市场失利，也能得到较好的投资回报。它其实就是多样化战略，需要大量投资，是大企业经常采用的一种战略模式。

5. 全面市场化

全面市场化是指企业生产多种产品去满足整个市场的需求。例如上例中的服装厂商为不同年龄层次的顾客提供各种档次和不同款式的服装。一般只有实力雄厚的大企业才能采用这种模式。例如：微软公司在计算机市场、可口可乐在饮料市场、海尔在家电市场就是采取这种战略。

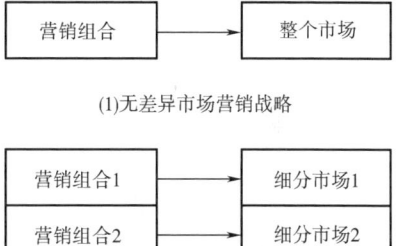

(1)无差异市场营销战略

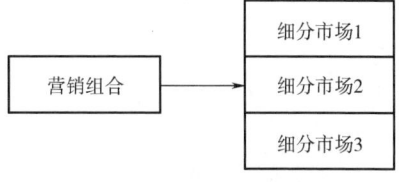

(2)差异性市场营销战略

五、目标市场进入策略

企业选择目标市场范围不同，营销战略也不一样。一般可供企业选择的目标市场战略有三种：无差异市场营销战略、差异性市场营销战略和集中性市场营销战略。如图 5-5 所示。

1. 无差异性营销战略

无差异性营销战略是企业将整个市场看成是同质市场或只考虑市场上消费者需求的共同

(3)集中性市场营销战略

图 5-5 目标市场进入策略示意图

点或相似处，向整个市场提供单一的产品，运用一种市场营销组合策略，尽可能地吸引更多的购买者。

无差异营销战略主要适用于广泛需求，能够大量生产、大量销售的产品或同质产品。例如，美国可口可乐公司凭借拥有世界性专利的优势，在20世纪60年代以前曾经以单一口味的品种、单一标准的包装和统一的广告宣传，长期占领世界软饮料市场。

这种战略的最大优点是成本的经济性。大批量的生产和储运会降低单位产品的成本；统一的广告宣传可以节省促销费用；不进行市场细分也相应减少了市场调查、产品研制、制订多种市场营销组合方案所花费的企业资源。

但是，这种战略对大多数产品并不适用，而且对一个企业来说一般也不宜长期采用。因市场需求是有差异的，而且是不断变化的。一种多年不变的老产品很难为消费者所长期接受。同时，众多的生产同一产品的企业都采用这种策略时，必然会导致市场激烈的竞争，而有些消费者的差异性需求却得不到满足。这对企业和消费者来说是不利的。如可口可乐公司，由于软饮料市场竞争日趋激烈，特别是百事可乐异军突起，打破了可口可乐独霸市场的局面，终于迫使该公司放弃传统的无差异性营销战略。

2. 差异性营销战略

企业把整个市场划分为若干细分市场，从中选择两个或两个以上的细分市场作为自己的目标市场，为每个选定的细分市场制定不同的市场营销组合方案，同时多方位或全方位地分别开展有针对性的营销活动。

近些年，越来越多的企业采用差异性营销战略。它们通过推出多品种、多种广告媒体宣传产品，通过多渠道销售产品。采取这种战略的企业，进行小批量、多品种生产，有很大的优越性。一方面，它能够较好地满足不同消费者的需求，有利于扩大企业的销售额；另一方面，一个企业如果同时在几个细分市场都占有优势，就会大大提高消费者对企业的信任感。不过，采用这种战略会由于产品品种、销售渠道、广告宣传的扩大增加企业的成本。同时，要受到企业资源的限制，要求企业必须具有一定的财力、技术力量和素质较高的管理人员，否则，该战略很难取得成功。因此，采取差异性营销战略的前提是扩大销售所增加的利润必须大于所增加的经营成本。

【学以致用】

实践目标

体会市场定位选择对一个企业发展的影响，通过对各大知名企业成功案例的分析，从而总结出优化市场选择的常用方法。

实践方案

以小组为单位进行实践,假如你是一个企业营销部的市场总监,现在公司推出了一款新产品需要推销给消费者,根据企业市场竞争优势进行市场选择,找到适合自身的销售市场,并且尝试推销给班级里的同学,看是否能够得到班级同学的认可。并且以国外企业成功实例为模板,撰写《市场选择策划方案》。

【案例链接】

日本有两家最大的糖果公司,以前生产的巧克力都是为满足儿童消费市场的,森永公司为增强其竞争能力,经过市场调查与充分论证,研制出一种"高王冠"的大块巧克力,定价70日元,推向成人市场。明治公司也不甘示弱,通过市场细分,选择了3个子市场:初中学生市场、高中学生市场和成人市场。该公司生产出两种大块巧克力,一种每块定价40日元,用于满足十二三岁的初中学生;一种每块定价60日元,用于满足十七八岁的高中学生;两块合包在一起,定价100日元,适宜于满足成人市场。明治公司的市场细分策略,比森永公司高出一筹。可见,在市场细分的基础上,企业可根据自己的条件,选择最合适的目标市场,就能做到扬长避短,在竞争中赢得优势。

想一想

1. 森永公司进行目标市场选择时考虑到了哪些因素?
2. 森永公司的市场营销战略是什么,有什么独到之处?

任务三

食品市场定位

任务目标

1. 理解市场定位的概念。
2. 能够运用所学知识,根据企业实际情况进行准确地市场定位。

【核心理论】

一、市场定位的定义

企业根据竞争者现有产品在市场上所处的位置,针对消费者或用户对该产品某种特征或属性的重视程度,强有力地塑造出本企业产品与众不同的、给人印象鲜明的个性或形象,并把这种形象生动地传递给顾客,从而使该产品在市场上确定适当的位置市场定位并不是你对一件产品本身做些什么,而是你在潜在消费者的心目中做些什么。市场定位的实质是使本企业与其他企业严格区分开来,使顾客明显感觉和认识到这种差别,从而在顾客心目中占有特殊的位置(图5-6)。

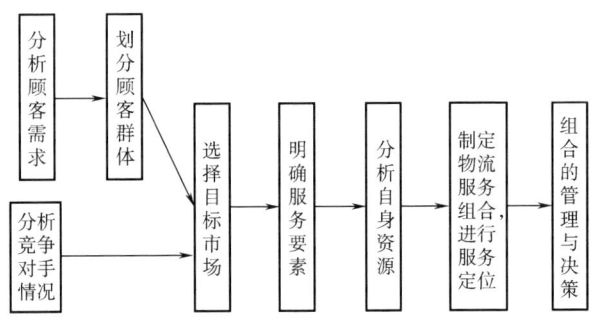

图5-6 市场定位示意图

二、市场定位的分类

市场定位可分为对现有产品的再定位和对潜在产品的预定位。

对现有产品的再定位可能导致产品名称、价格和包装的改变,但是这些外表变化的目的是为了保证产品在潜在消费者的心目中留下值得购买的形象。

对潜在产品的预定位,要求营销者必须从零开始,使产品特色确实符合所选择的目标市场。公司在进行市场定位时,一方面要了解竞争对手的产品具有何种特色,另一方面要研究消费者对该产品的各种属性的重视程度,然后根据这两方面进行分析,再选定本公司产品的特色和独特形象。

三、市场定位的主要内容

(1)产品定位 侧重于产品实体定位质量、成本、特征、性能、可靠性、适用性、款式等。

(2)企业定位 即企业形象塑造品牌、员工能力、知识、言表、可信度。

(3)竞争定位 确定企业相对与竞争者的市场位置。

(4)消费者定位 确定企业的目标顾客群。

四、市场定位的基本步骤

市场定位的关键是企业要设法在自己的产品上找出比竞争者更具有竞争优势的特性。竞争优势一般有两种基本类型：一是价格竞争优势，就是在同样的条件下比竞争者定出更低的价格。这就要求企业采取一切努力来降低单位成本。二是偏好竞争优势，即能提供确定的特色来满足顾客的特定偏好。这就要求企业采取一切努力在产品特色上下功夫。因此，企业市场定位的全过程可以通过以下三大步骤。

1. 分析目标市场的现状，确认潜在的竞争优势

这一步骤的中心任务是要回答以下三个问题：一是竞争对手产品定位如何？二是目标市场上顾客欲望满足程度如何以及确实还需要什么？三是针对竞争者的市场定位和潜在顾客的真正需要的利益要求企业应该及能够做什么？要回答这三个问题，企业市场营销人员必须通过一切调研手段，系统地设计、搜索、分析并报告有关上述问题的资料和研究结果。

通过回答上述三个问题，企业就可以从中把握和确定自己的潜在竞争优势在哪里。

2. 准确选择竞争优势，对目标市场初步定位

竞争优势表明企业能够胜过竞争对手的能力。这种能力既可以是现有的，也可以是潜在的。选择竞争优势实际上就是一个企业与竞争者各方面实力相比较的过程。比较的指标应是一个完整的体系，只有这样，才能准确地选择相对竞争优势。通常的方法是分析、比较企业与竞争者在经营管理、技术开发、采购、生产、市场营销、财务和产品七个方面究竟哪些是强项，哪些是弱项。借此选出最适合本企业的优势项目，以初步确定企业在目标市场上所处的位置。

3. 显示独特的竞争优势和重新定位

这一步骤的主要任务是企业要通过一系列的宣传促销活动，将其独特的竞争优势准确传播给潜在顾客，并在顾客心目中留下深刻印象。为此，企业首先应使目标顾客了解、知道、熟悉、认同、喜欢和偏爱本企业的市场定位，在顾客心目中建立与该定位相一致的形象。其次，企业通过各种努力强化目标顾客形象，保持目标顾客的了解，稳定目标顾客的态度和加深目标顾客的感情来巩固与市场相一致的形象。最后，企业应注意目标顾客对其市场定位理解出现的偏差或由于企业市场定位宣传上的失误而造成的目标顾客模糊、混乱和误会，及时纠正与市场定位不一致的形象。企业的产品在市场上定位即使很恰当，但在下列情况下，还应考虑重新定位：

①竞争者推出的新产品定位于本企业产品附近，侵占了本企业产品的部分市场，使本企业产品的市场占有率下降。

②消费者的需求或偏好发生了变化，使本企业产品销售量骤减。

重新定位是指企业为已在某市场销售的产品重新确定某种形象，以改变消费者原有的认识，争取有利的市场地位的活动。

五、市场定位的影响因素

不同的企业会采用不同的方式进行产品的市场定位，当然有时同一个企业也会运用不同的方式对产品进行市场定位，但是要保证定位的排他性特征。影响企业定位的主要因素有产品属性、产品的性价比、产品功能、使用者、产品类别和竞争者。

1. 产品属性

每个产品都有其不同的属性，企业可以依据产品鲜明的属性特征定位。例如，"七喜"汽水的定位是"非可乐"，强调它是不含咖啡因的饮料，与可乐类饮料不同。

2. 产品性价比

产品性价比是一种产品区别于另一种产品的重要特征，基于产品性价比优势进行市场定位是一个有效的战略选择方式。例如，台湾顶新集团将其方便面品牌"福满多"定位为价廉物美的产品，将"康师傅"方便面定位为高品质产品。

3. 产品功能

强调产品的独特的功能会吸引相当一部分消费者，原因在于现在的消费者越来越追求独特功能的产品。例如，手机的拍照功能。于是，许多企业就以其手机强大的拍照功能进行产品定位。

4. 使用者

该种定位基础关注的是使用者的个性特征和类型。不同的用户类型对产品有不同的需求，那么，不同类型的产品应适应不同的用户。例如，美国米勒啤酒公司曾将其原来唯一的品牌"高生"啤酒定位于"啤酒中的香槟"，吸引了许多不常饮用啤酒的高收入妇女。后来发现，占30%的狂饮者大约消费了啤酒销量的80%，于是，该公司在广告中展示石油工人钻井成功后狂欢的镜头，还有年轻人在沙滩上冲刺后开怀畅饮的镜头，塑造了一个"精力充沛的形象"。在广告中提出"有空就喝米勒"，从而成功占领啤酒狂饮者市场达10年之久。

5. 产品类别

企业也可以根据产品类别的不同（如餐饮类、卫生用品类）进行产品的市场定位，以突出不同产品种类的差异。产品类别和特定需求直接能够产生品牌联想。例如，利用类别定位寻求消费者头脑中的空隙，如由快餐联想到麦当劳。

6. 竞争者

针对竞争者对手的定位去确立企业产品的市场定位也是一种有效的定位方法。

在快餐业，麦当劳与肯德基是一对强劲的竞争对手，针对麦当劳服务标准化的定位特点，肯德基提出"鸡肉烹调专家"的差异定位策略。

六、市场定位的常用策略

1. 避强定位

避强定位策略：指企业力图避免与实力最强的或较强的其他企业直接发生竞争，而将自己的产品定位于另一市场区域内，使自己的产品在某些特征或属性方面与最强或较强的对手有比较显著的区别。

优点：避强定位策略能使企业较快地在市场上站稳脚跟，并能在消费者或用户中树立形象，风险小。

缺点：避强往往意味着企业必须放弃某个最佳的市场位置，很可能使企业处于最差的市场位置。

2. 迎头定位

迎头定位策略：指企业根据自身的实力，为占据较佳的市场位置，不惜与市场上占支配地位的、实力最强或较强的竞争对手发生正面竞争，而使自己的产品进入与对手相同的市场位置。

优点：竞争过程中往往相当引人注目，甚至产生所谓轰动效应，企业及其产品可以较快地为消费者或用户所了解，易于达到树立市场形象的目的。

缺点：具有较大的风险性。

3. 创新定位

创新定位是寻找新的尚未被占领但有潜在市场需求的位置，填补市场上的空缺，生产市场上没有的、具备某种特色的产品。采用这种定位方式时，公司应明确创新定位所需的产品在技术上、经济上是否可行，有无足够的市场容量，能否为公司带来合理而持续的盈利。

4. 重新定位

公司在选定了市场定位目标后，如定位不准确或虽然开始定位得当，但市场情况发生变化时，如遇到竞争者定位与本公司接近，侵占了本公司部分市场，或由于某种原因消费者或用户的偏好发生变化，转移到竞争者方面时，就应考虑重新定位。重新定位是以退为进的策略，目的是实施更有效的定位。

市场定位是设计公司产品和形象的行为，以使公司明确在目标市场中相对于竞争对手自己的位置。公司在进行市场定位时，应慎之又慎，要通过反复比较和调查研究，找出最合理的突破口。避免出现定位混乱、定位过度、定位过宽或定位过窄的情况。而一旦确立了理想的定位，公司必须通过一致的表现与沟通来维持此定位，并应经常加以监测以随时适应目标顾客和竞争者策略的改变。

七、市场定位的有效性原则

为保证食品市场定位的有效性,企业在进行定位时应遵循以下原则:
①重要性:企业所突出的特色应是客户所关注的。
②独特性:该定位应区别于竞争对手的,与众不同的。
③难以替代性:指该定位竞争对手难以模仿。
④可传达性:易于传递给客户并被客户正确理解。
⑤可接近性:客户有购买这种产品的能力。
⑥可盈利性:企业通过此定位能获取预期的利润。

【案例链接】

华龙面的市场定位

20世纪90年代,河北隆尧县9位农民合股投资200多万元建起一家方便面生产厂,产品冠名"华龙",经过三四年的发展,这家默默无闻的小企业异军突起,创下了令人吃惊的发展速度:年生产能力由1600吨猛增到16万吨;月平均销售收入由58万元增加到3400多万元;固定资产由218万元飙升到2.5亿元,在竞争激烈的方便面市场,"华龙"所占市场份额紧随"康师傅""统一"之后,居全国第三名。

华龙人首先对国内方便面市场进行了一番深入细致的调查研究。他们发现,20世纪80年代初期以来,尽管我国方便面生产迅猛,但市场仍有较大空间。在已建成投产的1000多家生产企业中,大致分为两种类型:少数几家中外合资或外商独资企业虽然拥有较高的市场占有率,但目标市场多数定位于大中城市,产品定价等方面没有考虑农村的实际情况。地方小厂"遍地开花",产品价位也较低,但质量不稳定,主要依靠有限的当地市场维持生存。

广大的农村和小城镇对方便面的需求是显而易见的,问题是能不能为他们提供质量可靠、价格适中的产品。华龙提出的"同等质量比价格,同等价格比质量"的口号,依托当地优质的小麦和廉价的劳动力资源,华龙将一袋方便面的零售价定在0.6元以下,比一般名牌低0.8元左右,而口感、营养成分、卫生状况等各方面并不逊色。为了确保产品质量,华龙从东南亚引进国际一流的设备,高薪聘请台湾食品专家加盟入股并主持研究开发中心的工作,对面粉的加工、面饼的烘焙、调料的配制及外在包装等环节实行全程质量监控,与此同时,根据"南甜北咸东辣西酸"的饮食习惯,华龙将销往不同地区的方便面,搭配不同的调料包,满足不同地域消费者的需求。

在华龙,营销公司支撑着企业的半壁江山,汇集了精兵强将。营销公司下设面向各省市自治区的营销处，处以下设组，分包一个省的几个区县市场。每个营销员都有明确的分工，定向联系几家地区代理商、经销户。由此形成了营销总部、处、组、户四级营销网络，覆盖长江以北，波及江南数省。为了密切和代理商的关系，华龙采取送货上门、特许入股等形式，与他们结成紧密的利益共同体。

华龙的付出，赢得了回报。在河南、河北、陕西、内蒙古自治区的三省一区，华龙方便面的市场占有率稳居第一；在东北、华北、西北等地区，华龙方便面正呈强劲的扩张势头。

想一想

华龙凭借什么在龙盘虎踞的食品市场闯出自己的一片天地，在华龙成功的案例背后，我们又能得到哪些启示？

【学以致用】

实践目标

体会市场定位选择对一个企业发展的影响，通过对各大知名企业成功案例的分析，从而总结出优化市场定位的常用方法。

实践方案

以小组为单位进行实践，假如你是某上市公司销售部总监，现在你们公司推出了一款新的食品，具有独特风味，但是由于该产品刚刚推出，不知是否能够受到广大消费者的欢迎，小组的其他成员分别扮演生产部，品管部，研发部等职务，通过分析总结企业在市场竞争中的优势与劣势，对企业的市场综合竞争能力进行全方面评估和定位，并尝试对其他小组推销本组产品，看是否能够得到老师和同学的好评。

技能培养

1. 通过制作《市场营销策划书》锻炼学生的市场评估与定位能力。
2. 通过对产品的宣传锻炼学生的交际能力和口语表达能力。
3. 通过虚拟角色扮演让学生能够站在消费者立场思考，能够清楚的知道消费者需要什么，同时也要把自己的产品放在适合的市场定位，才能吸引消费者的眼球，让自己的产品处在市场竞争的不败之地。

【项目小结】

目标市场营销是市场营销理论中重要的组成部分，它既是市场调研的结果，又是营销其他策略的基础。离开对市场的正确细分、选择和定位，产品、价格、分销、促销等策略便失去了方向。

市场细分是目标市场营销的基础，它是按照一定标准把一个大市场划分成若干个子市场的过程，其实质是把握消费需求的差异性。消费者市场细分标准有地理细分、人口细分、心理细分和行为细分四种。生产者市场细分的标准主要有行业细分、规模细分、地理细分。为了保证市场的有效性，市场细分要符合以下原则：可衡量性、可实现性、可盈利性、可区分性。

目标市场选择是企业根据市场潜量、市场竞争状况和企业自身状况所选定市场的过程。无差异市场策略、差异性策略、密集性策略各有利弊，关键要分析影响目标市场选择的诸多因素。影响目标市场选择的因素有：企业能力、产品同质性、市场同质性、产品所处的生命周期阶段和竞争对手的目标市场营销战略。

市场定位的实质是为产品确定一种特色、形象和位置，以确定一种竞争优势。市场定位的步骤分为：识别潜在竞争优势、确定企业竞争优势和展示竞争优势。市场定位的方法有：初次定位、重新定位、迎头定位、创新定位、心理定位等。

【项目练习】

（一）单项选择题（在每小题的四个备选答案中选出一个最合适的答案）

1. 人口细分即按照各种人口统计变量细分市场，其中不包括（　　）。
   A. 年龄　　　　　　　　　B. 性别
   C. 个性　　　　　　　　　D. 民族
2. 消费者市场细分的标准，可归纳为四大类，其中不包括（　　）。
   A. 地理变量　　　　　　　B. 人口变量
   C. 心理变量　　　　　　　D. 性格变量
3. 市场细分原则不包括（　　）。
   A. 便利性　　　　　　　　B. 可衡量性
   C. 可盈利性　　　　　　　D. 可进入性
4. （　　）是企业选择所有细分市场集中生产一种产品，以满足供应。
   A. 产品专业化　　　　　　B. 市场集中化
   C. 市场专业化　　　　　　D. 选择专业化
5. 新产品在进入（　　），可采取无差异性营销战略。

A. 成长期 B. 成熟期
C. 衰退期 D. 导入期

6.（　　）不属于同质市场。

A. 服装 B. 石油
C. 水 D. 食盐

7. 最适于实力不强的小企业或出口企业，在最初进入国外市场时，采用的目标市场营销策略是（　　）。

A. 无差别市场营销策略 B. 差别市场营销策略
C. 集中市场营销策略 D. 大量市场营销策略

8. 市场细分战略作为现代市场营销理论的产物，其产生与发展的第一个阶段是（　　）。

A. 大量营销阶段 B. 产品差异化营销阶段
C. 目标营销阶段 D. 服务差异化营销阶段

9. 市场细分后，企业要对不同的目标市场进行价值评估（　　）是评价基础。

A. 竞争状况 B. 市场需求
C. 企业自身情况 D. 社会环境

（二）多项选择题（在每小题的备选答案中选出 2～5 个正确答案）

1. 消费者市场细分标准可归纳为（　　）。

A. 地理变量 B. 人口变量
C. 心理变量 D. 行为变量

2. 企业在选择目标市场时，可选择的市场覆盖模式有（　　）。

A. 市场集中化 B. 产品专业化
C. 市场专业化 D. 选择专业化
E. 市场全面化

3. 从处理竞争者关系的角度看，市场定位分为（　　）。

A. 初次定位 B. 避强定位
C. 重新定位 D. 对抗定位

（三）判断题（判断下列论述是否正确）

1. 市场细分的依据是消费者需求的差异性。（　　）
2. 人口细分变量包括年龄、性别、收入、文化程度和职业、民族等。（　　）
3. 市场专业化即企业选择一个细分市场，只生产一类产品以满足供应。（　　）
4. 无差异性营销战略的最大优点是成本的经济性。（　　）
5. 从处理竞争者关系的角度，有避强定位和对抗定位。（　　）
6. 从定位的时机来看，有属性定位和利益定位。（　　）
7. 生产者购买的主要方式包括直接重购、修正重购及新购。（　　）

8. 差异性市场营销战略的最大缺点是调研、开发、生产、储运、促销等所有环节的费用大幅度增加。（　　）

（四）简答题

1. 简述市场细分的作用。
2. 简述市场细分的原则。
3. 简述选择目标市场营销战略的条件。
4. 简述无差异性市场营销战略的优缺点。

（五）论述题

1. 试论述目标市场选择策略。
2. 试论述市场定位的影响因素。

项目六

产品策略

【学习指南】

知识目标

熟悉产品整体、生命周期、产品组合、品牌和新产品的概念及其联系。

技能概述

1. 能够科学运用食品品牌和包装的运作技巧,制定简单的品牌与包装策略。
2. 能够根据新产品开发的程序,制定相应的开发和推广策略。

【案例导入】

多少年来,人们只知道西瓜是圆的,而今,国内外市场上却陆续出现了方形西瓜,西瓜如何由圆变方的呢?原理其实很简单,在小西瓜上套上事先做好的一定规格的方形模具,西瓜在后期生长中就按照人们意愿,长成方形了。

传统的西瓜惹人喜爱,但是随着科技的进步和社会的发展,人们开始意识到圆西瓜占据存放空间、好滚动、易损坏,不利于长途运输和贮藏,不能获得最佳经济效益。

西瓜由圆变方独特新奇,销路大增,获利可观。

思考:通过分析方形西瓜的培育和产生背景,研究为什么方形西瓜的产品策略能够获得成功。

任务一
产品整体概念、生命周期与组合策略

任务目标

1. 理解产品、产品整体、产品生命周期和产品组合的概念。
2. 熟练掌握五层次整体概念在实际产品中的运用。
3. 能够分析、制定和优化产品组合策略。

【核心理论】

一、产品的概念

产品是指能够通过交换满足消费者或用户某一需求和欲望的任何有形物品和无形的服务。

二、产品整体的概念

产品整体的概念是指向市场提供的，供人们获取、使用或消费，从而满足人们某种欲望或需要的一切东西，包括有形物品，无形的服务和人员、组织、观念等，或者它们的组合。

三、产品整体概念的五个层次

产品整体概念是现代市场营销学的一个重要理论，它具有宽广的外延和深刻而丰富的内涵。以往，学术界用三个层次（核心产品、形式产品、延伸产品）来表述产品整体概念。近年来，运用更多的是菲利普·科特勒（Philip. Kotler）等学者的五层次理论。产品整体概念的五个层次分别是核心产品、形式产品、期望产品、延伸产品、潜在产品。如图6-1所示。

1. 核心产品

核心产品指向顾客提供的产品的基本效用和利益。从根本上讲，每个产品实质上都是为解决问题而提供的服务。例如，消费者购买口红的目的不是为了得到某种颜色某种形状的实体，而是为了通过使用口红提高自身的形象和气质。

2. 形式产品

形式产品指核心产品借以实现的形式或目标市场对需求的特定满足形式。形

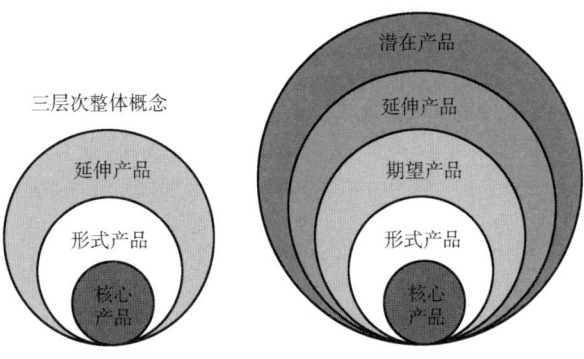

图6-1　三层次和五层次产品整体概念示意图

式产品一般由五个特征构成,即品质、式样、特征、商标及包装。核心产品必须通过形式产品才能实现。

3. 期望产品

期望产品指购买者在购买产品时期望得到的与产品密切相关的一整套属性和条件。如旅馆的客人期望得到清洁的床位、洗浴香波、浴巾、电视等服务。

4. 延伸产品

延伸产品指顾客购买形式产品和期望产品时,附带获得的各种利益的总和,包括说明书、保证、安装、维修、送货、技术培训等。

5. 潜在产品

潜在产品指现有产品包括所有附加产品在内的,可能发展成为未来最终产品的潜在状态的产品。潜在产品指出了现有产品可能的演变趋势和前景。如彩色电视机可发展为录放映机、电脑终端机等。

产品整体概念的五个层次,十分清晰地体现了以顾客为中心的现代营销理念。这一概念的内涵和外延皆以消费者的需求为标准。

四、产品的生命周期

产品生命周期(Product Life Cycle),指产品的市场寿命。一种产品进入市场后,它的销售量和利润都会随时间推移而改变,呈现一个由少到多由多到少的过程,就如同人的生命一样,由诞生、成长到成熟,最终走向衰亡,这就是产品的生命周期现象。所谓产品生命周期,是指产品从进入市场开始,直到最终退出市场为止所经历的市场生命循环过程。产品只有经过研究开发、试销,然后进入市场,它的市场生命周期才算开始。产品退出市场,则标志着生命周期的结束。

产品生命周期分为投入期、成长期、成熟期、衰退期四个阶段。如图6-2所示。

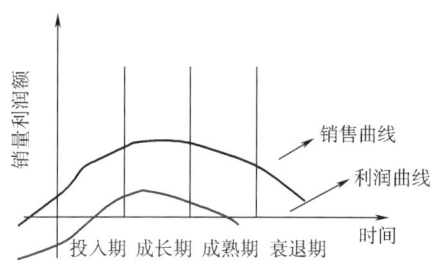

图 6-2　产品生命周期示意图

1. 投入期

投入期是新产品进入市场的最初阶段。其主要特点：

（1）生产成本高　新产品刚开始生产时，数量不大，技术尚不稳定、不熟练，次品率也较高，因而制造成本较高。

（2）促销费用大　新产品刚投放市场时，其性能、质量、使用价值、特征等还未被人们认识，为迅速打开销路，提高知名度，需进行大量的广告宣传及其他促销活动，促销费用很大。

（3）销售数量少　因新产品还未赢得消费者的信赖，未被广泛接受，购买者较少。

（4）竞争不激烈　因新产品刚进入市场，销路不畅，企业无利甚至亏损，生产者较少，竞争尚未真正开始。

2. 成长期

成长期是产品在市场上已经打开销路，销售量稳步上升的阶段。其主要特点：

（1）购买者对商品已经比较熟悉，市场需求扩大，销售量迅速增加。

（2）生产和销售成本大幅度下降，大批量生产和大批量销售使单位产品成本减少。

（3）企业利润增加。

（4）竞争者相继加入市场，竞争趋向激烈。

3. 成熟期

成熟期是产品在市场上普及销售量达到高峰的饱和阶段。其主要特点：

（1）产品已为绝大多数的消费者所认识与购买，销售量增长缓慢，处于相对稳定状态，并逐渐出现下降的趋势。

（2）企业利润逐步下降。

（3）竞争十分激烈。

4. 衰退期

衰退期是产品销售量持续下降、即将退出市场的阶段。其主要特点：

（1）消费者对产品已经没有兴趣，市场上出现了改进型产品，市场需求减少。

（2）同行业为减少存货损失，竞相降价销售，竞争激烈。

（3）企业利润不断降低。

五、产品组合策略

产品都有其从成长到衰退的过程，很少企业能仅靠经营单一的产品生存，世界上很多企业经营的产品往往种类繁多,大多数都销售一种以上的产品且这些产品彼此间相互联系,产品之间互相补充或是配套使用。为了公司实现其不同目标如销售增长、现金流量及风险之间的平衡,一个企业应该生产和经营哪些产品才是最有利的?这些产品之间应该有些什么配合关系?这就是产品组合的问题。其内容包括产品线、产品项目、产品组合的宽度、长度、深度和相关性等。

1. 产品线

菲利普·科特勒对产品线(产品系列)的定义:产品线是指密切相关的一组产品,因为这些产品以类似的方式发挥功能,或销售给同类顾客群,或通过类似的渠道销售出去,或同属于一个价格幅度,即通常说的产品大类。一组产品线的产品在技术上和结构上密切相关,具有相同使用功能,只是规格不同。例如,雅芳化妆品公司的产品线有化妆品,珠宝首饰和家常用品3条;某家电企业有空调、彩电、冷柜、洗衣机四条产品线。

2. 产品项目

产品项目又称为产品品目,指产品线内不同档次、品种、外形、质量和规格的特定产品。它可以根据尺寸、价格、外型或其他属性来区分,它是产品线的具体组成部分,是构成产品产品线的最小产品单位。例如,某化妆品公司有1300个以上的产品项目,而通用电气公司则有25万个产品项目。

3. 产品组合

产品组合是一个企业生产或经营的全部产品线、产品项目的结构或结合方式。它包括一个企业提供给目标市场的全部产品线和产品项目的组合或搭配,即经营范围和结构,也叫产品搭配。每个产品组合包含4个参数:宽度、长度、深度和相关性。这些要素的不同,就构成了企业产品的不同组合,企业须决定产品组合的宽度、长度、深度和相关性。企业在进行产品组合时,涉及三个层次的问题需要做出选择,即是否增加、修改或剔除产品项目,是否扩展、填充和删除产品线,哪些产品线需要增设、加强、简化或淘汰,以此来确定最佳的产品组合。

产品组合应遵循有利促销和提升利润这一基本原则。

产品组合的宽度,又叫产品组合的广度,说明企业经营产品类别的多少及有多少条产品线,产品线数。产品组合的宽度越大,说明企业的产品线越多;反之,宽度越窄,则产品线越少。

4. 产品组合策略类型

扩大产品组合策略是开拓产品组合的广度和加强产品组合的深度。开拓产品组合广度是指增添一条或几条产品线,扩展产品经营范围;加强产品组合深度是指在原有的产品线内增加新的产品项目。具体类型和优化手段如表6-1、表6-2所示。

表6-1　　　　　　　　　　　产品组合策略类型

产品组合策略类型	组合内容	实例
全线全面型	满足整个市场要求，覆盖每一个细分市场	海尔集团生产家电产品
市场专业型	满足某一市场要求，占领某一专业市场	旅游公司开发某一旅游市场
产品线专业型	生产某一产品，满足消费者的需求	汽车制造厂生产不同种类汽车
有限产品专业型	生产单一产品项目，满足单一的市场需求	制冷设备厂只生产家用电冰箱
特殊产品专业型	只生产某一特殊产品，满足特殊需求	工艺品厂生产独特工艺品

表6-2　　　　　　　　　　　产品组合策略优化

产品组合策略优化途径	内容
扩大产品组合	增加产品线，扩大企业经营范围
缩减产品组合	减少产品线或产品线上相关产品，缩小经营范围
产品线延伸	增加产品项目和产品品种
向下延伸	原生产高档产品，向中低档产品扩展
向上延伸	原生产中低档产品，向高档产品扩展
双向延伸	原生产中档产品，向高档和低档产品两个方向扩展
水平延伸	在同一档次上增加了产品线，生产有差异的产品
产品线现代化	改造现有产品线，提升产品线现代化水平

【学以致用】

实践目标

通过案例分析、数据处理和计算，得到最佳产品组合策略。

案例描述

公司生产3种坚果什锦产品，分销给遍布东南地区的食品连锁店。产品有3个品种，分别是普通型、高级型和假日型，不同品种的区别就是各种坚果的比例不同。为了秋季的生产准，公司购入了一批坚果，价格和类别如表6-3所示。

表6-3　　　　　　　　　　　各种坚果运输成果表

坚果类别	运量/千克	运输费用/美元	坚果类别	运量/千克	运输费用/美元
杏仁	6000	7500	核桃	6000	7200
巴西果	7500	7125	胡桃	7500	7875
榛子	7500	6750			

普通型的产品含有15%杏仁，25%巴西果，25%榛子，10%核桃，25%胡桃。高级型的产品各种坚果均含20%。假日型的产品含有25%的杏仁，15%的巴西果，15%的榛子，25%的核桃，20%的胡桃。

公司的会计对包装材料费用、售价等数值进行分析后预测，每公斤普通型产品的利润是1.65美元，每公斤高级型产品的利润是2美元，每公斤假日型产品的利润是2.25美元。这些数值没有包括坚果的价格，因为它们的价格变化非常大。客户的订单如表6-4所示。

表6-4　　　　　　　　　　　　客户订单表

产品类别	订货量	产品类别	订货量
普通型	10000	假日型	5000
高级型	3000		

因为对产品的需求在不断增加，预计公司将会获得大于其生产能力的订单。公司的目的在于合理安排坚果产品的类型，使公司的利润最大；公司不用的坚果都捐献给当地的慈善机构。还有，无论盈利与否，公司都将满足已经签署的订单。在上述背景下提出以下问题：

1. 普通型、高级型和假日型坚果产品的成本。
2. 最优生产组合和总利润。

技能培养

1. 以数据分析和计算的形式锻炼学生的数据处理能力。
2. 以小组为单位向全班进行分享汇报，从而得到准确的答案。

任务二

品牌与包装策略

任务目标

1. 理解品牌和包装的概念。
2. 能够灵活运用所学知识，根据企业实际情况制定合理的品牌和包装。

【核心理论】

一、品牌策略

（一）品牌、商标、品牌化

1. 品牌

品牌是用以识别某个销售者或某群销售者的产品或服务，并使之与竞争对手的产品或服务区别开来的商业名称及其标志，通常由文字、标记、符号、图案和颜色等要素或这些要素的组合构成。就其实质来讲，它代表着销售者对交付给买者的产品特征、利益和服务的一贯性的承诺。包括：①品牌名称：指品牌中可以用语言称谓表达的部分——李宁、耐克、麦当劳。②品牌标志：指品牌中可被认出、易于记忆但不能用言语称呼的部分。

一个品牌可从以下六个方面透视：

（1）属性　属性是品牌最基本的含义，品牌首先代表着特定的商品属性，如奔驰意味着工艺精湛、制造优良、昂贵、耐用、速度快，公司可用一种或几种属性做广告，多年来奔驰的广告一直强调"全世界无可比拟的工艺精良的汽车"。

（2）利益　品牌体现了特定的利益。顾客不是在买属性而是买利益，这就需要属性转化为功能性或情感性的利益。就奔驰而言，"工艺精湛、制造优良"可转化为"安全、昂贵"可转化为"令人羡慕、受人尊重"的利益。

（3）价值　品牌体现了生产者的某些价值感。

（4）文化　品牌可能代表某种文化。如奔驰蕴涵着"有组织、高效率、高品质"的德国文化。

（5）个性　不同的品牌会使人们产生不同的联想，这是由品牌个性所决定。如奔驰让人想到一位严谨的老板，红旗则让人想到一位严肃的领导。

（6）用户　品牌暗示了购买或使用产品的消费者类型。

当受众可识别品牌的六个方面时，称之为深度品牌，否则只是一个肤浅的品牌。品牌最持久的含义是其价值、文化、个性，它们构成了品牌的实质。

2. 商标

商标是一个法律概念，是经过政府有关部门注册获得专用权而受法律保护的一个品牌或品牌的一部分。

现代商标作为一种产权，不但受到各个国家法律的保护，而且在国际上还受到以《保护工业产权巴黎公约》（1883年）为基础的国际工业产权制度的保护。

3. 品牌与商标的联系与区别

联系：所有的商标都是品牌，但并非所有的品牌都是商标，商标是品牌的重要组成部分。品牌是一个笼统的总名词，商标是受法律保护的品牌。

区别：品牌是一个市场概念，是产品或服务在市场上通行的牌子；商标是一个法律概念，它是品牌的法律化，成为注册人在某些商品上受法律保护的专用标记。

4. 品牌化

企业为其产品选择、规划、决策品牌名称，品牌标志，并向政府有关部门进行注册登记的全部活动，称之为"品牌化"，注册之后则产生商标。

（二）品牌的作用

1. 品牌对营销者的作用

（1）品牌有助于促进产品销售，树立企业形象（名牌效应）。

（2）品牌有助于保护品牌所有者的合法权益。

（3）品牌有助于约束企业不良行为。

（4）品牌有助于扩大产品组合。

2. 品牌对消费者的作用

（1）品牌有助于消费者认牌购货。

（2）品牌有利于维护消费者利益。

（3）品牌有利于促进产品改良。

品牌的作用，还表现在有利于市场监控、有利于维系市场运行秩序、有利于发展市场经济。

（三）品牌资产

品牌资产是一种超越商品或服务本身利益以外的价值。它通常通过为消费者和企业提供附加利益来体现，并与某一特定的品牌联系在一起。若某种品牌能给消费者提供的超过商品或服务本身以外的附加利益越多，则该品牌对消费者的吸引力越大，因而品牌资产价值越高。如果该品牌的名称或标志发生变更，则附着在该品牌上的资产价值将全部或部分丧失。品牌给企业带来的附加利益最终源自对消费者的吸引力和感召力，即品牌的知名度、认知度、联想度、消费者忠诚度和品牌形象。

1. 特征

品牌资产作为企业财产的重要组成部分，具有以下特征：

（1）无形性　品牌资产与厂房、设备等有形资产不同，它不能使人通过感觉器官直接感受到它的存在与大小。所以品牌资产是一种无形资产。这种无形性，一方面增加了人们对其直接把握的难度，这也是我国部分企业不重视品牌资产的原因。另一方面决定了其所有权获得与转移也与有形资产存在差异。有形资产通过市场交换的方式取得所有权，而品牌资产通过品牌或商标的使用者申请注册，由法定注册机关予以确立。

（2）在利用中增值　就有形资产而言，投资就会增加资产存量，利用则会减少资产存量。但品牌作为一种无形资产，其投资与利用往往交织在一起，品牌资产的利用并不一定会减少品牌资产，而且利用得当，会增加资产。如因品牌扩张，就会提高品牌影响力。

（3）难以准确计量　品牌资产的计量较有形资产的计量相比，难度较大，甚至无法准确计量。其原因是：一方面是由品牌资产构成的特殊性决定的。品牌资产需要通过消费者对品牌的认知度、联想度、忠诚度和品牌本身的品质形象来透视，而这些因素又是相互联系、影响，彼此交错的，难以截然分开；另一方面，反映品牌资产的品牌获利性受多种因素的影响，这也增加了计量的难度。

（4）波动性　由于品牌的知名度、联想度、消费者忠诚度和品牌形象不是一开始就形成的，而是品牌经营者长期经营的结果。如果经营得法，其资产就会上升，否则就会下降。所以品牌资产会随着品牌经营状况而波动。

（5）评价营销绩效的重要指标　由于品牌反映了企业与消费者的关系，所以企业要开展积极的市场营销活动，履行企业对消费者的承诺。所以品牌资产的高低反映了企业市场营销的总体水平，是评价营销绩效的重要指标。

2. 价值

品牌与商标信誉是企业的生命，它不受厂房、设备、商品、人员等有形财富生命周期的限制，有着取之不尽、用之不竭的价值。主要表现：

（1）经济价值　这是由商标的物质属性决定的，即生产商标所投入的一定量的社会劳动，是可以用货币计算的部分。包括：制造商标过程中所花的费用（市场调研费和设计、印刷、原料费及工资等）和取得法律保护过程中所花的费用（注册费、续展费）。

（2）信誉价值　信誉是品牌与商标在市场上的知名度和声望。决定品牌与商标信誉的因素包括：商标所代表商品的质量、商标的使用范围、市场占有率等。信誉价值是企业的无形财富，它是衡量企业经济技术水平的重要标志，是企业竞争能力的象征。由信誉价值产生了最有价值品牌评估。

（3）权利价值　商标的价值与商标专用权密切相关。商标专用权在法律许可的范围内可以转移，这种转移的实质是一种财产交换关系，由此表现出的价值就是权利价值。一般通过投资、使用许可、转让等形式表现出来。

（4）艺术价值　一是具有显著特征和吸引力的商标设计是占领市场的有效工具；同时一个具有较高艺术水平的商标，本身就是一件艺术珍品。

（四）品牌设计要求与命名

1. 品牌设计要求

（1）简洁醒目，易读易懂　使人在短时间内产生印象，易于理解记忆并产生联想。

"美加净""佳洁士"，其品牌易记易理解，被誉为商品品牌的文字佳作。

"M"这个很普通的字母，对其施以不同的艺术加工，就形成表示不同商品的标记或标志：棱角圆润、鲜艳金黄色拱门的"M"是麦当劳的标记，给人以亲切之感,已出现在全世界 73 个国家和地区的数百个城市的闹市区,成为人们喜爱的快餐标志;而棱角分明、双峰突起的"M"是摩托罗拉产品的标志,突出了自己在无线电领域的特殊地位和高科技的形象。

(2) 构思巧妙,暗示属性 品牌应是企业形象的典型概括,反映企业个性和风格,产生信任。

本茨(Benz)作为汽车发明人,以其名字命名的奔驰车,100 多年来赢得了顾客的信任,其品牌一直深入人心。那个构思巧妙、简洁明快、特点突出的圆形的汽车方向盘似的特殊标志,已经成了豪华优质高档汽车的象征。

圣马龙品牌 1968 年创始于意大利,2001 年 5 月进入中国大陆。经过几年的筹备,已经实现产品系列化、市场规模化、生产自动化。圣马龙商标图案是由一个手持利斧的神兽和皇冠组成,它出自一个神话。一支正义的欧洲某国军队遭到敌军伏击,在突围中前面是一座大山难以翻越,后有敌军追兵,在危难关头,一位手持利斧的神兽从天而降,用手中的斧头劈开大山,使正义军队得以通过,又将山推拢,一斧挡万军。它象征着"决不放弃、大道光明"的奋斗勇气。而将此理念上升为"励精图治、终成大器"的服装内涵。

(3) 富蕴内涵,情意浓重 品牌可引起顾客强烈兴趣,诱发美好联想,产生购买动机。

"红豆"是一种植物,是人们常用的镶嵌饰物,是美好情感的象征。同时,"红豆"也是江苏红豆集团的服装品牌和企业名称,其英文是"The seed of love"(爱的种子)。提起它,人们就会想起王维的千古绝句和牵动人的思乡及相思之情。红豆服装正是借助"红豆"这一富蕴中国传统文化内涵、情意浓重的品牌"红"起来的。

(4) 避免雷同,超越时空

①品牌设计的雷同,是实施品牌运营的大忌:品牌运营的最终目标是通过不断提高品牌竞争力,超越竞争对手。如果品牌的设计与竞争对手雷同将永远居于人后,达不到最终超越的目的。在我国,由于企业的品牌意识还比较淡薄,品牌运营的经验还比较少,品牌雷同的现象非常严重。据统计,我国以"熊猫"为品牌名称的有 311 家,"海燕"和"天鹅"两个品牌分别由 193 家和 175 家同时使用。除重名以外,还有品名极其相似的品牌。

②超越空间的限制——指品牌要超越地理文化边界的限制:由于世界各国的历史文化传统、语言文字、风俗习惯、价值观念和审美情趣不同,对于一个品牌的认知、联想必然会有很大差异。若将"Sprite"直译成"妖精",又有多少中国人乐于认购呢?而译成符合中国文化特征的"雪碧",就比较准确地揭示了品牌标定产品的"凉、爽"等属性。再如:"白象"直译成英语为"累赘";"芳芳"直译为"毒牙";"紫罗兰"直译为"同性恋"。

美国通用汽车公司,曾因其一个叫"诺瓦"(Nova)的品牌在西班牙语中含有

"不走"或"走不动"的意思而在西班牙语系的国家销售受阻,后改为拉美人比较喜欢的"加勒比",结果很快打开市场。

在营销实践中,许多企业不惜重金设计品牌。美国埃克森(EXXON)公司为了给自己的产品创出一个能够通行于世界,为全世界消费者所接受的名称及标志,曾动用了心理学、社会学、语言学、统计学等各方面的专家,历时6年,耗资1.2亿美元,先后调查了55个国家和地区的风俗习惯,对约1万个预选方案几经筛选,最后定名为EXXON,堪称是世界上最昂贵的品牌设计。1998年,EXXON与美孚的合并成为历史上最大的一宗工业收购案和最大的商业合并案,EXXON市值约1760亿美元,美孚市值为600亿美元,二者合一总市值为世界之最。

2. 品牌命名主要方法

(1)效用命名 以产品的主要性能和效用命名,使消费者迅速理解商品功效,便于联想和记忆(如感冒清、胃必治、太太口服液等)。

(2)产地命名 用商品的产地命名,可反映商品传统特色和优越性能(如茅台、鄂尔多斯等)。

(3)人物命名 以历史人物、传奇人物、制造者以及对产品有特殊偏好的名人姓名命名,衬托和说明产品品质,提高产品身价(如麦当劳、李宁、奔驰、吉列等)。

(4)制法命名 多用于具有独特制造工艺或有纪念意义的研制过程的商品,表示制作精良以提高产品威望(如北京烤鸭、北京二锅头、傣家干烧牛肉等)。

(5)好兆命名 以吉利的词句、良好的祝愿命名,既暗示商品优良性能,又迎合消费者美好愿望(如登喜路、草原兴发、红双喜等)。

(6)译名命名 指国外进口商品的商标译名,以及模仿国外商标译名而制作的中文品牌。有音译、意译和音意兼顾三种。

①音译:纯粹音译的品牌有限(如SONY—索尼、Olympus—奥林巴斯、Lux—力士等)。

②意译:意译的外国商标较少(如Crown—皇冠、Gold Queen—金皇后等)。

③音意兼顾:品牌译名中最为常见(如Pepsi-Cola—百事可乐、Montaqut—梦特娇等)。

(7)夸张命名 用艺术夸张的词句命名,以显示商品的独特功效(如永久、飞鸽)。

(8)企业命名 可直接说明商品的来源,有利于借助企业声誉推出新产品(如伊利、蒙牛等)。

(9)形象命名 用动物形象或抽象图案为商品命名,以增强感染力(如雪花、天鹅等)。

(10)数字命名 用阿拉伯数字命名,有两种情况:

①数字本身无任何含义,只是简单易记、活泼(如555、999等)。

②数字的谐音暗含一定的意义(如3388、888、520等)。

(五)品牌策略

1. 品牌建立决策

有关品牌的第一个决策就是决定是否给产品加上一个品牌。一般来说,使用品牌具有积极的作用,既有对营销者的作用,也有对消费者和市场的作用。

品牌所起的作用在商品经济高度发达的今天体现得十分突出,一切产品几乎都有品牌。一方面,越来越多传统上不用品牌的商品纷纷品牌化(如草原兴发肉鸡);另一方面,品牌也成为一种无形资产。品牌是产品质量的反映,是企业信誉的标志,它可以去收购、兼并别人的有形资产,从而扩大自己。世界一流企业无不是以品牌打天下,美国的可口可乐、德国的奔驰、日本的丰田等。海尔品牌价值在2001年底为430亿,他先后兼并了18家企业,盘活了15亿资产。2001年第二期美国《家电》杂志对全球前十位家电制造商进行了排名,中国海尔集团名列第9位,排在第1位的是美国惠尔浦公司。海尔在海内外营业额突破400亿元,在全球建立了7个工业园区、46个工厂、18个设计中心,产品销往160多个国家和地区,搭建了一座国际化海尔的框架。目前,海尔已成为中国最有价值品牌的第一位。

2. 品牌归属决策

品牌归属决策是指使用哪家品牌。

(1)使用制造商品牌　制造商具有良好市场信誉,拥有较大市场份额,则使用制造商品牌。

制造商所拥有的注册商标是一种工业产权,它的价值由商标信誉的大小所决定。享有盛誉的著名商标常可租界给别人使用,而收取一定的特许权使用费。如具有良好声誉的永久牌自行车商标已在全国若干家自行车的产品上使用,从此使产品销量大增。

(2)使用中间商品牌　中间商在某一市场领域拥有良好品牌信誉及庞大完善的销售系统,那些新进入市场的中小企业往往借助于中间商商标。

西方国家已有越来越多的中间商使用自己的品牌。美国著名的大零售商西尔斯公司已有90%以上的产品使用自己的品牌。

(3)制造商品牌与中间商品牌混合使用

①制造商在部分产品上使用自己的品牌;另一部分以批量卖给中间商,使用中间商品牌,以求既扩大销路又能保持本企业品牌特色。

②为进入新市场,可先采用中间商品牌,取得一定市场地位后改用制造商品牌。

日本索尼公司的电视机初次进入美国市场时,在美国最大的零售商店西尔斯(S·R)出售,用的是S·R品牌。以后索尼公司发现其产品很受美国人的欢迎,就改用自己的品牌出售了。

③制造商品牌与销售商品牌同时使用，兼收两种品牌单独使用的优点。

许多大型零售商店，如上海中百一店、北京王府井百货大楼均出售数以万计的商品，有不少商品同时使用两种品牌。商品上除了使用制造商品牌外，还标明上海中百一店或北京王府井百货公司监制或经销。这种混合品牌策略对产品进入国外市场也很有帮助。

3. 品牌质量决策

（1）决定品牌的最初质量水平——低质量、一般质量、中上质量、高质量。

①每一种质量水平都有其市场，都有与之相适应的顾客。

②决定品牌最初质量水平应该和选择目标市场及产品定位结合进行。

欧米茄手表的历史源远流长，它决定品牌的最初质量就是高质量，力求造型高雅、性能精确，在制表业独占鳌头。它今天的口号仍是"超凡绝伦的制表技艺，一百五十年始终不渝"。

（2）管理品牌质量——有三种可供选择的策略

①提高品牌质量：在研究开发上不断投入资金、改进产品质量，以取得最高的投资收益率和市场占有率（如宝洁公司）。

②保持品牌质量：将品牌质量保持原状不做改变。因为品牌的最初质量水平经历了时间的变化，仍然适合目前的及可预测的未来市场的情况。

③逐渐降低品牌质量：a. 产品价格下跌或原材料价格上涨，改用廉价材料替代降低质量；b. 为多得利润，偷工减料、掺假等降低质量；c. 产品进入衰退期，淘汰已成定局可采取降低质量策略。a. b. 两种做法败坏品牌声誉，损害其长期盈利的能力，而 c. 则可采用。

4. 品牌统分决策

制造商决定使用自己的品牌，但各产品分别使用不同的品牌还是使用一个统一的品牌或几个品牌，可供选择的策略有：

（1）个别品牌　企业各种不同的产品分别使用不同的品牌。

优点：①有利于企业扩充高、中、低档各类产品，以适应市场不同需求。②产品各自发展，在市场竞争中加大了安全感。

宝洁公司生产的各种日化产品，分别使用汰渍、奥妙、碧浪等不同品牌；并创造了飘柔、海飞丝、潘婷、沙宣、润妍等不同洗发水品牌。从 1988 年进入中国以来，宝洁实在是一个难以企及的神话，足以使人们对宝洁的行为——品牌塑造模式与市场推广模式产生崇拜。

（2）统一品牌　企业所有产品统一使用一个品牌，也称为整体的家族品牌。

优点：①节省品牌设计和广告费用。②有利于为新产品打开销路。

我国上海益民食品公司的所有产品都是"光明牌"；美国通用电气公司的所有产品都统一使用"GE"这个品牌名称。

(3) 分类品牌

①各产品线分别使用不同品牌，避免发生混淆。

西尔斯公司所经营的器具类产品、妇女服装类产品、主要家庭设备类产品分别使用不同的品牌名称；美国斯维夫特公司同时生产火腿和化肥两种截然不同的产品，分别使用普利姆和肥高洛的品牌名称。

②生产或销售同类型的产品，但质量水平有差异也使用不同品牌以便于识别。

内蒙古河套酒业公司生产的白酒，一等品的品牌名称是河套王，以下依次是：河套老窖、河套人家等300多个名称。

(4) 企业名称加个别品牌　这是统一品牌与个别品牌同时并行的一种方式。

优点：在产品的品牌名称前冠以企业名称，可使产品正统化，既享有企业已有的信誉，又可使产品各具特色。

美国通用汽车公司（GM）所生产的各种小轿车分别使用不同的品牌：凯迪拉克、土星、欧宝、别克、奥斯莫比、潘蒂克、雪佛莱等，每个品牌上都另加"GM"两个字母，以表示通用汽车公司的产品。

5. 品牌延伸决策

品牌延伸决策指企业利用其成功品牌的声誉来推出改良产品或新产品的策略。

营销实践告诉我们，在中国品牌延伸有其顽强的生命力，是企业发展的加速器。因为即使在竞争中处于重量级的美国等发达国家市场，品牌延伸还是十分盛行并取得了很大成功。有人比喻：在西方国家，品牌延伸就像当年成吉思汗横扫欧亚大陆一样，席卷了整个广告和营销界。过去十年来，十分成功的品牌有2/3属于延伸品牌，而不是新品牌。

6. 品牌重新定位决策

随着时间的推移，品牌在市场上的位置会有所改变，如果出现下列情况，就有必要对品牌进行重新定位。

①竞争者的品牌定位接近本企业的品牌，夺走了一部分市场，使本企业品牌的市场占有率下降；②消费者的偏好发生变化，具有某种新偏好的顾客群已经形成，企业面临有巨大吸引力的良好经营机会。

品牌重新定位，确定新的市场位置主要考虑两个因素：

(1) 品牌转移到新市场位置所需要的费用，改变产品质量、包装、广告等。

(2) 品牌在新位置上所能得到的收入，影响因素如下所述。

①市场范围的大小：有多少消费者？

②平均购买频率：购买频率越高，销售量越大。

③竞争者的数目及其实力：直接影响本企业品牌的市场占有率。

④其他品牌价格水平对本企业品牌定价的约束。

"日本制造"的标志一向为人们心目中可信赖的、微型的、精致的高科技产品形象。"日本制造"的三菱、东芝、索尼、松下等都成为世界最知名、最富信誉的品牌之一。但1999年以来，日本公司的产品接连发生产品质量问题，闹的沸沸扬扬的东芝笔记本电脑事件为日本货敲响了第一声警钟；日本三菱集团下属的汽车、电机、重工也接连发生质量问题，使三菱品牌陷入困境；接着，日本食品业因雪印、森永等牛奶事件也颇不平静。层出不穷的问题使"日本制造"在用户心目中的形象一落千丈，日本品牌已陷入严重的信任危机。英国人大喊："日本制造不灵了"。因此，日本名牌产品的重新定位已迫在眉睫。

7. 品牌防御决策

商标是企业的无形资产，驰名商标更是企业的巨大财富。因此企业在品牌与商标经营过程中，要及时注册，防止被他人抢注，还要杜绝"近似商标注册"的事件的发生。而防止近似商标注册的有效方法就是主动进行防御性注册，实施商标防御性策略。

（1）在相同或类似的产品上注册或使用一系列互为关联的商标（联合商标），以保护正在使用的商标或备用商标。

（2）将同一商标在若干不同种类的产品或行业注册，以防止他人将自己的商标运用到不同种类的产品或不同的行业上（防御性商标）。

8. 国际互联网中的域名与企业商标

域名是互联网的单位名称。它能给人传达很重要的信息，如单位属性和业务特征等。域名具有三重属性：

（1）商标属性——许多企业都把知名商标注册成域名。

麦当劳的商标"巨无霸"就注册成了域名。它具有一定的含义，像商标一样，用得久了人们对它就有特殊的感觉。一般人们所知道的驰名商标，几乎在国际上它本身就是域名。

（2）永久地址属性。

（3）企业正式名称属性。

二、包装策略

（一）包装的含义、种类与作用

1. 包装的含义

包装是指对某一品牌商品设计并制作容器或包扎物的一系列活动。其构成要素：

（1）商标、品牌　商标、品牌是包装中最主要的构成要素，应占据突出位置。

（2）形状　形状是包装中必不可少的组合要素，有利于储运、陈列及销售。

（3）色彩　色彩是包装中最具刺激销售作用的构成要素，对顾客有强烈的感召力。

（4）图案　图案在包装中，其作用如同广告中的画面。

(5) 材料　包装材料的选择，影响包装成本，也影响市场竞争力。

(6) 标签　标签含有大量商品信息：印有包装内容和产品所含主要成分、品牌标志、产品质量等级、生产厂家、生产日期、有效期和使用方法等。

2. 包装的种类

(1) 运输包装（外包装或大包装）　主要用于保护产品品质安全和数量完整。

(2) 销售包装（内包装或小包装）　实际上是零售包装，不仅要保护商品，更重要的是要美化和宣传商品，便于陈列，吸引顾客，方便消费者认识、选购、携带和使用。

3. 包装的作用

(1) 保护商品　保证产品从出厂到消费整个过程中不致损坏、散失、溢出或变质。不仅要保护产品本身，还要注意环境安全保护。

(2) 促进销售　包装具有识别和推销功能。美观大方、漂亮得体的包装不仅能够吸引顾客，而且能够刺激消费者的购买欲望。

据美国杜邦公司研究发现，63%的消费者是根据商品包装做出购买决策，因此说，包装是"沉默的推销员"。

(3) 增加盈利　优良、美观的包装往往可抬高商品的身价，使顾客原意付出较高的价格购买。

苏州生产的檀香扇，在香港市场上原价是65元一把，后来改用成本是5元的锦盒包装，售价达165元一把，结果销量还大幅度提高。

(4) 便于储运　包装便于商品装卸，节约运力，加速流转，保护质量。

（二）包装的要求与设计原则

1. 包装的要求

在市场营销中，为适应竞争的需要，包装要考虑不同对象的要求。

(1) 消费者的要求　由于社会文化环境不同，不同的国家和地区对产品的包装要求不同。因此，包装的颜色、图案、形状、大小、语言等要考虑不同国家、地区、民族等的消费者的习惯和要求。

(2) 运输商的要求　运输商考虑的主要因素是商品能否以最少的成本安全到达目的地。所以要求包装必须便于装卸、结实、安全，不至于在到达目的地前就损坏。

(3) 分销商的要求　分销商不仅要求外包装便于装卸、结实、防盗，而且内包装的设计要合理、美观，能有效利用货架，容易拿放，同时能吸引顾客。

(4) 政府要求　随着人们绿色环保意识的加强，要求企业包装材料的选择要符合政府的环保标准，节约资源，减少污染，禁止使用有害包装材料，实施绿色包装战略。同时要求标签符合政府的有关法律和规定。

2. 包装的设计原则

(1) 安全。

(2) 适于运输,便于保管与陈列,便于携带和使用。
(3) 美观大方,突出特色。
(4) 与商品价值和质量水平相匹配。
(5) 尊重消费者的宗教信仰和风俗习惯。
(6) 符合法律规定,兼顾社会利益。

(三) 包装策略

1. 类似包装策略

类似包装策略指企业生产的各种产品,在包装上采用相同的图案、相近的颜色,体现出共同的特点,也叫产品线包装。

①节约设计和印刷成本;②易树立企业形象,提高企业声誉及新产品推销;③某一产品质量下降会影响到类似包装的其他产品的销路。

2. 等级包装策略

(1) 不同质量等级的产品分别使用不同包装,表里一致:高档品优质包装,普通品一般包装。

(2) 同一商品采用不同等级包装,以适应不同购买力水平或不同顾客的购买心理。

3. 异类包装策略

异类包装策略指企业各种产品都有自己独特的包装,设计上采用不同风格、不同色调、不同材料。

①不至于因某一种商品营销失败而影响其他商品的市场声誉。②增加了包装设计费用,新产品进入市场时需更多的销售推广费用。

4. 配套包装策略

配套包装策略指企业将几种相关的商品组合配套包装在同一包装物内。

①方便消费者购买、携带与使用;

②利于带动多种产品销售及新产品进入市场。

5. 再使用包装策略

再使用包装策略指包装物内商品用完之后,包装物本身还可用作其他用途。通过给消费者额外的利益而扩大销售,同时包装物再使用可起到延伸宣传的作用。但这种刺激只能收到短期效果。

6. 附赠品包装策略

附赠品包装策略指在包装物内附有赠品以诱发消费者重复购买,是一种有效的营业推广方式。

7. 更新包装策略

更新包装策略指企业的包装策略随市场需求的变化而改变的做法。可以改变商品在消费者心目中的地位,进而收到迅速恢复企业声誉之佳效。

【学以致用】

■ 实践目标

体会品牌和包装在产品策略中的重要地位，够灵活运用所学知识，根据企业实际情况制定合理的品牌和包装。

■ 案例描述

20世纪80年代初，内地的一些商人将一种粉末用品以大包装卖给沿海人，沿海人将大袋改装成10袋装，总价值提高了3倍；而后卖给香港人，香港人又把1袋装了10盒，又提高了3倍的价值卖给日本人；日本商人以精美的小瓶子装，一盒装了10瓶，又提高了6倍的价值。

我们想想，如果当初就用小瓶子装呢？

■ 思考与练习

1. 如何认知品牌？品牌与商标有何区别？
2. 为什么说21世纪市场的竞争是品牌的竞争？
3. 举例说明包装带来的利润。
4. 结合我国品牌营销实践，谈谈如何进行品牌延伸？

任务三

新产品开发策略

■ 任务目标

1. 掌握新产品的基本概念。
2. 掌握开发新产品的原因、新产品开发的过程。

【核心理论】

一、新产品的概念

新产品指产品整体概念中任何一部分的创新、变革或改变的产品。从市场的角度看：新产品是市场上第一次出现的产品。从企业的角度看：新产品是企业中第一次生产的产品。

二、新产品的种类

1. 新发明的产品（全新产品）

新发明的产品是指企业采用新原理、新结构、新技术、新材料制成的前所未有的产品，即依靠科学技术的进步，为满足一种新需求而发明的产品。例如：打字机、电话、飞机等。这类新产品的使用往往会改变用户或消费者的生产方式或生活方式。这类新产品第一次进入市场时，使用者都有一个接受和普及的过程。

2. 换代新产品（部分新产品）

换代新产品指在原有产品的基础上，部分采用新技术新材料制成，并在产品性能等方面有显著提高的产品。也就是利用科学技术的成就，对现有产品进行较大的革新。例如：缝纫机革新为电动缝纫机，黑白电视机革新为彩色电视机。这类新产品进入市场以后，使用者往往也有一个接受和普及的过程，但这个过程比较短一些，容易一些。

3. 改进新产品（改良现有产品）

这种新产品不是由于科学技术的进步导致产品的重大革新的，指对现有产品的品质、特点、结构、款式或包装作一定的改变的产品。例如：两面针牙膏、人参酒、带过滤嘴香烟，不同型号的自行车、新款式的服装等。这类新产品与原有产品的差别不大，进入市场后，比较容易为使用者接受，但竞争者也易于模仿，因此竞争比较激烈。

4. 本企业新产品（新牌子产品、仿制新产品）

本企业新产品指对现有产品只做很小的改变，突出产品某一方面特点，就可以使其成为新产品，或者对市场上已有的某种畅销产品进行仿制，只是标出新牌子的产品。例如：市场上出现的新牌子的香烟、啤酒、化妆品、电风扇、洗衣机、电冰箱等。这类新产品进入市场后，只有具有某一特色，便很容易被使用者接受和普及，但这类新产品的竞争更加激烈。

三、开发新产品的意义

发展新产品是制定最佳产品策略的重要途径之一。管理学家认为，"任何企业只有两个——仅仅两个——基本功能，就是贯彻市场观念和创新"。创新产品是市场观点的核心思想，即满足顾客不断变化的需求的体现。

1. 开发新产品对企业的意义

（1）开发新产品是企业生存发展的需要。

（2）开发新产品是满足不断变化的消费需求的保证。

(3) 开发新产品是科学进步的要求。
(4) 开发新产品是企业增强市场竞争力的重要手段。
2. 现代企业重视产品创新的原因
(1) 顾客的满足是相对的。
(2) 市场只要有未被满足的需求，企业就存在创新新产品获得盈利的机会。
(3) 创新产品可以减少企业风险。
(4) 创新产品可能有效地利用副产品。
(5) 我国现有企业的出路在于创新。
总之，创新产品是企业具有活力的重要标志。

四、新产品开发

1. 开发新产品的基本要求
(1) 要有充分的需求（最基本） 立足适销，才能在市场营销中取得主动。
(2) 突出创新，产品要有特色 着重产品新的特色、新性能和新用途。
(3) 企业要有能力 应当能够发挥企业的优势。
(4) 要有经济效益 要进行可行性分析和成本效益分析，力争取得预期利润。
2. 新产品开发的形式
(1) 企业独立研制 一般来说，资金和科研力量比较雄厚的企业，适宜采用这种形式。
(2) 实行技术引进 这是许多企业通常采用的一种开发新产品的形式。
(3) 独立研制与技术引进结合 目前国内外企业开发新产品采用较多的一种形式。
3. 新产品开发程序
新产品开发过程由八个阶段构成，即寻求创意、甄别创意、形成产品概念、制定营销策略、营业分析、产品开发、市场试销、批量上市。新产品开发始于构思，构思的来源主要有消费者、科技情报、竞争产品、企业的业务人员和经销商。而将试制的产品拿到市场上去试销是对产品进行的最有效、最可信赖的检验。如图6-3所示。

五、新产品推广

（一）选择新产品推广的时机

总的来说，企业进行新产品推广的时机主要有两个。
1. 从产品生命周期出发
从产品的周期来说，企业应在产品的增长期开始储备新品，增长期的后期导

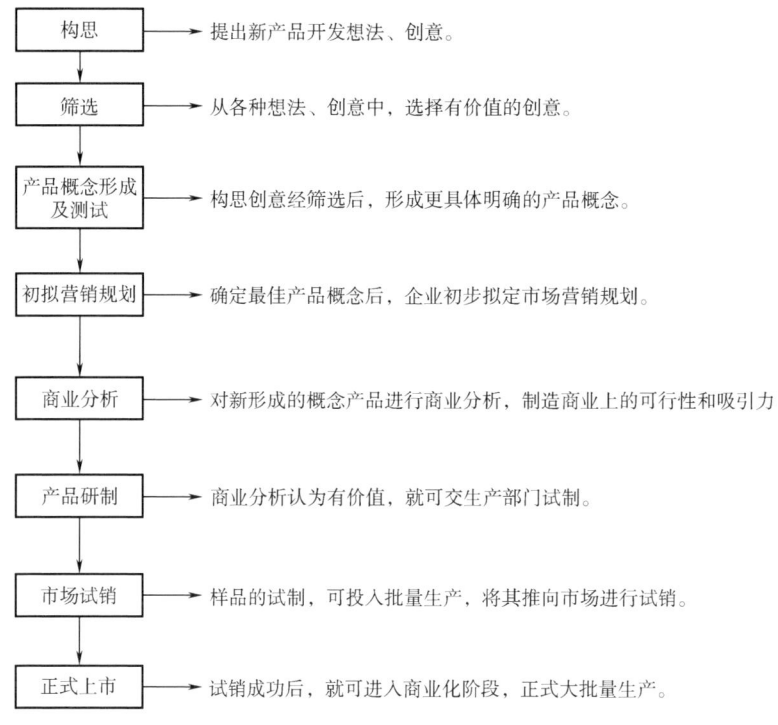

图6-3 新产品开发程序

入新产品。这样,产品进入成熟期后就不会有太大压力,更加容易延长其生命周期。

2. 从淡旺季出发

很多产品都有淡旺季。对于新品来说,其切入市场的时机应在淡季。

新品在淡季切入市场的好处有两个:

第一,消费者对铺货和拉动有一个接受的过程,过程结束正好进入旺季,产品就能快速地进入增长期。

第二,淡季的竞争不会太激烈,而到了旺季,很多厂家都会抢终端、做促销、导购、跟进、广告轰炸,竞争非常激烈,如果在此时导入新品会面临很多问题。

【案例链接】

娃哈哈新品推广的失败经验

娃哈哈第一年推广茶饮料是在8月。8月正好是饮料的旺季,产品的铺货很容易,很快就铺进车站码头等消费旺点。旺点对利润追求比较高,发现娃哈哈茶饮料比很多近品更能赚钱,于是全力推广。

然而,尽管产品在一些消费旺点周转很快,但实际上,消费者并没有被普遍拉动。很快，进入淡季，经销商发现娃哈哈饮料立即就销不动了。直到第二年的4月，前一年的发货才被消化完毕。这给娃哈哈茶饮料的推广带来了很大的问题。

由上面案例可知，新产品如果在旺季推广，就会缺少消费者拉动，后期会出现很多问题，给产品生命周期造成伤害。

（二）减少推广的风险

推广期，经销商的进货量和销售速度之间容易存在矛盾。如果不能将进货快速下分，就可能进入三四个月的滞销阶段，导致产品推广失败。很多产品推广失败，并不是因为产品不好，而是因为推广方法有问题。

要减少经销商的风险，就要尽快消化经销商的库存。如果有分销商，就去做分销商的推广；如果没有分销商，就开订货会；如果既无法开订货会也没有分销商，就应该组织大量铺货，铺到终端，让有购买欲望的消费者能快速买到产品。

（三）选择推广方式

很多企业不只生产一个产品，在推出第二个产品时，往往会沿着第一个产品的推广方式去推广，这一推广方式主要包括两种：一是伴随推广；二是寄生性推广。而事实上，如果一个产品寄生于另外一个产品，推广成功率会非常低。

【案例链接】

可口可乐

可口可乐的渠道非常强大，在中国终端控制也非常强。为干扰娃哈哈、乐百氏、农夫山泉的市场份额，可口可乐曾推出一款叫水森活的瓶装水，并采用寄生的推广方式，即所有终端购进10箱可乐就可免费得到5箱水。

这种不定价的白送让很多终端不知如何给"水森活"定价。当时娃哈哈、农夫山泉市场价格为1.5元，一些小店给"水森活"的定价是0.7元。0.7元的价格让经销商、二批商、终端都没有太大利差，10年过去了，"水森活"并没有推广起来，而且可口可乐通过可乐赚到的大量利润都让其吞噬了。最终可口可乐非但没有让娃哈哈、农夫山泉的瓶装水走向灭亡，反而给自己带来了很大的麻烦。

后来，可口可乐重新成立公司推广"冰露"，彻底摆脱了寄生性推广的方式，冰露市场开始逐步扩大。

在上面案例中，寄生产品在可口可乐这样大的公司都难以推广成功，小的企业就更无法成功了。所以在推广新产品的过程中，一定不能采用寄生的方式。

企业可以随着老品的发货政策，向渠道借力，但一定要单独定价、单独操作。寄生于老产品，不仅会影响老产品的生存空间，而且产品推广的成功率也会非常低。

六、 确定新产品的定价及渠道选择

1. 零售业态的变化

中国的零售业态越来越多。随着市场的发展,零售业态的变化会导致渠道的多样化。

以前饮料的销售主力是食杂店,后来逐渐依次出现了便利店、超市、卖场,接着出现了仓储式的会员中心,如沃尔玛的山姆店、麦德龙等。

仓储式的会员中心与卖场、超市的销售方法不一样。超市销售产品往往是单瓶单件地卖,而仓储式的会员中心出售的是连包的商品,比如饮料可能是3瓶或者5瓶一个连包。

随着人们需求的变化,百货商场应运而生,随后又出现了专卖店、专业店,如4S店、李宁店、国美、苏宁等。

购物中心作为一种更新的业态,发展非常快。一般说,购物中心的面积在10万平方米以上,里面有购物专卖店、电影院、游泳池、溜冰场、餐饮等,提供一站式的购物。

折扣店是一种另类的终端模式。奥特莱斯是最典型的折扣店,而1元店、10元店是规模更小的折扣店,是折扣店在发展过程中演变出来的。

厂家的直销中心也是一种零售业态。直销方式虽然通路最短,但运营成本高、效率低,因此不建议对消费品做直销。

前两年邮购比较流行,随着电商的发展,邮购这种零售业态已经在萎缩。

闪购是比网店更方便的一种购物方式,发展速度很快。所谓闪购,就是在流动中购物,比如在地铁站看到某个商品的广告,只要用智能手机扫描商品条码就可完成购物,比较符合现在的社会发展潮流。

自动售货亭已经在很多大城市普及,其最大的优点是不用售货员,省下了人工的费用。

团购,按照传统不应该列为零售的一种方式。但如果是政府采购、集团消费,那么针对大型企业来说,也是一种终端。

2. 终端的定价

零售业态不管怎样变,都是终端。终端的多样化决定了价格的多样化。

要合理制定价格,就要对终端进行渠道结构的分类。

厂家通过经销商到二批商再到终端,是三级结构。经销商直接做餐饮、做卖场等,是二级结构。厂家直接开专营店是一级结构。

通路的结构层次不一样,给经销商、二批商、零售终端的供货价格就必须不一样。一般来说,给超市、卖场的供货价格不能比二批商的价格低;给网店、旗舰店的供货价格不能比经销商的价格低;给零售终端的供货价格可在区域范围里调控,但不能超过上一级的价格。

3. 渠道的选择

渠道的选择是指企业根据企业的战略目标,选择适合企业需求和目标的渠道模式。确定中间商的数目,即决定营销渠道的宽窄,主要取决于产品本身的特点、市场容量的大小和需求面的宽窄。有三种策略可供选用:一是密集性分销,即制造商通过尽可能多的批发商、零售商推销其产品。二是选择性分销,即制造商从所有愿意经销其产品的中间商中精心挑选几个最合适的中间商推销其产品。三是独家分销,即在某一地区仅选择一家最合适的中间商专门推销其产品。影响营销渠道类型选择的因素包括:产品的特点;企业特点;用户特点;中间商特点;市场表现;竞争对手情况和外部环境影响等。渠道选择必须坚持目标差异化原则、利益性原则和弹性原则(延伸学习可参考项目八:食品营销渠道)。

【案例链接】

家电行业报表亏损的原因

在我国,现在家电行业的销售通路在一、二线市场非常单一,不是国美就是苏宁。国美和苏宁连锁发展让很多企业认为其销售能力非常强。海尔率先将自己与国美绑定,所有的销售通路都押在了国美,而国美不会只卖海尔,还要卖格力、美的等很多品牌,因此形成巨大的通路矛盾。

海尔带头后,很多家电企业将很多经销商砍掉,把自己的一、二线市场的销售都交给国美,造成现在很多生产厂家报表亏损。

同为家电行业的格力却完全没有走海尔这条路。格力带领三、四线市场的经销商走传统通路。由于其受的盘剥最小,格力在中国虽然销售不是第一,但利润已连续几年排名第一位。

而据调查,国美和苏宁每年都以超过百分之四五十的速度增长,很大原因是其盘剥了很多家电企业的利润。

从案例可以看出,企业要健康发展就不能将销售交给唯一通路。

【案例链接】

农夫山泉与娃哈哈

农夫山泉在产品的渠道推广上,几乎舍掉了其他通路,将所有精力都放在了卖场。因此,在全国卖场,农夫山泉一直是饮料行业中做得最好的一个品牌,然而尽管如此,现在农夫山泉的销量也只有30多亿。

娃哈哈由于善于兼顾各种通路,其在卖场里的销量虽然只占到全部销量的10%至15%,但在中国零售终端占据了很重要的地位,销量达700多亿。

农夫山泉因为只关注一个通路,放弃了其他通路,销量一直不太理想;娃哈哈由于兼顾了多个通道,尽管在卖场上远远做的不如农夫山泉,但是依然取得了高销量。可见,企业要想发展,各种通路都应当兼顾。

零售终端是中国快速消费品的主流通路,企业放弃主流通路是不明智的。当企业面临着很多通路时,就要兼顾各种通路。在这一点上,王老吉做得非常优秀,对每个通路都选择了相应的经销商,对每个经销商都制定了相应的价格策略。事实上,如果企业对每一级的供货进行了合理的定价,那么所有渠道都是可以操作的。

七、 做好推广前的动员与预热

众所周知,时装企业推广春季新品前都要开春季时装发布会,发布会的时间通常不是在春天而是在冬天,这其实就是为了引导春天消费潮流,提前做一个预热。

服装企业预热是非常重要的,生产、定款、经销商的订货会都需要提前一个季节去做。很多企业会在这时候对春天款式做出预测,甚至生产和排产款式都会在这上面压榜,如果没有预热就会很混乱,形不成潮流。

推广其他新品同样需要预热。如果产品的铺货率为100%,而消费者却并不知道此产品,那么,产品的推广还是注定要失败。因此,新产品推广成功与否与预热有很大的关系。需注意的是,在所有的预热活动中,除了广告,地面的预热活动也非常重要。

概括来说,预热活动的内容应包括以下几点:

第一,将产品的形象、品牌、功能等信息传达给消费者。

第二,卖点的宣传一定要交代。

第三,给出产品的定价。消费者对于新品的价格没有概念,因此给产品一个合理的定价很关键。

八、 做好渠道衔接与把控

1. 选择销售渠道

在中国,各种零售业态的终端总共有 1600 万个。如何对这 1600 万个终端里进行选择,使销售的效率在最短时间内最大化,就需要权衡。要使销售的效率最大化,就要充分考虑渠道的长度和宽度。

很多企业在销售过程中过度依赖商超渠道或专卖店渠道,将销售渠道扁平化为直销渠道。其实直销渠道存在着很多的问题。建立客户直销,平台管理的难度会非常大,大到很多企业无法承受,使销售效率下降。因此,做消费品的销售,适合采用传统渠道。

2. 建立分销结构

在推广的初期，一个经销商要投多少个分销商，怎样建立稳定的分销商结构，都是需要考虑的问题。在建立分销结构的过程中，可以首先用订货会的方式吸引批发商，然后进行铺货。

铺货很重要。如果没有一定的铺货率，产品就很难到达消费者手中。铺货率对快速消费品行业尤为重要。快速消费品替代性非常强，如果没有一定的铺货率，很多销售机会就会丧失。

3. 把握渠道促销原则

现在一些企业在做拉动消费者时进入了误区。有一些促销方法是很好，但不可反复使用，没有百试不爽的促销办法，调整促销策略至关重要。

所谓渠道促销原则，是在做渠道促销时让渠道发力，用最小的代价换回最大的市场份额。在渠道促销过程中，促销的比例应非常低，只有用最小的代价换来最大的渠道扩容，才能够改变市场占有率。

值得注意的是，促销会造成价格的衰减，如果销量没有增长，就会影响产品的生命周期。因此在促销过程中，一定要用最小的代价换出渠道空间。

4. 设定订货会目标

订货会必须设定目标，明确使用力度和目标销量。如果没有达到目标，那么一定要找出原因。如果每次开订货会都没有效果，而且价格一直走低，那么推广就可能会面临危机。

九、 进行产品铺市

1. 铺货率对销量的影响

产品在上市初期，销量会随着铺市率的上升而上升。因此，在产品推广过程中，达到很高的铺市率，才能对产品的销售起到很好的拉动作用。

【案例链接】

微软和 iPhone 的两种不同境况

中国人大多数都在使用微软软件，但很少有人使用正版的微软软件。原来，在中国和印度，破解软件不是一件困难的事情，一款软件出来三个月就可能被解码。当一个著名品牌有很大的市场需求，但铺货率不够高，就会有替代的产品进入市场。

而与之相对的，在中国，想买正版 iPhone 的手机，很容易就能找到购买渠道。因此，尽管现在市场上有很多智能手机，价格比 iPhone 便宜很多，但消费者更愿意花更多的钱买正版的 iPhone。

上面案例中，尽管微软软件有着很响的品牌，市场需求也大，但由于微软的铺货率不高，结果造成被其他的替代品占领市场。而 iPhone 在铺货这方面做得很到位，最后实现了销售的成功。可见，影响品牌销量的不是消费者的知识产品意识，而是产品的铺货率。

苹果在美国一直做直销，而且非常成功的。进入中国后，考虑到中国市场太大、门店太多、管理分散，苹果公司调整了策略，通过经销商，进行再分销。摩托罗拉、诺基亚等正版手机在数码城是买不到的，必须从手机店、运营商那里买到。而苹果选择了很多经销商，将数码城里的很多小店都作为分销店，使渠道多样化。现在，在任何一家手机店、运营商、数码城小店基本都能看得到苹果的产品。苹果的高铺货率让其在中国市场拥有惊人的销量。

2. 高铺货率的技巧

要让产品在推广期达到高铺货率，需要技巧。

有些经销商不想将销售的蛋糕切给别人，因此不建分销商，铺市后发现，有些店卖得快，有些店卖得慢。作为新产品，很多终端不可能补给太多，而且运输成本很高，经销商不会为补一箱货从地级市去县里跑一圈，这导致那些卖得动甚至卖得好的地方经常断货。

如果将分销商建到县里，就可以避免这些问题。因此，经销商发动二批商铺市，效率是最高的。

3. 网店的物流方式

网络营销通路最短，但物流制约着网店的发展。

一般来说，一箱价值为二十块元的饮料，通过网店投送到一个地方，运费在 10 元左右，可见，物流费用是网店发展的最大制约因素。

现在，所有网店都采用第三方物流的物流方式。

第三方物流有很多缺点：

第一，服务存在问题。消费者收到产品签字后，物流公司就和整个服务脱离关系。

第二，不专业。很多消费者对产品的性能并不了解，但物流公司不能给出解释。

为了减少物流成本，很多企业在各地建立仓储，但问题并没有得到根本的解决。京东商城就是典型的案例。

【案例链接】

京东商城

京东商城为了辐射到各个区域，在广州、北京、上海、成都、武汉建立大仓。

然而仓储费用很高，而且大仓只是将地区与地区之间的运输距离缩短，并没有从根本上解决问题，物流成本并没有降低很多，相应的管理成本却上升了上很多。

从社会发展趋势看，以后的电商一定是第二方物流，而不是第三方物流。

【案例链接】

康师傅

现在，康师傅在全国的经销商、二批商已经覆盖到乡镇。事实上，如果某天康师傅想将网络销售变成主销渠道，那么它的经销商、二批商、终端门店都可以变成物流单位。这种配送，效率会很高，费用会很低。

按照现在的第三方物流，价值不高的大宗商品是无法在网上销售的，必须由经销商、二批商、终端配送。今后的电商物流方向一定是经销商物流、二批商物流，也就是第二方物流。

第二方物流有很多优点，主要体现：

①就地配送，速度快。

②如果消费者不满意，可就地退换货。

③经销商对产品知识非常了解，能就地解答消费者的很多问题。

4. 加权铺货率

现在中国有 1600 万个零售终端，但有些终端可能不是目标消费点，因此没有必要都去做。关于铺货率，现在已引入一个更科学的概念，称为加权铺货率。

加权铺货率是这样计算的，如表 6-5 所示，如果认为学校点很重要，就将其权重系数定为 0.3，认为大卖场对品牌和销量都有直观的影响，就将其权重系数定为 0.4，认为冰摊点对销售没有很大影响，就将其权重系数定为 0.1，再将食杂店权重系数定为 0.2。按照加权的方法，计算出的铺货率是 72%。

表 6-5　　　　　　　　　　加权铺货率计算案例

项目	校点	大卖场	冰摊点	食杂店	合计
抽查数	10	10	20	60	100
抽查结果	8	10	2	20	40
铺货率/%	80%	100%	10%	33%	40%
权重数	0.3	0.4	0.1	0.2	1
加权铺货率/%	24%	40%	1%	7%	72%

加权铺货率在美国企业应用得非常多，特别是在宝洁公司。宝洁公司在中国有一个规定：在抽查市场时，如果某一区域的某一样产品的加权铺货率小于 50%，那么就判定这个区域没有做透，就会在这个区域里增加一个经销商或更换一个经销商。

十、启动消费者拉动，做好新产品促销

消费者拉动也就是俗话说的促销。根据相关机构调查，很少有促销活动能够打动消费者。老顾客对产品比较关注，但一个促销活动大概也只能影响到10%至20%的老客户。消费者对促销活动感到麻木，原因在于促销活动单一和同质化。

消费者拉动分为很多种，如广告、促销等。广告和促销会让很多消费者产生购买的冲动，但如果消费者买不到货，企业就会损失很多的销售机会。

因此，要进行消费者拉动，加权铺货率就必须超过70%，这时投入产出比才能最大化。如果加权铺货率低于70%，无论是进行广告拉动还是促销拉动，效果都会打折扣，这是一个非常重要的控制指标，而且一定要在加权铺货率达到一个指标后，才能够进入下一个环节去做下个环节的消费者拉动。

企业在推销产品时，往往突出卖点，忽视买点。卖点是产品的特性。买点是消费者购买产品的理由，促销员的一个微笑、一句问候都是消费者的买点。事实上，现在的促销不应该围绕卖点，而应该围绕消费者的购买理由去做。只有将消费者充分调动起来，让消费者购买产品，产品才能推广成功。

【案例链接】

将脑袋打开一毫米

美国有一家生产牙膏的公司，产品优良，包装精美，深受广大消费者的喜爱，每年营业额蒸蒸日上。记录显示，前十年每年的营业额增长率为10%~20%，令董事会雀跃万分。不过，业绩进入第十一年、第十二年、第十三年时，销售停滞不前，每个月维持同样的数字。董事会对此三年的业绩表现感到不满，便召开全厂经理级高层会议，以商讨对策。会议中，有位年轻的经理站起来，对董事会说："我手中有张纸，纸里有个建议，若您要使用我的建议，必须另付我5万元！"总裁听了很生气说："我每个月都支付你薪水，另有分红、奖励，现在叫你来开会讨论，你还要另外要求5万元，是否过分？""总裁先生，请别误会。若我的建议行不通，您可以将它丢弃，一分钱也不必付。"年轻的经理解释说。"好！"总裁接过那张纸后，阅毕，马上签了一张5万元的支票给那位年轻的经理。那张纸上只写的一句话，将现有牙膏开口直径扩大1毫米。总裁马上下令更换新的包装。这个决定，使该公司第十四年的营业额增加了32%。

想一想

每天早上，每个消费者多用1毫米的牙膏，每天牙膏的消费量将多出多少倍呢？在这个案例背后，我们又能得到哪些启示？

【学以致用】

实践目标

熟悉产品的整体概念、产品市场生命周期、产品组合、新产品开发、品牌与包装等策略的原理与应用。

实践方案

在教师指导下，由学生自由组合成4~6人为一组的研究性学习项目小组，并确定负责人，并经教师确认选择2~3个类型的产品作为研究的样本。

由小组组织市场调研，针对样本产品的整体概念、市场生命周期等问题收集市场信息、确定所研究产品的整体概念和市场生命周期阶段。根据研究结论，针对该产品的竞争和营销现状提出改进方案。

思考与练习

1. 该产品的产品整体概念可以怎样表达。
2. 该产品处于生命周期的什么阶段。
3. 该产品有何进一步开发的机会。
4. 该产品的品牌能否延伸、包装可否进一步调整

【项目小结】

产品是指能提供给市场，用于满足人们某种欲望和需要的任何事物，包括实物、服务、场所、组织、思想、主意或计策等。

产品市场生命周期是指产品从投放市场到最终被淘汰的全过程。它一般经历四个发展阶段：导入期、成长期、成熟期和衰退期。其划分一般以产品销售量和利润额的变化为依据。

产品组合策略是企业根据自己的目标和市场的需要，对产品组合的宽度、长度和关联度进行最佳组合的决策。产品组合策略通常可以分为扩展策略、缩减策略、产品延伸策略和产品线现代化策略四种。

在现代市场营销学中，新产品是一个内涵很广泛的概念，它与科技领域对新产品的解释并不完全相同。新产品可以分为全新产品、换代新产品、改进新产品和仿制新产品四种类型。

新产品开发程序一般可分为构思、筛选、产品概念、制定市场营销计划、效益分析、产品研发、市场试销、商业性投放八个阶段。

【项目练习】

（一）单项选择题（在下列每小题中，选择一个最合适的答案。）

1. 企业在考虑营销组合策略时，首先需要确定生产经营什么产品来满足的需要（　　）。
   A. 消费者　　　B. 顾客　　　C. 社会　　　D. 目标市场
2. 每种产品实质上是为满足市场需要而提供的（　　）。
   A. 服务　　　B. 质量　　　C. 效用　　　D. 功能
3. 影响购买材料和部件的最重要因素是——和供应商的可信度（　　）。
   A. 质量　　　B. 品种　　　C. 规格　　　D. 价格
4. 由于供应品的标准化，顾客对它无强烈的品牌追求，因此，影响顾客购买的主要因素是价格和（　　）。
   A. 质量　　　B. 品种　　　C. 服务　　　D. 功能
5. 产品组合的宽度是指产品组合中所拥有_____的数目（　　）。
   A. 产品项目　　B. 产品线　　C. 产品种类　　D. 产品品牌
6. 产品组合的长度是指的_____总数（　　）。
   A. 产品项目　　B. 产品品种　　C. 产品规格　　D. 产品品牌
7. 产品组合的_____是指一个产品线中所含产品项目的多少（　　）。
   A. 宽度　　　B. 长度　　　C. 关联度　　　D. 深度
8. 产品生命周期由_____的生命周期决定（　　）。
   A. 企业与市场　B. 需求与技术　C. 质量与价格　D. 促销与服务
9. 导入期选择快速掠取策略是针对目标顾客的（　　）。
   A. 求名心理　　B. 求实心理　　C. 求新心理　　D. 求美心理
10. 成长期营销人员的促销策略主要目标是在消费者心目中建立_____争取新的顾客（　　）。
    A. 产品外观　　B. 产品质量　　C. 产品信誉　　D. 品牌偏好
11. _____是大多数企业开发新产品是改进现有产品而非创造（　　）。
    A. 换代产品　　B. 全新产品　　C. 仿制产品　　D. 最新产品
12. 新产品开发的产品构思阶段，营销部门的主要责任是_____、激励及提高新产品构思（　　）。
    A. 收集　　　B. 调查　　　C. 寻找　　　D. 评价
13. 处于市场不景气或原料、能源供应紧张时期，_____产品线反而能使总利润上升（　　）。
    A. 增加　　　B. 扩充　　　C. 延伸　　　D. 缩减
14. 期望产品，是指购买者在购买产品时，期望得到与_____密切相关的一整套属性和条件（　　）。

A. 服务　　　　B. 质量　　　　C. 产品　　　　D. 用途
15. 非渴求商品，指消费者不了解或即便了解也_____的产品（　　）。
A. 很想购买　　B. 不想购买　　C. 渴求购买　　D. 即刻购买

（二）多项选择题（下列各小题中正确的答案不少于两个，请准确选出全部正确答案。）

1. 产品可以根据其耐用性和是否有形进行分类，大致可分为三类（　　）。
A. 高档消费品　　B. 低档消费品　　C. 耐用品　　D. 非耐用品
E. 劳务

2. 劳务具有的_____特点（　　）。
A. 无形性　　B. 满足感　　C. 易变性　　D. 不可分离性
E. 不可储存性

3. 因为农产品具有_____特点，所以销售时，需要采取特殊的营销措施（　　）。
A. 标准性　　B. 易腐性　　C. 无形性　　D. 季节性
E. 耐用性

4. 产品组合包括的变数是（　　）。
A. 适应度　　B. 长度　　C. 相关性　　D. 宽度
E. 深度

5. 优化产品组合的过程，通常是企业营销人员进行现行产品组合_____的工作过程（　　）。
A. 调查　　B. 分析　　C. 研究　　D. 评价
E. 调整

6. 快速渗透策略，即企业以_____推出新产品（　　）。
A. 高品质　　B. 高促销　　C. 低促销　　D. 高价格
E. 低价格

7. 新产品开发需要优选最佳产品概念，选择的依据是_____以及对企业设备、资源的充分利用等（　　）。
A. 技术能力　　　　　　　B. 未来的市场潜在容量
C. 投资收益率　　　　　　D. 生产能力
E. 销售成长率

8. 企业针对成熟期的产品所采取的市场营销策略，具体包括的途径是（　　）。
A. 开发新市场　　B. 开发新产品　　C. 寻求新用户　　D. 巩固老用户
E. 改进老产品

9. 对于产品生命周期衰退阶段的产品，可供选择的营销策略是（　　）。
A. 集中策略　　B. 扩张策略　　C. 维持策略　　D. 竞争策略
E. 榨取策略

(三) 判断题（判断下列各题是否正确。正确的在题后的括号内打"√"，错误的打"×"。）

1. 即便内在质量符合标准的产品，倘若没有完善的服务，实际上是不合格的产品。（　　）
2. 产品整体概念的内涵和外延都是以追求优质产品为标准的。（　　）
3. 企业高层领导人员，如果没有产品整体概念，就不可能有现代市场营销观念。（　　）
4. 人员推销技巧，常常在推销非渴求商品的竞争过程中得到不断提高。（　　）
5. 因为农产品、构成材料和构成部件都属于材料和部件这一类型。所以，其销售方式和销售措施是相同的。（　　）
6. 产品项目是指产品线中不同的品种、规格、品牌、价格的特定产品，例如：某商店经营的服装、食品、化妆品等。（　　）
7. 实行多角化经营的企业，其产品组合中各条产品线在最终用途、生产条件、分配渠道或其他方面相互关联的程度高。（　　）
8. 在买方市场条件下，能源供应紧张，缩减产品线对企业有利。（　　）
9. 产品生命周期的长短，主要取决于企业的人才、资金、技术等实力。（　　）
10. 不同的产品种类，其产品生命周期曲线的形态亦不相同。（　　）
11. 产品品牌的生命周期比产品种类的生命周期长。（　　）
12. 新产品处于导入期时，竞争形势并不严峻，而企业承担的市场风险却最大。（　　）
13. 产品生命周期不同阶段的市场特点与新产品的市场扩散过程密切相关。（　　）
14. 继续生产已处于衰退期的产品，企业无利可图。（　　）
15. 全球化公司开发新产品的组织形式，往往由组建的最高层次的新产品开发委员会承担。（　　）
16. 一旦新产品在市场试销成功，则意味着新产品能迅速被消费者接受，企业能获得丰厚的利润。（　　）

(四) 名词解释

1. 产品
2. 核心产品
3. 延伸产品
4. 产品生命周期
5. 产品组合
6. 新产品

（五）简答题
1. 简述产品整体概念的涵义。
2. 产品组合有哪几种主要策略？
3. 简述成熟期的市场特点及营销策略。
4. 简述新产品开发的主要组织形式。
5. 简述新产品开发的主要管理程序。

（六）论述题
1. 试述产品生命周期理论对企业开展营销活动的启示。
2. 试述企业成功开发新产品应注意哪几个方面的问题。

项目七 产品定价策略

【学习指南】

知识目标

能理解企业的定价目标,掌握企业定价的方法及策略。

技能概述

1. 能够分别按成本导向、需求导向进行产品定价。
2. 能够设计价格策略。

【案例导入】

价格竞争

凤凰(Phoenix)的一家本地薯片生产商与全国品牌乐事(Lay's)薯片进行了两次较量;相比较而言,凤凰薯片风味独特,口感更好;而乐事薯片生产规模大,是全国品牌,知名度高。

第一轮:由于食用油及马铃薯价格上涨,导致生产成本增加,公司决定提价。乐事:1.59~1.89美元;相应的,凤凰:1.29~1.59美元。结果:尽管本地的凤凰薯片维持了30美分的价格差距,但乐事薯片获得了更大的市场份额。

第二轮:当乐事薯片产品升级(改进口味、提高分量)时,凤凰认为应当以某种方式进行回应,它选择了降低质量(比如分量从200g降到150g)并降低价格的方式来回击。结果,本地企业凤凰在一年内就被挤出市场。

任务一
制定产品定价策略

任务目标

1. 掌握公司定价的影响因素。
2. 能理解公司的定价目标及价格策略。

【核心理论】

一、价格的含义

从市场营销学的观点看：价格一般指顾客为得到一单位产品或服务而必须支付的货币数量单位，或指产品和服务的提供者提供某一单位产品或服务所收取的费用。这里的价格是活泼的，是可以随时随地根据需要而变动的。定价对整个市场的变化可以也应当做出灵活的反应，可变也可不变。价格必须依据消费者能否接受为出发点。

价格是决定企业盈利的重要因素，但绝不是唯一的决定性因素。市场营销学研究的价格是在产品理论价格的基础上，从企业角度，结合不断变化的市场情况，着重研究产品进入市场、占领市场、开拓市场的一种具体应变价格。因此，定价不仅是一门科学，而且是一门艺术，企业应研究定价的技巧和策略，发挥市场价格的杠杆作用。

二、影响定价的主要因素

影响产品定价的因素很多，有企业内部因素，也有企业外部因素；有主观的因素，也有客观的因素。概括起来，大体上可以有定价目标、企业状况、产品成本、市场需求、竞争因素、产品特点和其他因素等七个方面。

（一）定价目标

在定价之前，企业必须对产品总战略做出决策。如果企业已经审慎地选择好目标市场和市场定位，那么确定营销组合战略，包括价格，便是一件相当容易的事了。例如，某企业管理人员经过慎重考虑，决定为收入水平高的消费者设计生产一种高质量的豪华家具，这就意味着该企业应该制定一个较高的价格。此外，企业管理人员还要制定一些具体的营销目标，如利润额、销售额、市场占有率等，这些都对企业定价具有重要影响。企业定价目标主要有以下几种：

1. 维持生存目标

维持生存是企业处于不利环境中实行的一种特殊的过渡性目标。当企业遇到产品供过于求、成本提高、竞争加剧、价格下跌的冲击时，为避免倒闭、渡过难关，往往以保本价格，甚至亏本价格销售产品。在这种情况下，生存比利润更重要。只要价格能够补偿可变成本和一些固定成本，企业就能继续留在行业中。

2. 利润最大化目标

追求最大利润，几乎是所有企业的目标。但利润最大化并不等于制定最高价格。定价偏高，消费者不能接受，产品销售不畅，反而难以实现利润目标。同时，高价刺激竞争者介入和仿冒品增加，更有损于市场地位。

3. 市场占有率最大化目标

市场占有率是衡量企业营销绩效和市场竞争态势的重要指标，因为，赢得最高的市场占有率之后，企业将享有最低的成本和最高的长期利润。为了成为市场份额的领导者，企业把价格尽可能的定低。

4. 产品质量最优化目标

企业也可以考虑产品质量领先这样的目标，并在产品和市场营销过程中始终贯彻产品质量最优化的指导思想。这就要求用高价格来弥补高质量和研究开发的高成本。产品优质优价的同时，还应辅以相应的优质服务。

5. 应付竞争目标

应付竞争定价目标是指企业为了击败竞争对手或抢夺竞争对手的市场份额而作为定价基本目标。一般来说，一个行业中的领袖企业为了打压中小企业或者阻止其他企业的进入，往往以应付竞争作为定价目标；一些中小企业为了抢夺大企业的市场份额和扩大自己的影响力，也往往以此作为自己的定价目标。以应付竞争作为定价目标，要求企业在定价时应低于竞争对手的产品价格，以便获得明显的价格竞争优势和利用价格手段击败竞争对手。

6. 维护企业形象目标

企业形象是企业成功运用市场营销组合开展营销活动和取得公众信赖的长期结果。同时，市场营销组合各因素也是对企业形象的反映，如果企业改变或调整自己的市场营销组合因素，就有可能改变既有的企业形象，从而导致顾客减少、放弃或转移购买等。

(二) 企业状况

企业状况主要指企业的生产经营能力和企业经营管理水平对制定价格的影响。不同的企业由于规模和实力的不同。销售渠道和信息沟通方式不同以及企业营销人员的素质和能力高低的不同，对价格的制定和调整应采取不同的策略。

1. 企业的规模与实力

规模大、实力强的企业在价格制定上余地大，企业如认为必要时，有条件大范围地选用薄利多销和价格正面竞争策略。而规模小、实力弱的企业生产成本一般高于大企业，价格的制定上往往比较被动。

2. 企业的销售渠道

渠道成员有力、控制程度高的企业在价格决策中可以有较大的灵活性，反之，则应相对固定。

3. 企业的信息沟通

企业信息沟通包括企业的信息控制和与消费者的关系两个方面。信息通畅、与消费者保持良好的关系可适时调整价格并得到消费者的理解和认可。

4. 企业营销人员的素质和能力

拥有熟悉生产经营环节、掌握市场销售、供求变化等情况并具备价格理论知识和一定的实践能力的营销人员，是企业制定最有利价格和选择最适当时机调整价格的必要条件。

（三）产品成本

商品的价值是构成价格的基础。商品的价值由 $C+V+M$ 构成。$C+V$ 是在生产过程中物化劳动转移的价值和劳动者为己创造的价值。M 是劳动者为社会创造的价值。显然，对企业的定价来说，成本是一个关键因素。企业产品定价以成本为最低界限，产品价格只有高于成本，企业才能补偿生产上的耗费，从而获得一定盈利。但这并不排斥在一段时期在个别产品上，价格低于成本。

企业定价时，不应将成本孤立地对待，而应同产量、销量、资金周转等因素综合起来考虑。成本因素还要与影响价格的其他因素结合起来考虑。

（四）市场需求

产品价格除受成本影响外，还受市场需求的影响。即受商品供给与需求的相互关系的影响。当商品的市场需求大于供给时，价格应高一些；当商品的市场需求小于供给时，价格应低一些。反过来，价格变动影响市场需求总量，从而影响销售量，进而影响企业目标的实现。因此，企业制定价格就必须了解价格变动对市场需求的影响程度。反映这种影响程度的一个指标就是商品的价格需求弹性系数。

（五）竞争因素

市场竞争也是影响价格制定的重要因素。根据竞争的程度不同，企业定价策略会有所不同。按照市场竞争程度，可以分为完全竞争、不完全竞争与完全垄断三种情况。企业的价格策略，要受到竞争状况的影响。完全竞争与完全垄断是竞争的两个极端，中间状况是不完全竞争。在不完全竞争条件下，竞争的强度对企业的价格策略有重要影响。所以，企业首先要了解竞争的强度。竞争的强度主要取决于产品制作技术的难易，是否有专利保护，供求形势以及具体的竞争格局。其次，要了解竞争对手的价格策略，以及竞争对手的实力。再次，还要了解、分析本企业在竞争中的地位。

（六）产品特点

产品的自身属性、特征等因素，在企业制定价格时也必须考虑。

1. 产品的种类

企业应分析自己生产或经营的产品种类是日用必需品、选购品、特殊品,是威望与地位性产品,还是功能性产品,不同的产品种类对价格有不同的要求。如日用必需品的价格必然要顾及大众消费的水平,特殊品的价格则侧重特殊消费者。

2. 标准化程度

产品标准化的程度直接影响产品的价格决策。标准化程度高的产品价格变动的可能性一般低于非标准化或标准化程度低的产品。标准化程度高的产品的价格变动如过大,很可能引发行业内的价格竞争。

3. 产品的易腐、易毁和季节性

一般情况下容易腐烂、变质并不宜保管的产品,价格变动的可能性比较高。常年生产、季节性消费的产品与季节性生产常年消费的产品,在利用价格的作用促进持续平衡生产和提高效益方面有较大的主动性。

4. 时尚性

时尚性强的产品价格变化较显著。一般新潮的高峰阶段,价格要定高一些。新潮高峰过后,应及时采取适当的调整策略。

5. 生命周期阶段

处在产品生命周期不同阶段对价格策略的影响可以从两个方面考虑:第一,产品生命周期的长短对定价的作用。有些生命周期短的产品,如时装等时尚产品,由于市场变化快,需求增长较快,消退也快,其需求量的高峰一般出现于生命周期的前期,所以,企业应抓住时机,尽快收回成本和利润。第二,不同周期阶段的影响。处在不同周期阶段的产品的变化有一定规律,是企业选择价格策略和定价方法的客观依据。

(七) 其他因素

企业的定价策略除受定价目标、企业状况、产品成本、市场需求、竞争状况以及产品特点的影响外,还受到其他多种因素的影响。这些因素包括政府或行业组织的干预、消费者心理、企业或产品的形象等。

1. 政府或行业组织干预

政府为了维护经济秩序,或为了其他目的,可能通过立法或者其他途径对企业的价格策略进行干预。政府的干预包括规定毛利率,规定最高、最低限价,限制价格的浮动幅度或者规定价格变动的审批手续,实行价格补贴等。

2. 消费者心理因素

消费者的价格心理影响到消费者的购买行为和消费行为,企业定价必须考虑到消费者的心理因素。

(1) 预期心理　消费者预期心理是反映消费者对未来一段时间内市场商品供求及价格变化趋势的一种预测。当预测商品是一种涨价趋势,消费者争相购买;相反,持币待购。我国 20 世纪 80 年代末出现的生活日用品抢购风潮就证明了这一点。所谓"买涨不买落"也是消费者预期心理的作用。

（2）认知价值和其他消费心理　认知价值指消费者心理上对商品价值的一种估计和认同，它以消费者的商品知识、后天学习和积累的购物经验以及对市场行情的了解为基础，同时也取决于消费者个人的兴趣和爱好。

（3）企业或产品的形象因素　有时企业根据企业理念和企业形象设计的要求，需要对产品价格做出限制。例如，企业为了树立热心公益事业的形象，会将某些有关公益事业的产品价格定得较低；为了形成高贵的企业形象，将某些产品价格定得较高等。

三、产品定价策略

（一）新产品定价策略

常见的新产品定价策略，有三种截然不同的形式：即撇脂定价、渗透定价和适中定价。

1. 撇脂定价

新产品上市之初，将新产品价格定得较高，在短期内获取厚利，尽快收回投资。这一定价策略就像从牛奶中撇取其中所含的奶油一样，取其精华，所以称为"撇脂定价"策略。一般而言，对于全新产品、受专利保护的产品、需求的价格弹性小的产品、流行产品、未来市场形势难以测定的产品等，可以采用撇脂定价策略。

从根本上看，撇脂定价策略是一种追求短期利润最大化的定价策略，若处置不当，则会影响企业的长期发展。

2. 渗透定价

渗透定价是与撇脂定价相反的一种定价策略，即在新产品上市之初将价格定得较低，吸引大量的购买者，扩大市场占有率。采用这种策略应具备以下条件：

①新产品的市场潜力大、需求价格弹性高，低价可以有效地刺激消费需求；

②新产品采用低价可以阻止竞争者介入从而保持较高的市场占有率；

③新产品的生产成本与销售费用可随销售的扩大而大幅度降低。

采用渗透价格的企业无疑只能获取微利，这是渗透定价的薄弱处。但是，由低价产生的两个好处是：首先，低价可以使产品尽快为市场所接受，并借助大批量销售来降低成本，获得长期稳定的市场地位；其次，微利阻止了竞争者的进入，增强了自身的市场竞争力。

3. 适中定价

适中定价策略既不是利用价格来获取高额利润，也不是让价格制约占领市场。

适中定价策略尽量降低价格在营销手段中的地位，重视其他在产品市场上更有力或有成本效率的手段。当不存在适合于撇脂定价或渗透定价的环境时，公司一般采取适中定价。

（二）细分定价策略

细分定价的形式有很多种，主要有以下几种：

1. 根据购买者的类型细分

企业对同一项产品根据顾客的需求强度不同、购买动机不同和对产品的熟悉程度的不同而定出不同的价格。

2. 根据购买地点细分

如果同一种商品在不同地理位置的市场上存在不同的需求强度，那么就应该定出不同的价格。但定价的差别并不和运费成比例。

3. 根据购买时间细分

当商品的需求随着时间的变化而有变化时，对同一种产品在不同时间应该定出不同的价格。需求随时间的变化而出现显著变化的情况是很多的。

4. 根据产品功能细分

这种定价策略就是对不同型号即具有不同功能的一项产品确定不同的价格，但是价格上的差别并不和成本成比例。

值得注意的是企业采取细分定价是有前提的，它必须具备以下条件：

①市场必须是可以细分的，而且各个市场部分必须表现出不同的需求程度；

②以较低价格购买某种产品的顾客没有可能以较高价格把这种产品倒卖给别人；

③竞争者没有可能在企业以较高价格销售产品的市场上以低价竞销；

④细分市场和控制市场的成本费用不得超过因实行价格歧视而得到的额外收入；

⑤价格歧视不会引起顾客反感而放弃购买，影响销售；

⑥采取的价格歧视形式不能违法。

（三）产品组合定价策略

企业在定价时面对的不是单一产品，而是包含若干种产品的产品组合。为了使整个产品组合的利润实现最大化，企业要制定出一系列价格，这就涉及产品组合定价。

1. 产品大类定价

产品系列定价策略的关键，就在于根据产品项目之间在质量、性能、档次、款式、成本、顾客认知、需求强度等方面的不同，参考竞争对手的产品与价格，确定一个产品系列中的各个产品项目之间的价格差距，以使不同产品项目形成不同的市场形象，吸引不同的顾客群，扩大产品销售，争取实现更多的利润。

2. 选择品定价

许多企业在提供主要产品的同时，还会附带一些可供选择的产品，这就涉及选择品定价问题。例如到饭店用餐的顾客除了订购饭菜外还会购买酒水和饮料，许多饭店的酒水和饮料价格很高，而食品的价格相对较低，食品收入可以弥补食品的成本和饭店其他的成本，而酒类则可以带来利润，这就是为什么服务人员极力劝说顾客购买饮料的原因；也有的饭店会将酒价制定得较低，而对食品制定高价，来吸引爱饮酒的消费者。

3. 补充产品定价

有些基本产品需要补充产品才能正常使用，如剃须刀架的补充产品是刀片，照相机的补充产品是胶卷，机械设备的补充产品是配件。补充产品定价的基本方法是，为基本产品制定较低的价格，为补充产品制定较高的价格，通过低价促进基本产品的销售，依靠补充产品的高价获取利润。制定注意的是，如果补充产品的定价过高，也会出现不利的一面。

4. 分部产品定价

服务性企业经常收取一笔固定费用，再加上可变的使用费用。例如，电话用户每月要支付一笔最少的使用费用，如果使用次数超过规定，还要再交费。一般而言，固定成本应较低，以推动人们购买服务，利润可以从使用费中获取。

5. 副产品定价

在生产加工肉类、石油产品和其他化工产品的过程中，经常有副产品。若副产品价值很低，处理费用较高，那么主产品的定价必须加以考虑。相反，副产品如果能带来收入，则主产品可以适当调低价格，以增加市场竞争力。

6. 产品系列定价

企业经常以某一价格出售一组产品，例如化妆品、计算机、假期旅游公司为顾客提供的一系列活动方案。组合产品定价时，一组产品的价格应低于单独购买其中每一产品项目的费用总和，以便推动顾客购买。

（四）**心理定价策略**

常用的心理定价策略有小数定价、整数定价、吉利数字定价、声望定价和招徕定价。

1. 小数定价策略

小数定价策略又称"奇数定价"、"非整数定价"、"尾数定价"，指企业利用消费者求廉的心理，制定非整数价格，而且常常以奇数作尾数，尽可能在价格上不进位。采用小数定价可以在直观上给消费者一种便宜的感觉，从而激起消费者的购买欲望，促进产品销售量的增加。

2. 整数定价策略

对于那些无法明确显示其内在质量的商品，消费者往往通过其价格的高低来判断其质量的好坏。但是，在整数定价方法下，价格的高并不是绝对的高，而只是凭借整数价格来给消费者造成高价的印象。整数定价常常以偶数,特别是"0"作尾数。

整数定价策略适用于需求的价格弹性小、价格高低不会对需求产生较大影响的商品,如流行品、时尚品、奢侈品、礼品、星级宾馆、高级文化娱乐城等,由于其消费者都属于高收入阶层,也甘愿接受较高的价格,所以,整数定价得以大行其道。

3. 吉利数字定价策略

由于民族习惯、社会风俗、文化传统和价值观念的影响,某些数字常常会被赋予一些独特的涵义,企业在定价时如能加以巧用,则对商品的促销能起到神奇的效果。

4. 声望定价策略

声望定价策略是依照人们的虚荣心理来确定商品价格的一种策略。声望定价可以满足某些消费者的特殊欲望,如地位、身份、财富、名望和自我形象等,还可以通过高价格显示名贵优质,因此,这一策略适用于一些传统的名优产品、具有历史地位的民族特色产品,以及知名度高、有较大的市场影响、深受市场欢迎的驰名商标。

5. 招徕定价策略

招徕定价是指将某几种商品的价格定得非常之高,或者非常之低,在引起消费者的好奇心理和观望行为之后,带动其他商品的销售。这一定价策略常为综合性百货商店、超级市场、甚至高档商品的专卖店所采用。

(五) 折扣定价策略

常见的折扣有以下几种:

1. 数量折扣

数量折扣即根据顾客购买货物数量或金额的多少,按其达到的标准,给予一定的折扣。购买数量越多,金额越大,给予的折扣越高。

2. 现金折扣

现金折扣是对在规定的时间内提前付款或用现金付款者所给予的一种价格折扣,其目的是鼓励顾客尽早付款,加速资金周转,降低销售费用,减少财务风险。在西方国家,典型的付款期限折扣表示为"3/20,Net60",其含义是在成交后20天内付款,购买者可以得到3%的折扣,超过20天,在60天内付款不予折扣,超过60天付款要加付利息。

3. 季节折扣

有些商品的生产是连续的,而其消费却具有明显的季节性。为了调节供需矛盾,这些商品的生产企业便采用季节折扣的方式,对在淡季购买商品的顾客给予一定的优惠,使企业的生产和销售在一年四季能保持相对稳定。

季节折扣比例的确定,应考虑成本、储存费用、基价和资金利息等因素。季节折扣有利于减轻库存，加速商品流通，迅速收回资金，促进企业均衡生产，充分发挥生产和销售潜力，避免因季节需求变化所带来的市场风险。

4. 功能折扣

中间商在产品分销过程中所处的环节不同，其所承担的功能、责任和风险也不同，企业据此给予不同的折扣称为功能折扣，也叫中间商折扣。鼓励中间商大批量订货，扩大销售，争取顾客，并与生产企业建立长期、稳定、良好的合作关系是实行功能折扣的一个主要目标。功能折扣的另一个目的是对中间商经营的有关产品的成本和费用进行补偿，并让中间商有一定的盈利。

5. 回扣和津贴

回扣是间接折扣的一种形式，它是指购买者在按价格目录将货款全部付给销售者以后，销售者再按一定比例将货款的一部分返还给购买者。津贴是企业为特殊目的，对特殊顾客以特定形式所给予的价格补贴或其他补贴。

【学以致用】

实践目标

通过本次实训训练，使学生认识运用价格策略的重要性，产品定价是企业营销的重要决策。制定合理、灵活的产品价格在市场经济活动中居于十分重要的地位，因为价格直接影响企业盈利。

实践方案

1. 以小组为单位对学校周边超市品牌牛奶价格进行市场调查，通过小组之间讨论分析各品牌牛奶定价的目标。

2. 以小组为单位，通过网络收集各大饮料品牌的价格策略，并进行分析。

技能培养

1. 以走访调查的方式培养学生的口语交际能力。

2. 以网络搜集形式锻炼学生的数据信息处理能力。

思考练习

分析项目导入案例，运用价格理论分析其中原因，思考以下问题：

1. 为什么两种产品上涨同样的价格会导致消费者更多地购买价格较高的产品，而较少购买价格相对较低的产品呢？

2. 一家企业的产品拥有比竞争对手产品更低的价格，为什么还会败在对手手里呢？

任务二
选择定价方法

任务目标

1. 理解企业的定价方法。
2. 能够灵活运用所学知识，根据企业实际情况选择不同的定价方法。

【核心理论】

常见的企业定价方法有以下几种：

一、成本导向定价法

成本导向定价法是企业定价首先需要考虑的方法。以产品单位成本为基本依据，再加上预期利润来确定价格的成本导向定价法，是中外企业最常用、最基本的定价方法。成本导向定价法又衍生出了总成本加成定价法、售价加成定价法、目标收益定价法、边际成本定价法、盈亏平衡定价法、收益比较定价法几种具体的定价方法。

1. 总成本加成定价法

在这种定价方法下，把所有为生产某种产品而发生的耗费均计入成本的范围，计算单位产品的变动成本，合理分摊相应的固定成本，再按一定的目标利润率来决定价格。其计算公式：

单位产品价格 = 单位产品总成本 ×（1 + 目标利润率）

单位产品总成本 = 单位产品固定成本 + 单位产品变动成本

例如：某产品的销售量为 10000 件，总成本为 1000000 元，预期的目标利润率为 20%。则采用总成本加成定价法确定价格的过程如下：

单位产品总成本 = 1000000 ÷ 10000 = 100（元）

单位产品价格 = 100 ×（1 + 20%）= 120（元/件）

例如：某电视机厂生产 2000 台彩色电视机，总固定成本 600 万元，每台彩电的变动成本为 1000 元，确定目标利润率为 25%。则采用总成本加成定价法确定价格的过程如下：

单位产品固定成本 = 6000000 ÷ 2000 = 3000（元）

单位产品变动成本 = 1000（元）

单位产品总成本 = 3000 + 1000 = 4000（元）

单位产品价格 = 4000 ×（1 + 25%）= 5000（元）

采用总成本加成定价法，确定合理的成本利润率是一个关键问题，而成本利润率的确定，必须考虑市场环境、行业特点等多种因素。

总成本加成定价法一般在租赁业、建筑业、服务业、科研项目投资以及批发零售企业中得到广泛的应用。即使不使用这种方法定价，许多企业也多把用此法制定的价格作为参考价格。

2. 售价加成定价法

售价加成定价是零售商以售价为基础，按加成百分率计算售价。相同的加成百分率，以成本为基础，则售价较低，以售价为基础则价格较高。计算方法如下：

以售价为基础计算零售价，则：价格 = 进价 ÷ （1 − 加成率）

以成本为基础计算零售价，则：价格 = 进价 × （1 + 加成率）

例如：假设某地一零售超市，经营各类食品，进货成本 30 元/斤，加成百分率为 25%。

以售价为基础，计算零售价，则：

每件零售价格 = 30 ÷ （1 − 25%） = 40 （元/斤）

以成本为基础，计算零售价，则：

每件零售价格 = 30 × （1 + 25%） = 37.5 （元/斤）

可见，以售价为基础与以成本为基础，是不同的定价方法。在制定零售价时，两种方法都可以采用。某些大、中型企业零售价格的计算，习惯上是以售价为基础的加成。

两种方法的加成率一般是根据不同产品的性质、营销费用、竞争程度和市场需求等情况分别制定的。

3. 目标收益定价法

目标收益定价法又称投资收益率定价法，是根据企业的投资总额、预期销量和投资回收期等因素来确定价格的。其计算公式：

单位产品价格 = （总成本 + 目标利润额） ÷ 预期销量

或 单位产品价格 = 单位产品总成本 + 单位产品目标利润额

目标收益率 = 1 ÷ 投资回收期 × 100%

目标利润额 = 总投资额 × 目标收益率

单位产品目标利润额 = 目标利润额 ÷ 预期销量

例如：假定某产品的预测销售量为 10 万件，总成本是 30 万元，该产品的总投资额是 50 万元，投资收益率为 20%。则采用目标收益定价法确定价格的过程如下：

目标利润额 = 50 × 20% = 10 （万元）

单位产品的价格 = （30 + 10） ÷ 10 = 4 （元/件）

4. 边际成本定价法

边际成本是指每增加或减少单位产品所引起的总成本的变化量。由于边际成本与变动成本比较接近，而变动成本的计算更容易一些，所以在定价实务中多用变动成本代替边际成本,而将边际成本定价法称为变动成本定价法。

采用边际成本定价法时是以单位产品变动成本作为定价依据和可接受价格的最低界限。在价格高于变动成本的情况下,企业出售产品的收入除完全补偿变动成本外,尚可用来补偿一部分固定成本,甚至可能提供利润,这样的价格就是企业可以接受的。

其计算公式:

单位变动成本=产品单价-固定成本÷产品数量

当产品单价>单位变动成本时,此价格可以接受;

当产品单价<单位变动成本时,此价格不可以接受。

例如:假设某厂生产甲产品10000台,固定成本为120万元,国内只接到订货8000台,售价1000元,经核算只够保本。现有一外商洽谈订货2000台,要求把价格降到920元。试确定该项订货是否可以接受?如果接受利润有何变化?分析过程如下:

单位变动成本=1000-1200000÷8000=850(元)

第二次订货时价格为920元,大于单位变动成本850元,所以该价格可以接受,即第二次订货可以接受。

利润总额=总销售收入-固定成本总额-变动成本总额
  =(1000×8000+920×2000)-1200000-850×10000
  =140000(元)

所以第二次订货可以接受,接受后利润总额变为140000元。

边际成本定价法改变了售价低于总成本便拒绝交易的传统做法,在竞争激烈的市场条件下具有极大的定价灵活性,对于有效地对付竞争者,开拓新市场,调节需求的季节差异,形成最优产品组合可以发挥巨大的作用。但是,过低的成本有可能被指控为从事不正当竞争,并招致竞争者的报复,在国际市场则易被进口国认定为"倾销",产品价格会因"反倾销税"的征收而畸形上升,失去其最初的意义。

5. 盈亏平衡定价法

在销量既定的条件下,企业产品的价格必须达到一定的水平才能做到盈亏平衡、收支相抵。既定的销量就称为盈亏平衡点,这种制定价格的方法就称为盈亏平衡定价法。科学地预测销量和已知固定成本、变动成本是盈亏平衡定价的前提。

在此方法下,为了确定价格可利用如下公式:

盈亏平衡点价格=固定成本总额÷销量+单位变动成本

盈亏平衡点销量=固定成本总额÷(盈亏平衡点价格-单位变动成本)

如果产品价格=盈亏平衡点价格,则企业利润=0;

如果产品价格>盈亏平衡点价格,则企业利润>0;

如果产品价格<盈亏平衡点价格,则企业利润<0。

例如:某企业年固定成本为100000元,单位产品变动成本为30元/件,年产量为 2000 件，则该企业盈亏平衡点价格：

盈亏平衡点价格 = 100000 ÷ 2000 + 30 = 80（元）

所以，当产品定价高于 80 元/件时，企业是有盈利的，则这样的价格时是可以接受的。

例如：某产品的年固定成本总额为 16 万元，每件产品的变动成本为 45 元，如果订货量分别为 4000 件和 5000 件时，其盈亏平衡点价格各为：

订货量为 4000 件时，价格 = 160000 ÷ 4000 + 45 = 85（元）

订货量为 5000 件时，价格 = 160000 ÷ 5000 + 45 = 77（元）

所以，当订货量为 4000 件时，高于 85 元的价格是可以接受的；当订货为 5000 件时，高于 77 元的价格是可以接受的。

以盈亏平衡点确定价格只能使企业的生产耗费得以补偿，而不能得到收益。因此，在实际中均将盈亏平衡点价格作为价格的最低限度，通常在加上单位产品目标利润后才作为最终市场价格。有时，为了开展价格竞争或应付供过于求的市场格局，企业采用这种定价方式以取得市场竞争的主动权。

二、需求导向定价法

需求导向定价法是以市场需求强度作为定价基础，根据消费者对产品价值的认识和需求的程度来决定价格，而不是根据成本来制定价格。成本导向定价法的逻辑关系：成本 + 税金 + 利润 = 价格；而需求导向定价法的逻辑关系：价格 − 税金 − 利润 = 成本。需求导向定价法在具体运用中有以下几种具体方法：

1. 认知价值定价法

认知价值定价法是以顾客对本企业产品的认知价值，而不是以该产品的成本作为定价基础的定价方法。换句话讲，是指企业以消费者对商品价值的理解度为定价依据，运用各种营销策略和手段，影响消费者对商品价值的认知，形成对企业有利的价值观念，再根据商品在消费者心目中的价值来制定价格。

采用认知定价法的关键是对买主心目中的认知价值有正确的估计和判断，故企业必须进行市场调查和研究，找到消费者准确的认知价值，以此为根据来制定价格，并且企业有能力通过沟通让消费者感受到这样的价格合乎情理；否则，就会发生定价过高或过低的失误。

2. 反向定价法

反向定价法也称为逆向定价法。企业先确定一个消费者能够接受的最终销售价格，再推算自己从事经营的成本和利润，然后逆向算出中间商的批发价和生产企业的出厂价格。这种定价方法不以实际成本为主要依据，而是以市场需求作为定价的出发点，力求使价格为消费者所接受。这种方法的优点是：价格能反映市场需求状况，有利于加强与中间商的良好关系，定价比较灵活。

三、竞争导向定价法

在竞争十分激烈的市场上,企业通过研究竞争对手的生产条件、服务状况、价格水平等因素,依据自身的竞争实力,参考成本和供求状况来确定商品价格。这种定价方法就是通常所说的竞争导向定价法。竞争导向定价主要包括:

1. 随行就市定价法

随行就市定价法是指企业按照行业的平均现行价格水平来定价,利用这样的价格获取平均报酬。在垄断竞争和完全竞争的市场结构条件下,任何一家企业都无法凭借自己的实力而在市场上取得绝对的优势,为了避免竞争特别是价格竞争带来的损失,大多数企业都采用随行就市定价法。

2. 密封投标定价法

在国内外,许多大宗商品、原材料、成套设备和建筑工程项目的买卖和承包,以及征招生产经营协作单位、出租出售小型企业等,往往采用投标定价法。所谓投标价格是指企业以竞争者可能的报价为基础,兼顾本身应有的利润所确定的价格。一般说来,招标方只有一个,处于相对垄断地位,而投标方有多个,处于相互竞争地位。标的物的价格由参与投标的各个企业在相互独立的条件下来确定。企业经常通过计算期望利润的办法来确定投标价格。所谓期望利润,即某一投标价格所能取得的利润与估计中标可能性的乘积,期望利润最大的投标价格,即为企业最佳的投标报价。

【学以致用】

实践目标

体会产品定价方法选择对一个企业发展的影响,通过对各大知名企业成功案例的分析,总结出优化定价策略的常用方法。

实践方案

以小组为单位进行实践,由团队成员共同讨论确定选题,选择一种产品制定相应的价格策略,并撰写策划报告,各小组成员代表展示其成果。

【案例链接】

降价?不降价?

伏特加(Vodka)是世界闻名的蒸馏酒,在美国市场上每年大约销售 4000 万箱伏特加,大约有三百个品牌在争抢这个诱人的市场。1939 年美国赫布莲

（Heublein）公司收购了全球最大的伏特加生产商"斯米诺"（Smirnoff）。赫布莲公司通过20年的努力，推动定位为极品伏特加的"斯米诺"牌伏特加进入了美国的主流社会，占有美国市场的43%。

20世纪60年代，赫布莲的"斯米诺"品牌受到市场地位第二的"沃夫斯密特"（Wolfschmidt）的挑战。"沃夫斯密特"宣称其伏特加酒的品质不亚于"斯米诺"，但价格每瓶比斯米诺便宜100美元。赫布莲公司感觉到消费者有转向"沃夫斯密特"的危险，因此公司考虑下列的反击策略：①将"斯米诺"酒降价100美元，以保持市场占有率。②售价维持不变，但增加广告与促销费。③售价维持不变，任顾客流失，市场占有率下降。

面对挑战，赫布莲公司的营销人员想出了第四种策略：该公司把"斯米诺"牌伏特加酒的售价调高100美元，同时推出一个新品牌的"瑞斯卡"（Relska）酒，来和"沃夫斯密特"竞争，然后它又推出另一个新品牌"波波夫"（Popov）酒，价格订得比"沃夫斯密特"低；赫布莲公司这三种品牌的伏特加酒的味道与制造成本几乎相同，这种策略使得"斯米诺"品牌的市场定位变得非常突出，而"沃夫斯密特"变成普通品牌的酒，赫布莲公司这种巧妙的策略使得公司整体利润大大增加。

想一想

1. 如赫布莲公司采取前三种反击策略，预计会产生什么结果？是否恰当？
2. 赫布莲公司采取的第四种策略有何好处？
3. 如果你是赫布莲公司的领导，面对对手的价格竞争，你有何良策？

任务三

制定产品定价调整策略

任务目标

1. 理解公司产品的价格调整策略。
2. 能够灵活运用所学知识，根据企业实际情况选择不同的价格调整策略。

【核心理论】

企业为某种产品制定出价格以后，并不意味着大功告成。随着市场营销环境的变化，企业必须对现行价格予以适当的调整。

一、降价策略

降价策略是定价者面临的最严峻且具有持续威胁力量的问题。企业降价的原因很多,表现在以下几个方面:

1. 企业急需回笼大量现金

对现金产生迫切需求的原因既可能是其他产品销售不畅,也可能是为了筹集资金进行某些新活动,而资金借贷来源中断。此时,企业可以通过对某些需求的价格弹性大的产品予以大幅度降价,从而增加销售额,获取现金。

2. 企业通过降价来开拓新市场

一种产品的潜在顾客往往由于其消费水平的限制而阻碍了其转向现实顾客的可行性。在降价不会对原顾客产生影响的前提下,企业可以通过降价方式来扩大市场份额。不过,为了保证这一策略的成功,有时需要以产品改进策略相配合。

3. 企业决策者决定排斥现有市场的边际生产者

对于某些产品来说,各个企业的生产条件、生产成本不同,最低价格也会有所差异。那些以目前价格销售产品仅能保本的企业,在别的企业主动降价以后,会因为价格的被迫降低而得不到利润,只好停止生产。

4. 企业生产能力过剩,产品供过于求

若企业又无法通过产品改进和加强促销等工作来扩大销售,在这种情况下,企业必须考虑降价。

5. 企业决策者预期降价会扩大销售

由此可望获得更大的生产规模。特别是进入成熟期的产品,降价可以大幅度增进销售,从而在价格和生产规模之间形成良性循环,为企业获取更多的市场份额奠定基础。

6. 政治、法律环境及经济形势的变化,迫使企业降价

政府为了实现物价总水平的下调,保护需求,鼓励消费,遏制垄断利润,往往通过政策和法令,采用规定毛利率和最高价格、限制价格变化方式、参与市场竞争等形式,使企业的价格水平下调。

二、提价策略

在有些情况下,企业必须考虑提价。提价一般会引起竞争力下降、消费者不满、经销商抱怨,甚至还会受到政府的干预和同行的指责,从而对企业产生不利影响,但成功的提价策略会增加企业的利润。所以,在实际中存在着较多的提价现象。其主要原因:

1. 应付产品成本增加，减少成本压力

这是所有产品价格上涨的主要原因。成本的增加或者是由于原材料价格上涨，或者是由于生产或管理费用提高而引起的。企业为了保证利润率不致因此而降低，便采取提价策略。

2. 为了适应通货膨胀，减少企业损失

在通货膨胀条件下，即使企业仍能维持原价，但随着时间的推移，其利润的实际价值也呈下降趋势。为了减少损失，企业只好提价，将通货膨胀的压力转嫁给中间商和消费者。

3. 产品供不应求，遏制过度消费

对于某些产品来说，在需求旺盛但生产规模又不能及时扩大而出现供不应求的情况下，可以通过提价来遏制需求，同时又可以取得高额利润，在缓解市场压力、使供求趋于平衡的同时，为扩大生产准备了条件。

4. 利用顾客心理，创造优质效应

作为一种策略，企业可以利用涨价营造名牌形象，使消费者产生价高质优的心理定势，以提高企业知名度和产品声望。对于那些革新产品、贵重商品、生产规模受到限制而难以扩大的产品，这种效应表现得尤为明显。

【案例链接】

5 元白酒策划案

（一）背景

芜湖徽府酒业在 2005 年新品上市，上市前期企业试图进入芜湖中高端白酒市场，也集中人力、财力等企业资源，以中高端产品切入餐饮终端市场，然而面对徽酒强势品牌冲击，新产品上市并不成功，极大地影响了企业的元气。企业在经过深入的市场调研后，果断推出低端流通产品，零售价在 5 元的徽府酒。

（二）理由

第一，以 5 元为主导的低档流通市场容量巨大，尤其是在三、四线县城市场；第二，由于主要竞争对手均将精力集中在中高端产品的市场推广上，无暇顾及低端流通产品的市场操作，给了徽府酒业存在的空隙；第三，低档主导产品——江大曲已是成熟产品，利润空间已经透明，渠道积极性严重不足，仅凭消费者的忠诚消费拉动市场销售，渠道经销商对于既能走量又有较高利润空间的低档新产品的渴望为徽府酒上市提供了一个最好的外部环境。

（三）分析

"5 元"白酒，成功在于对消费者、价格、产品、渠道等要素的分析与策划。

1. 5 元白酒的消费者要素

调研发现，"5 元"白酒的核心消费者是普通的劳动阶层，身份主要是农民以及城市中的产业工人。他们处于社会的最底层，收入水平很低，消费水平很低。他们为了家庭生计、儿女教育而疲于奔命、辛苦劳累；在消费上，他们更注重实惠，对产品价格特别敏感；在品牌、价格、产品的选择层面上，他们更倾向于质优价廉的产品，而对品牌并不特别看重。

2. 5元白酒的价格制定

"5元"白酒的价格制定上特别重要。对于低端产品来说，消费者本身对价格十分敏感。大众消费者对低档价格区间有其心理划分范围。"5元"和"6元"的价格对消费者来说是不一样的；"8元"和"10元"对消费者选择来说也是不同的。

3. 5元白酒的产品品质

产品品质是根本，低端产品不是低质产品，"5元"产品成功的关键是质量优良而稳定的产品。对于低端白酒来说，什么是好酒，消费者认为只要不上头、不口渴、不头痛的酒就是好酒，消费者对其品牌内涵、品牌文化等产品内在品牌核心要素不甚关心。

很多白酒企业为了能够降低成本，提高利润，对于低端产品品质不够坚守。只是简单地使用食用酒精，简单的进行色兑，产品理化指标不够完善，消费者消费产品后，容易产生上头、口渴以及乏力状况。这就很大程度上影响了低端产品的市场推广。

4. 5元白酒的渠道推广

"5元"白酒在市场操作层面上，不需要中高端产品市场操作所需要的大量资金、人力投入。但是，低端流通产品更关注渠道力量，如何调动渠道的积极性，打造完整的、系统的、有竞争力的渠道价值链是"5元"白酒长治久安的根本之道。

如何建立稳定的渠道价值链呢？建议以产品为核心，在区域市场内导入深度分销模式，划区管理，维护市场价格稳定；同时在区域市场内，以建立消费者互动为主要指标的公关活动，以提高品牌的美誉度，以品牌拉力推动渠道积极性。

想一想

"5元"白酒的利在哪里？"5元"白酒市场策划成功的关键是什么？

【学以致用】

实践目标

体会价格调整策略选择对一个企业发展的影响，通过对各大知名企业成功案例的分析，从而总结出优化价格调整策略的常用方法。

实践方案

以小组为单位进行实践，每组选择一个企业或一个产品，对产品的价格策略进行实际调研，通过联系调研企业或收集二手资料，进行实地访谈，然后进行讨论、分析和总结，形成讨论成果。每个小组制作PPT，以此在课堂上进行展示。

技能培养

通过制作《产品价格策划书》锻炼学生的价格策划能力，通过对产品的表述展示锻炼学生的交际能力和口语表达能力，通过虚拟角色扮演让学生能够站在消费者及企业的立场思考，让学生知道价格的调整是一把双刃剑，薄利不一定多销，需要根据企业的目标及实力等因素来灵活调整价格。

【项目小结】

价格是市场营销组合中的关键因素，是促进产品销售的最有效的手段。在市场竞争条件下，企业决定产品的价格应考虑的主要因素。成本费用是定价的基本依据，固定成本和变动成本全部得到补偿，是获取盈利的前提，价格水平的选择要考虑销售数量的影响。

市场需求对定价的影响重大。价格越低，需求量越高，价格越高，供应越多。各种需求弹性也直接影响定价，价格水平、调整方向、变价幅度需要依不同的需求弹性而定。此外，政策因素、市场竞争因素也影响定价。合理选择定价目标，要根据企业所面临的环境和企业内部条件。每个企业都要选择一个主要的定价目标，如利润最大化、提高市场占有率或是维持生存。

企业要考虑竞争者的种种价格，作为自己定价的参考，要从以下定价方法中选择一种方法：总成本加成定价法、盈亏平衡定价法、目标贡献定价法、随行就市定价法、密封定价法、理解价值定价法、差别定价法，并保证这个价格能被市场所接受。企业在以上定价的基础上，运用定价策略对价格进行修正。第一是新产品定价策略，应在"撇脂"与"渗透"定价之间进行选择；第二是心理定价，采用尾数定价、整数定价、声望定价等满足顾客的心理；第三是各种折扣定价，企业建立现金折扣、数量折扣、交易折扣、季节折扣和促销折让；第四是分地区定价，根据不同地区确定不同的价格。其他还有相关产品定价、系列定价、降价保证等。

价格策略是市场营销组合中的重要环节，直接影响企业的收入。企业必须仔细考虑顾客的需求，了解竞争者的意图，采取灵活的价格策略。

【项目练习】

（一）单项选择题（在每小题的四个备选答案中选出一个最合适的答案）

1. 替代品的交叉弹性为（　　）。
   A. 正值　　　　　　　　B. 负值
   C. 零　　　　　　　　　D. 以上都不对
2. 在短期内，企业要实现利润最大化，必须让价格等于（　　）。
   A. 固定成本　　　　　　B. 变动成本
   C. 平均成本　　　　　　D. 边际成本
3. 如果企业的产出增加大于投入增加，则企业支出会使规模效益（　　）。
   A. 减少　　　　　　　　B. 增加
   C. 不变　　　　　　　　D. 以上都不对
4. 成本加成定价中的最适加成与（　　）成反比。
   A. 需求弹性　　　　　　B. 交叉弹性
   C. 价格弹性　　　　　　D. 收入弹性
5. 下列哪些方法是成本导向定价（　　）。
   A. 成本加成定价　　　　B. 认知价值定价
   C. 需求差别定价　　　　D. 密封投标定价
6. 下列哪种方法是需求导向定价（　　）。
   A. 目标定价　　　　　　B. 需求差别定价
   C. 随行就市定价　　　　D. 密封投标定价
7. 下列哪种方法是竞争导向定价（　　）。
   A. 成本加成定价　　　　B. 目标定价
   C. 需求差别定价　　　　D. 随行就市定价
8. 在产品生命周期的最初阶段，把产品价格定得很高，以攫取最大利润的定价策略是（　　）。
   A. 撇脂定价　　　　　　B. 渗透定价
   C. 产品线定价　　　　　D. 单一价格定价
9. 企业把它的创新产品的价格定得相对较低，以吸引大量顾客，提高市场占有率的定价策略是（　　）。
   A. 撇脂定价　　　　　　B. 渗透定价
   C. 产品线定价　　　　　D. 单一价格定价
10. 电信局在一天中对电话费按不同的标准收费，这种定价策略叫（　　）。
    A. 心理定价策略　　　　B. 地区定价策略
    C. 差别定价策略　　　　D. 折扣与折让策略
11. 当市场需求显得对价格极为敏感时，可采用（　　）。

A. 撇脂定价 B. 渗透定价
C. 折扣定价 D. 尾数定价

12. 当市场有足够的购买者，他们的需求缺乏弹性时，应使用（　　）。

A. 折扣定价 B. 渗透定价
C. 尾数定价 D. 撇指定价

(二) 多项选择题（在每小题的备选答案中选出 2～4 个正确答案）

1. 企业采取渗透定价需具备的条件是（　　）。

A. 市场需求对价格极为敏感
B. 低价会刺激市场需求迅速增长
C. 低价不会引起实际和潜在的竞争
D. 企业的生产成本和经营费用会随着生产经营经验的增加而下降

2. 产品线定价的条件是（　　）。

A. 领袖产品应制定为高价 B. 领袖产品应制定为低价
C. 品种较多成本差别不大的企业 D. 系列产品存在需求和成本的内在关联性

3. 差别定价策略的形式有（　　）。

A. 顾客不同价格不同 B. 型号不同价格不同
C. 季节不同价格不同 D. 位置不同价格不同

4. 心理定价策略包括（　　）。

A. 声望定价 B. 尾数定价 C. 招徕定价 D. 折扣定价

5. 下列产品（　　）可以采用声望定价。

A. 质量不易鉴别的商品 B. 生活必需品
C. 非生活必需品 D. 手工产品

6. 下列定价形式中，（　　）属于地区定价策略。

A. 统一交货定价 B. 基点定价
C. 分区定价 D. 尾数定价

(三) 判断题（判断下列论述是否正确）

1. 产品的最高价格取决于产品的成本费用。　　　　　　　　　　（　）
2. 生活必需品的需求收入弹性较大。　　　　　　　　　　　　　（　）
3. 耐用消费品的需求收入弹性较大。　　　　　　　　　　　　　（　）
4. 市场需求会按照和价格相同的方向变动。　　　　　　　　　　（　）
5. 替代品的交叉弹性为正值。　　　　　　　　　　　　　　　　（　）
6. 互补品的交叉弹性为负值。　　　　　　　　　　　　　　　　（　）
7. 在短期内，企业要实现利润最大化，必须价格等于边际成本。　（　）
8. 长期平均成本函数的斜率由规模效益决定。　　　　　　　　　（　）
9. 在完全竞争条件下，边际收益大于市场价格。　　　　　　　　（　）

10. 在成本加成定价中,最适加成与价格弹性成正比。（ ）
11. 随行就市定价是异质产品市场的惯用定价方法。（ ）
12. 市场需求对价格极为敏感时应采用撇脂定价。（ ）
13. 市场需求缺乏弹性时应采用渗透定价。（ ）
14. 在使用密封投标定价法时,企业不能将其报价定得低于边际成本。（ ）

（四）简答题
1. 企业制定价格的步骤是什么?
2. 企业选定最后的价格时需考虑哪些情况?
3. 企业应如何进行产品线定价?

（五）论述题
1. 试述需求差别定价的形式有哪些?
2. 试述地区定价策略的形式有哪些?

项目八

食品营销渠道

【学习指南】

知识目标

1. 了解企业分销渠道的种类。
2. 了解中间商的特点、功能和主要类型。

技能概述

1. 能为模拟公司的产品制定分销渠道策略。
2. 能选择与评估渠道成员。

【案例导入】

保健品抢占终端制高点

零售店铺也称为销售终端,在市场竞争激烈的今天,谁控制了终端,谁就掌握了市场的主动权。

保健品销售终端主要包括药店、商场、超市等。据统计,到终端购买保健品的顾客中,大约30%的顾客并无明确目的,他们主要靠产品包装、POP、营业员导购决定购买;其余70%的顾客会指定品牌,但是其中25%的顾客在经过营业员的极力推荐后会改变初衷,而改购其他品牌。可见,终端工作是基础工作中的重中之重。

任务一
分析产品渠道及选择渠道策略

任务目标

1. 了解产品渠道主要职能和类型。
2. 能掌握渠道选择策略。

【核心理论】

一、分销渠道

(一)分销渠道的含义

所谓分销渠道是指某种产品和服务在从生产者向消费者转移过程中,取得这种产品和服务的所有权或帮助所有权转移的所有企业和个人。因此,分销渠道包括商人中间商(因为他们取得所有权)和代理中间商(因为他们帮助转移所有权),此外,还包括处于渠道起点和终点的生产者和最终消费者或用户。但是不包括供应商、辅助商。

分销渠道的职能在于它是连结生产者和消费者或用户的桥梁和纽带。企业使用分销渠道是因为在市场经济条件下,生产者和消费者或用户之间存在空间分离、时间分离、所有权分离、供需数量差异以及供需品种差异等方面的矛盾。

(二)分销渠道的主要职能

分销渠道的主要职能:

(1)调研 调研是指收集制定计划和进行交换所必需的信息。

(2)促销 促销是指进行关于所供产品的说服性沟通。

(3)接洽 接洽是指寻找潜在购买者并进行有效的沟通。

(4)配合 配合是指所供产品符合购买者需要,包括制造,分等,装配,包装等活动。

(5)谈判 谈判是指为了转移所供物货的所有权,而就其价格及有关条件达成最后协议。

(6)物流 物流是指从事产品的运输,储存,配送。

(7)融资 融资是指为补偿分销成本而取得并支付相关资金。

(8)风险承担 风险承担是指承担于渠道工作有关的全部风险。

二、分销渠道的类型

依据不同标准,分销渠道可有不同分类。

(一) 直接渠道与间接渠道

直接渠道和间接渠道的区别实际上就是企业在分销活动中是否通过中间商的问题。

1. 直接渠道

直接渠道又称直接销售,是指产品在从生产领域流向消费领域的过程中不经过任何中间商转手的渠道类型。一般生产资料的销售通常用这种渠道,大约80%的生产资料是直接销售的。此外,消费品中的一些传统产业和新兴服务业也采用直接销售的方式。

2. 间接渠道

间接渠道又称间接销售,是指产品从生产领域转移到消费领域要经过若干中间环节的分销渠道。间接渠道是消费品销售的主要渠道,大约占消费品销售的95%。此外,一部分生产资料也通过若干中间商转卖给生产性团体用户。

具体到某一种商品的渠道选择要根据具体情况区别对待,即使是同类产品,企业在运用直接渠道,抑或间接渠道上都有其战略设想和成功的机会。

(二) 分销渠道的长与短

商品在从生产者转移到消费者或用户的流通过程中,要经过若干"流通环节"或"中间层次"(如批发商、代理商、零售商等)。在商品流通过程中,经过的环节或层次越多,分销渠道越长;反之,分销渠道越短。分销渠道的长与短是相对而言的,仅从形式的不同不能决定孰优孰劣。因为随着营销渠道的长短变化,一种产品既定的市场营销职能不会减少或增加,只是在参与流通过程的中间商之间转移替代或分担。因此,渠道长度决策的关键是选择适合自身特点的渠道类型,权衡利弊得失,尽力扩大经营的效能和效益。实际上,企业往往采取多渠道推销某种产品,取长补短,提高市场渗透程度,以适应不同的市场需求。

(三) 分销渠道的宽与窄

分销渠道中,每个层次使用同种类型中间商的数目越多,分销渠道越宽;反之,分销渠道越窄。分销渠道的宽与窄是和生产企业所采取的分销战略相关联的,一般有三种类型。

(1) 密集分销　这是一种最宽的销售渠道。即在同一渠道环节层次上,生产企业尽量通过众多的中间商来推销其产品。

(2) 选择分销　它是指生产企业在某一地区仅通过几个最合适的中间商推销产品。

(3) 独家分销　它是指生产企业在某一市场对一种产品仅选择一家批发商或零售

商销售，通过双方协商签订独家经销合同，规定生产企业不得让第三方承担购销业务。

（四）传统渠道与渠道系统

市场营销渠道如果按照一条渠道中渠道成员相互联系的紧密程度，又可分为传统渠道和渠道系统。

在传统渠道中，生产企业和各个中间商彼此独立决策，购销交易是建立在相互激烈竞争基础上的，联系松散，对象也不固定。这种渠道中的每个成员都是一个独立的经济实体，各自为了追求自己利润的最大化，不惜减少整个渠道的利润，而且没有一个渠道成员有能力控制渠道的其他成员。

与之相反，在渠道系统中，渠道成员之间都采取不同程度的一体化经营或联合经营。现代企业倾向于建立一种垂直型分销渠道系统，在这种渠道系统中，各个层次的成员：生产者、批发商、零售商之间形成一种更为密切的联系。系统中的成员或拥有并将专卖特许权授予其他成员，或者拥有某种权力可以迫使其他成员合作。在垂直渠道系统中，生产者、批发商或零售商都可能处于支配地位。

三、影响分销渠道的因素

影响分销渠道选择的因素很多。生产企业在选择分销渠道时，必须对下列几方面的因素进行系统的分析和判定，才能做出合理的选择。

（一）产品因素

1. 产品价格

一般来说，产品单价越高，越应注重减少流通环节，否则会造成销售价格的提高，从而影响销路，这对生产企业和消费者都不利。而单价较低、市场较广的产品，则通常采用多环节的间接分销渠道。

2. 产品的体积和重量

产品的体积大小和轻重，直接影响运输和储存等销售费用，过重的或体积大的产品，应尽可能选择最短的分销渠道。对于那些按运输部门规定的起限（超高、超宽、超长、集重）的产品，尤应组织直达供给。小而轻且数量大的产品，则可考虑采取间接分销渠道。

3. 产品的易毁性或易腐性

产品有效期短，储存条件要求高或不易多次搬运者，应采取较短的分销途径，尽快送到消费者手中，如鲜活品、危险品。

4. 产品的技术性

有些产品具有很高的技术性，或需要经常的技术服务与维修，应以生产企业直接销售给用户为好，这样，可以保证向用户提供及时良好的销售技术服务。

5. 定制品和标准品

定制品一般由产需双方直接商讨规格、质量、式样等技术条件，不宜经由中间商销售。标准品具有明确的质量标准、规格和式样，分销渠道可长可短，有的用户分散，宜由中间商间接销售；有的则可按样本或产品目录直接销售。

6. 新产品

为尽快地把新产品投入市场，扩大销路，生产企业一般重视组织自己的推销队伍，直接与消费者见面，推介新产品和收集用户意见。如能取得中间商的良好合作，也可考虑采用间接销售形式。

（二）市场因素

1. 购买批量大小

购买批量大，多采用直接销售；购买批量小，除通过自设门市部出售外，多采用间接销售。

2. 消费者的分布

某些商品消费地区分布比较集中，适合直接销售。反之，适合间接销售。工业品销售中，本地用户产需联系方便，因而适合直接销售。外地用户较为分散，通过间接销售较为合适。

3. 潜在顾客的数量

若消费者的潜在需求多，市场范围大，需要中间商提供服务来满足消费者的需求，宜选择间接分销渠道。若潜在需求少，市场范围小，生产企业可直接销售。

4. 消费者的购买习惯

有的消费者喜欢到企业买商品，有的消费者喜欢到商店买商品。所以，生产企业应既直接销售，也间接销售，满足不同消费者的需求，也增加了产品的销售量。

（三）生产企业本身的因素

1. 资金能力

企业本身资金雄厚，则可自由选择分销渠道，可建立自己的销售网点，采用产销合一的经营方式，也可以选择间接分销渠道。企业资金薄弱则必须依靠中间商进行销售和提供服务，只能选择间接分销渠道。

2. 销售能力

生产企业在销售力量、储存能力和销售经验等方面具备较好的条件，则应选择直接分销渠道。反之，则必须借助中间商，选择间接分销渠道。另外，企业如能和中间商进行良好的合作，或对中间商能进行有效地控制，则可选择间接分销渠道。若中间商不能很好地合作或不可靠，将影响产品的市场开拓和经济效益，则不如进行直接销售。

3. 可能提供的服务水平

中间商通常希望生产企业能尽多地提供广告、展览、修理、培训等服务项目，为销售产品创造条件。若生产企业无意或无力满足这方面的要求，就难以达成协议，迫使生产企业自行销售。反之，提供的服务水平高，中间商则乐于销售该产品，生产企业则选择间接分销渠道。

4. 发货限额

生产企业为了合理安排生产，会对某些产品规定发货限额。发货限额高，有利于直接销售；发货限额低，则有利于间接销售。

(四) 政策规定

企业选择分销渠道必须符合国家有关政策和法令的规定。某些按国家政策应严格治理的商品或计划分配的商品，企业无权自销和自行委托销售；某些商品在完成国家指令性计划任务后，企业可按规定比例自销，如专卖制度（如烟）、专控商品（控制社会集团购买力的少数商品）。另外，如税收政策、价格政策、出口法、商品检验规定等，也都影响分销途径的选择。

(五) 经济收益

不同分销途径经济收益的大小也是影响选择分销渠道的一个重要因素。对于经济收益的分析，主要考虑的是成本、利润和销售量三个方面的因素。具体分析如下。

1. 销售费用

销售费用是指产品在销售过程中发生的费用。它包括包装费、运输费、广告宣传费、陈列展览费、销售机构经费、代销网点和代销人员手续费、产品销售后的服务支出等。一般情况，减少流通环节可降低销售费用，但减少流通环节的程度要综合考虑，做到既节约销售费用，又要有利于生产发展和体现经济合理的要求。

2. 价格分析

（1）在价格相同条件下，进行经济效益的比较。目前，许多生产企业都以同一价格将产品销售给中间商或最终消费者，若直接销售量等于或小于间接销售量时，由于生产企业直接销售时要多占用资金，增加销售费用，所以，间接销售的经济收益高，对企业有利；若直接销售量大于间接销售量，而且所增加的销售利润大于所增加的销售费用，则选择直接销售有利。

（2）当价格不同时，进行经济收益的比较。主要考虑销售量的影响，若销售量相等，直接销售多采用零售价格，价格高，但支付的销售费用也多。间接销售采用出厂价，价格低，但支付的销售费用也少。究竟选择什么样的分销渠道，可以通过计算两种分销渠道的盈亏临界点作为选择的依据。当销售量大于盈亏临界点的数量，选择直接分销渠道；反之，则选择间接分销渠道。在销售量不同时，则要分别计算直接分销渠道和间接分销渠道的利润，并进行比较，一般选择获利多的分销渠道。

(六) 中间商特性

各类各家中间商实力、特点不同，诸如广告、运输、储存、信用、训练人员、送货频率方面具有不同的特点,从而影响生产企业对分销渠道的选择。

四、分销渠道策略

(一) 密集分销策略

在密集分销中,凡是符合生产商的最低信用标准的渠道成员都可以参与其产品或服务的分销。密集分销意味着渠道成员之间的激烈竞争和很高的产品市场覆盖率。密集式分销最适用于便利品。它通过最大限度地便利消费者而推动销售的提升。

采用这种策略有利于广泛占领市场,便利购买,及时销售产品。而其不足之处在于,在密集分销中能够提供服务的经销商数目总是有限的。生产商有时得对经销商的培训、分销支持系统、交易沟通网络等进行评价以便及时发现其中的障碍。而在某一市场区域内,经销商之间的竞争会造成销售努力的浪费。由于密集分销加剧了经销商之间的竞争,他们对生产商的忠诚度便降低了,而且价格竞争激烈了,经销商也不再愿意合理地接待客户了。

(二) 选择分销策略

生产企业在特定的市场选择一部分中间商来推销本企业的产品。采用这种策略,生产企业不必花太多的精力联系为数众多的中间商,而且便于与中间商建立良好的合作关系,还可以使生产企业获得适当的市场覆盖面。与密集分销策略相比,采用这种策略具有较强的控制力,成本也较低。

选择分销中的常见问题是如何确定经销商区域重叠的程度。在选择分销中重叠的量决定着在某一给定区域内选择分销和密集分销所接近的程度。虽然市场重叠率会方便顾客的选购,但也会在零售商之间造成一些冲突。低重叠率会增加经销商的忠诚度,但也降低了顾客的方便性。

(三) 独家分销策略

独家分销策略即生产企业在一定地区、一定时间只选择一家中间商销售自己的产品。独家分销的特点是竞争程度低。一般情况下,只有当公司想要与中间商建立长久而密切的关系时才会使用独家分销。因为它比其他任何形式的分销更需要企业与经销商之间更多的联合与合作,其成功是相互依存的。它比较适用于服务要求较高的专业产品。

独家分销使经销商们得到庇护,即避免了与其他竞争对手作战的风险,独家分销还可以使经销商无所顾忌地增加销售开支和人员以扩大自己的业务,不必担心生产企业会另谋高就。而且,采用这种策略,生产商能在中间商的销售价格、促销活动、信用和各种服务方面有较强的控制力,从事独家分销的生产商还期望通过这种形式取得经销商们强有力的销售支持。

独家分销的不足之处主要是由于缺乏竞争会导致经销商力量减弱,而且对顾客来说也不方便。独家分销会使经销商们认为他们可以支配顾客,因为在市场中他们占据了垄断性位置,对于顾客来说,独家分销可能使他们在购买地点的选择上感到不方便。采用独家分销,通常双方要签订协议,在一定的地区、时间内,规定经销商不得再经销其他竞争者的产品;生产商也不得再找其他中间商经销该产品。

【学以致用】

实践目标

通过本次实训训练,使学生认识分销渠道的重要性,了解到渠道的类型,理解影响分销渠道的因素。

实践方案

1. 以小组为单位选择所在城市的中小企业进行实地调查,了解其渠道选择、渠道运行等状况。
2. 各小组在掌握调查材料的基础上,总结其走访企业的渠道状况及模式并进行讨论。

技能培养

1. 以走访调查的方式培养学生的口语交际能力。
2. 以网络搜集形式锻炼学生的数据信息处理能力。

思考练习

分析项目导入案例,思考以下问题。
问题:为什么对于保健品来说,渠道的运用更为重要?

任务二

选择与评估渠道成员

任务目标

1. 了解中间商的类型。
2. 能掌握如何选择与评估渠道成员。

【核心理论】

一、批发商

（一）批发商的性质
（1）从销售对象来讲，批发是指一切将物品或服务销售给为了转卖或者商业用途而进行购买的个人或组织的活动。

（2）从销售批量来讲，批发商也由于销售的对象是企业、机关用户，因此销售批量较大。

（3）从地区分布来讲，由于批发商从事批发贸易，为生产企业、各种用户、批发企业、广大零售企业服务，因此通常都集中在全国性的大城市，中小批发商通常都集中在地方性的中小城市。

（二）批发商存在的必要性
（1）小型制造商财力有限，无法单独设立一个直接销售部门，而批发商的存在，就解决了这一难题。

（2）大制造商虽财力雄厚，宁愿将资金投在生产设备上，以创造更高的效率，而不愿投资于费用高昂的分销渠道上。

（3）批发商在分销上可以享有规模效益，而且它与零售网点接触面广，还具有进货、批发的专门技术，因此，生产者认为批发商分销效率高，愿与之合作。

（4）零售商经营品种繁多，一般也不大可能每种商品都从生产者那里进货，因而那些经营品种有限的生产者更需批发商解决产品销售难题。

（三）批发商的职能
（1）销售与促销职能　批发商通过其销售人员的业务活动，可以使制造商有效地借助众多的小客户，促进销售。

（2）整买零卖职能　批发商可以整批地买进商品，再根据零售商的需要批发出去，从而降低零售商的进货成本。

（3）采购与搭配货色职能　批发商代替顾客选购产品，并根据顾客需要将各种货色进行有效的搭配，从而使顾客节省不少时间。

（4）仓储服务职能　批发商可将商品储存到出售为止，从而降低供应商和顾客的存货成本和风险。

（5）运输职能　由于批发商一般距零售商较近，可以很快地将商品送到顾客手中。

（6）融资职能　批发商可以向客户提供信用条件，提供融资服务；另一方面，如果批发商能够提前订货或准时付款，也等于为供应商提供了融资服务。

（7）风险承担职能　批发商在分销过程中，由于拥有商品所有权，故可承担失窃、瑕疵、损坏或过时等各种风险。

（8）提供信息职能　批发商可向其供应商提供有关卖主的市场信息，诸如竞争者的活动、新产品的出现、价格的剧烈变动等。

（9）管理咨询服务职能　批发商可经常帮助零售商培训推销人员、布置商店以及建立会计系统和存货控制系统等，从而提高零售商的经营效益。

（四）批发商的类型

1. 商人批发商（独立批发商）

商人批发商是指自己进货，取得商品所有权后再批发售出的商业单位。这是批发商的最主要类型。商人批发商按职能和提供的服务是否完全，还可分为两种类型。完全服务批发商和有限服务批发商。

2. 商品代理商

商品代理商是指从事购买或销售或二者兼备的洽商工作，但不取得商品所有权的商业单位。与商业批发商不同的是，它们对其经营的产品没有所有权，所提供的服务比有限服务批发商还少，其主要职能在于促成产品的交易，借此赚取佣金作为报酬。主要有商品经纪人、制造商的代理商、销售代理商、拍卖行等几种形式的代理商。

二、零售商

（一）零售商的形式

零售商是指个人或企业单位把商品直接卖给最后消费者用于个人生活消费的销售活动。零售的形式多种多样，随着经济的发展，城市的变迁，人们消费习惯的变化而不断发生着变化，一些新形式兴起，一些旧形式被淘汰了。目前存在的零售商业主要有以下几种形式：

（1）百货商店。
（2）专业商店。
（3）超级市场。
（4）便利商店。
（5）仓储式商场。
（6）邮购和电视购物。
（7）直接销售。
（8）自动售货。

（二）零售商业的营销决策

在零售竞争中，许多企业竞相采取不同的零售营销组合以加强企业形象，避免陷入与竞争者过于雷同的境地，从而使零售经营形式多样化。零售商业的营销决策可以从决定目标市场、货色搭配、服务、价格、促销和地点等方面做出选择。

三、分销渠道决策

(一) 选择渠道成员的条件

一般情况下要选择具体的中间商必须考虑以下条件：

1. 中间商的市场范围

市场是选择中间商最关键的原因。首先要考虑预先定的中间商的经营范围所包括的地区与产品的预计销售地区是否一致，比如，产品在东北地区，中间商的经营范围就必须包括这个地区。其次，中间商的销售对象是否是生产商所希望的潜在顾客，这是个最根本的条件。因为生产商都希望中间商能打入自己已确定的目标市场，并最终说服消费者购买自己的产品。

2. 中间商的产品政策

中间商承销的产品种类及其组合情况是中间商产品政策的具体体现。选择时一要看中间商有多少"产品线"（即供应的来源）；二要看各种经销产品的组合关系，是竞争产品还是促销产品。一般认为应该避免选用经销竞争产品的中间商，即中间商经销的产品与本企业的产品是同类产品，

3. 中间商的地理区位优势

区位优势即位置优势。选择零售中间商最理想的区位应该是顾客流量较大的地点。批发中间商的选择则要考虑它所处的位置是否利于产品的批量储存与运输。通常以交通枢纽为宜。

4. 中间商的产品知识

许多中间商被规模巨大，而且有名牌产品的生产商选中，往往是因为它们对销售某种产品有专门的经验。选择对产品销售有专门经验的中间商就会很快地打开销路。因此生产企业应根据产品的特征选择有经验的中间商。

5. 预期合作程度

中间商与生产企业合作得好会积极主动地推销企业的产品，对双方都有益处。有些中间商希望生产企业也参与促销，扩大市场需求，并相信这样会获得更高的利润。生产企业应根据产品销售的需要确定与中间商合作的具体方式，然后再选择最理想合作中间商。

6. 中间商的财务状况及管理水平

中间商能否按时结算包括在必要时预付货款，这取决于其财力的大小。整个企业销售管理是否规范、高效，关系着中间商营销的成败，而这些都与生产企业的发展休戚相关，因此，这两方面的条件也必须考虑。

7. 中间商的促销政策和技术

采用何种方式推销商品及运用选定的促销手段的能力直接影响销售规模。有些产品广告促销比较合适，而有些产品则适合通过销售人员推销。有的产品需要

有效的储存，有的则应快速运输。要考虑到中间商是否愿意承担一定的促销费用以及有没有必要物质、技术基础和相应的人才。选择中间商前必须对其所能完成某种产品销售的市场营销政策和技术的现实可能程度作全面评价。

8. 中间商的综合服务能力

现代商业经营服务项目甚多，选择中间商要看其综合服务能力如何，有些产品需要中间商向顾客提供售后服务，有些在销售中要提供技术指导或财务帮助（如赊购或分期付款），有些产品还需要专门的运输存储设备。合适的中间商所能提供的综合服务项目与服务能力应与企业产品销售所需要的服务要求相一致。

（二）分销渠道的管理

分销渠道管理是指生产者设法解决与中间商的冲突，并以各种适宜的措施去支持和激励中间商积极分销，从而促使商品高效地流转到消费者手中的活动过程。

（1）选择渠道成员。

（2）为中间商提供适销对路的产品，争做渠道中的"领袖"成员。

（3）合理分配销售利润。

（4）恰到好处地实施激励措施。

（5）评估渠道成员。

（6）对渠道成员实施适当的强制。

（7）利用专门知识。

【学以致用】

实践目标

以小组为单位，走访当地的批发市场、零售市场或超级市场等，选择其中一种类型进行分析其市场的特点，并讨论其选择渠道成员的标准。

实践方案

通过本训练，让学生根据市场需求状况，分析竞争对手的分销策略，选择最佳的分销渠道，对分销渠道的"长度"、"宽度"、"成员"实施方案进行设计，掌握分销渠道选择的基本技能。

1. 了解、熟悉分销策略理论，并掌握撰写相关方案的格式内容及技巧。

2. 根据市场需求状况，分析竞争对手的分销策略，选择最佳的分销渠道，对分销渠道的"长度"、"宽度"、"成员"实施方案进行设计。

3. 每个团队选1名代表面对全班同学陈述团队设计的思路内容及感觉。

【案例链接】

娃哈哈——渠道的成功与困惑

杭州娃哈哈集团有限公司是目前中国最大的食品饮料生产企业,在全国23个省自治区、直辖市市建有60多家合资控股、参股公司,在全国除台湾外的所有省、自治区、直辖市均建立了销售分支机构,拥有员工近2万名,总资产达66亿元。娃哈哈公司主要从事食品饮料的开发、生产和销售,已形成年产饮料600万吨的生产能力及与之相配套的制罐、制瓶、制盖等辅助生产能力,主要生产含乳饮料、瓶装水、碳酸饮料、茶饮料、果汁饮料、罐头食品、医药保健品七大类50多个品种的产品。2003年,公司营业收入突破100亿元大关,成为全球第五大饮料生产企业,仅次于可口可乐、百事可乐、吉百利、柯特4家跨国公司。自1998年以来,娃哈哈在资产规模、产量、销售收入、利润、利税等指标上一直位居中国饮料行业首位。

娃哈哈的产品并没有很高的技术含量,其市场业绩的取得和它对渠道的有效管理密不可分。娃哈哈在全国31个省、自治区、直辖市选择了1000多家能控制一方的经销商,组成了几乎覆盖中国每一个乡镇的联合销售体系,形成了强大的销售网络。娃哈哈非常注重对经销商的促销努力,公司会根据一定阶段内的市场变动、竞争对手的行为以及自身产品的配备而推出各种各样的促销政策。针对经销商的促销政策,既可以激发其积极性,又保证了各层销售商的利润,因而可以做到促进销售而不扰乱整个市场的价格体系。娃哈哈对经销商的激励采取的是返利激励和间接激励相结合的全面激励制度。娃哈哈通过帮助经销商进行销售管理,提高销售效率来激发经销商的积极性。娃哈哈各区域分公司都有专业人员指导经销商,参与具体销售工作;各分公司派人帮助经销商管理铺货、理货以及广告促销等业务。

娃哈哈的经销商分布在全国31个省、自治区、直辖市,为了对其行为实行有效控制,娃哈哈采取了保证金的形式,要求经销商先交预付款,对于按时结清货款的经销商,娃哈哈偿还保证金并支付高于银行同期存款利率的利息。娃哈哈总裁宗庆后认为:"经销商先交预付款的意义是次要的,更重要的是维护一种厂商之间独特的信用关系。我们要经销商先付款再发货,但我给他利息,让他的利益不受损失,每年还返利给他们。这样,我的流动资金十分充裕,没有坏账,双方都得了利,实现了双赢。娃哈哈的联销体以资金实力、经营能力为保证,以互信互助为前提,以共同受益为目标指向,具有持久的市场渗透力和控制力,并能大大激发经销商的积极性和责任感。"

为了从价格体系上控制窜货,娃哈哈实行级差价格体系管理制度。根据区域的不同情况,制订总经销价、一批价、二批价、三批价和零售价,使每一层次、每一环节的渠道成员都取得相应的利润,保证了有序的利益分配。

同时，娃哈哈与经销商签订的合同中严格限定了销售区域，将经销商的销售活动限制在自己的市场区域范围之内。娃哈哈发往每个区域的产品都在包装上打上编号，编号和出厂日期印在一起，根本不能被撕掉或更改，借以准确监控产品去向。娃哈哈专门成立了一个反窜货机构，巡回全国严厉稽查，保护各地经销商的利益。娃哈哈的反窜货人员经常巡察各地市场，一旦发现问题马上会同企业相关部门及时解决。总裁宗庆后及各地的营销经理也时常到市场检查，一旦发现产品编号与地区不符，便严令彻底追查，按合同条款严肃处理。娃哈哈奖罚制度严明，一旦发现跨区销售行为将扣除经销商的保证金以支付违约损失，情节严重的将取消其经销资格。

娃哈哈全面激励和奖惩严明的渠道政策有效地约束了上千家经销商的销售行为，为庞大渠道网络的正常运转提供了保证。凭借其"蛛网"般的渠道网络，娃哈哈的含乳饮料、瓶装水、茶饮料销售到了全国的各个角落。2004年2月新产品"激活"诞生，3月初铺货上架，从大卖场、超市到娱乐场所、交通渠道、学校和其他的一些传统的批发零售渠道，"激活"出现在了它能够出现的一切地方。娃哈哈将其渠道网络优势运用得淋漓尽致，确保了"激活"在迅速推出的同时尽快形成规模优势。

面对可口可乐、百事可乐、康师傅和统一的全面进攻，娃哈哈大胆创新，尝试大力开展销售终端的启动工作，从农村走入城市。总裁宗庆后认为，现在饮料企业的渠道思路主要有三种：一是可口可乐、百事可乐的直营思路，主要做终端；二是健力宝的批发市场模式；三就是娃哈哈的联销体思路。娃哈哈在品牌、资金方面不占优势，关键就要扬长避短，尽可能地发挥自己的优势，而抑制对方的长处。娃哈哈推出非常可乐，从上市之初就没有正面与可口可乐、百事可乐展开竞争，而是瞄准了中西部市场和广大农村市场，通过错位竞争，借助于强大的营销网络布局，把自己的可乐输送到中国的每一个乡村与角落地带，利用"农村包围城市"的战略在中国碳酸饮料市场占据了一席之地。

有学者将娃哈哈的成功模式归结为"三个一"即"一点，一网，一力"。一点指的是它广告促销点，一网指的是娃哈哈精心打造的销售网，一力指的则是经营经销商的能力。"三个一"的运作流程是：先通过强力广告推新产品，以广告轰炸把市场冲开，形成销售的预期；接着通过严格的价差体系做销售网，通过明确的价差使经销商获得第一层利润；最后常年推出各种各样的促销政策，将企业的一部分利润通过日常促销与年终返利让渡给经营经销商。但这种模式也存在着问题：当广告越强调促销的时候，产品就会变成"没有文化"的功能产品，而不是像可口可乐那样成为"文化产品"，结果会造成广告与产品之间的刚性循环。广告要越来越精确地找到"卖点"，产品要越来越多地突出功能，结果必然是广告的量要越来越大，或者是产品的功能要出新意，才能保证销量。

想一想

1. 娃哈哈为了实现有效的渠道网络管理采取了哪些措施？取得了什么样的效果？
2. 你认为娃哈哈现有渠道模式的主要问题在什么地方？娃哈哈应当如何完善它的渠道建设？

【项目小结】

分销渠道指产品或服务从企业向消费者转移过程中，所有取得产品所有权或协助产品所有权转移的组织和个人。它主要包括商人中间商、代理中间商，以及处于分销渠道起点和终点的企业和消费者。分销渠道根据是否有中间商的介入划分，可以分为直接渠道和间接渠道；根据中间环节层次的多少划分，分为长渠道和短渠道；根据同一层次中间商多少划分，分为宽渠道和窄渠道。

垂直渠道系统由生产者、批发商和零售商纵向整合组成，其成员或属于同一家公司或为专卖特许权授予成员，或为有足够控制能力的企业左右。该系统主要有公司式、管理式和合同式三种形式。

中间商是指在食业与消费者之间，专门从事产品流通活动的经济组织或个人，或者说是企业向消费者出售产品的中间机构。按其在产品流通中所起的作用不同，又可分为批发商和零售商。

渠道冲突是指某渠道成员意识到另一成员从事损害、威胁其利益，或以牺牲其利益为代价获取稀缺资源的活动，从而引发的争执、敌对和报复等行为。

【项目练习】

（一）单项选择题（在每小题的四个备选答案中选出一个最合适的答案）

1. 分销渠道不包括（   ）。
   A. 代理中间商   B. 商代理商
   C. 生产者和用户   D. 辅助商
2. （   ）主要用于分销产业用品。
   A. 一层渠道   B. 二层渠道
   C. 零层渠道   D. 三层渠道
3. 批发商的最主要的类型是（   ）。
   A. 经纪人   B. 代理商
   C. 商人批发商   D. 制造商销售办事处
4. （   ）对其经营的商品没有所有权。

A. 经纪人和代理商　　　　　　B. 商人批发商
C. 制造商销售办事处　　　　　D. 卡车批发商

5. 大多数佣金商从事（　　）的代销业务。
   A. 工业品　　　　　　　　　　B. 农产品
   C. 消费品　　　　　　　　　　D. 生活必需品

6. 下列哪些形式不属于零售商（　　）。
   A. 代理商　　　　　　　　　　B. 商店零售商
   C. 零售机构　　　　　　　　　D. 非商店零售商

7. 20世纪最重要的发展是（　　）。
   A. 超级市场　　　　　　　　　B. 连锁店
   C. 电视市场营销　　　　　　　D. 直接邮购

8. 在专用品商店中，（　　）发展最快。
   A. 超级市场　　　　　　　　　B. 有限产品线商店
   C. 超级专用品商店　　　　　　D. 单一产品线商店

9. 下列哪种方式不属于零售组织（　　）。
   A. 连锁店　　　　　　　　　　B. 自愿连锁店
   C. 特许专卖组织　　　　　　　D. 超级市场

10. 下列形式中，属于商店零售商的是（　　）。
    A. 专用品商店　　　　　　　　B. 购物服务公司
    C. 自动售货　　　　　　　　　D. 连锁店

11. （　　）可以产生几何级数市场营销效果。
    A. 邮购　　　　　　　　　　　B. 电话订购
    C. 上门销售　　　　　　　　　D. 多层传销

12. 不适宜采用多层传销的产品是（　　）。
    A. 美容护肤品　　　　　　　　B. 营养保健品
    C. 家用电器　　　　　　　　　D. 家族工艺品

13. 当顾客人数多时，生产者倾向于利用（　　）渠道。
    A. 宽　　　　　　　　　　　　B. 窄
    C. 长　　　　　　　　　　　　D. 短

14. 如果顾客经常小批量购买，则须采用（　　）渠道为其供货。
    A. 长　　　　　　　　　　　　B. 短
    C. 宽　　　　　　　　　　　　D. 窄

15. 当经济萧条时，应采用（　　）渠道。
    A. 长　　　　　　　　　　　　B. 短
    C. 宽　　　　　　　　　　　　D. 窄

（二）多项选择题（在每小题的备选答案中选出2~4个正确答案）

1. 市场营销渠道包括（　　）。

A. 供应商 B. 商人中间商
C. 代理中间商 D. 最终消费者
2. 分销渠道不包括（   ）。
A. 供应商 B. 辅助商
C. 最终消费者 D. 代理中间商
3. 在产业市场，一层渠道通常是（   ）。
A. 销售代理商 B. 批发商
C. 佣金商 D. 销售代理商
4. 在产业市场，二层渠道通常是（   ）。
A. 销售代理商 B. 佣金商
C. 销售代理商 D. 批发商
5. 下列哪些是渠道流程的种类（   ）。
A. 实体流程 B. 所有权流程
C. 促销流程 D. 信息流程
6. 下列哪些是市场营销渠道的职能（   ）。
A. 研究 B. 促销
C. 谈判 D. 风险承担
7. 批发商与零售商的差异有：（   ）。
A. 批发商注重促销、环境和地点
B. 批发商业务比零售商业务大
C. 政府对批发商和零售商采取相同的法律条令和税收政策。
D. 批发商覆盖的贸易地区比零售商大。
8. 批发商品的主要类型有（   ）。
A. 商人批发商 B. 经纪人
C. 代理制 D. 制造商销售办事处
9. 下列哪些属于代理商（   ）。
A. 制造商代理 B. 销售代理商
C. 采购代理商 D. 佣金商
10. 零售商包括（   ）。
A. 佣金商 B. 商店零售商
C. 非商店零售商 D. 零售机构

（三）判断题（判断下列论述是否正确）

1. 从企业经营的角度出发来解释产品分销时的渠道，应用分销渠道这一概念。
（   ）
2. 直接市场营销渠道主要用于分销产业用品。（   ）
3. 从生产者观点看，随着渠道层次的增多，控制渠道所需解决的问题会减少。
（   ）

4. 卡车批发商是批发商的最主要的类型。　　　　　　　　　　（　　）
5. 20 世纪零售业最重要的是连锁店。　　　　　　　　　　　（　　）
6. 多层传销属于线性销售。　　　　　　　　　　　　　　　　（　　）
7. 企业产品组合的广度越大,与顾客直接交易的能力越大。　　（　　）
8. 产品组合的深度越大,使用独有专售或选择性代理商就越有利。（　　）
9. 产品组合关联性越强,越应使用性质相同或相似的市场营销渠道。（　　）
10. 相对而言,消费者中的选购品和特殊品最宜于采取密集分销。（　　）

（四）简答题
1. 渠道改进决策哪些内容?
2. 市场营销交替方案所涉及的因素是什么?

（五）论述题
1. 设计一个有效的渠道系统须经过哪些步骤?
2. 批发商执行的职能是什么?
3. 如何对渠道进行管理?

项目九

促销策略

【学习指南】

知识目标

1. 掌握促销的含义和作用。
2. 掌握食品促销的基本策略。

技能概述

1. 了解人员推销的步骤,了解营业推广的概念及其类型。
2. 运用广告概念进行媒体选择。
3. 熟练运用公共关系的主要方法。

【案例导入】

1997年养生堂开始进入水市场的时候,水行业里也是杀声震天,农夫山泉不仅当年入行当年进入三甲,而且还创造了著名的策划:"农夫山泉有点甜"。"农夫"给人以淳朴、敦厚、实在的感觉,社会的变迁、紧张的工作生活节奏、人情味的日渐淡薄和人际关系交往中层层设防,现代人的内心深处其实就是在寻找这样的一种"农夫"感觉。"农"相对于"工",远离了工业污染,"山泉"给人以回归大自然的感觉。即使兵戎相见的今天,自视很高的娃哈哈总裁宗庆后仍然高度评价说:"养生堂公司有它的成功之处,尤其在广告宣传上有值得借鉴和学习的地方。'农夫山泉有点甜'这个广告的效应比较大。"农夫山泉的另一个大竞争对手——乐百氏集团公司总裁何伯权也是对其赞赏有加:"农夫山泉的确长于宣传炒作,它的广告语'农夫山泉有点甜'非常妙,在水类广告中是一句经典,这是一种心理暗示,消费者经过暗示之后,觉得这个产品真的是有点甜,在水市场日趋激烈时候,它成功了。"

想一想

1. 农夫山泉的广告定位如何?
2. 农夫山泉的这次策划是否成功?
3. 请分析这次策划的得与失。

任务一

传播与促销概述

任务目标

1. 理解促销的概念和作用。
2. 熟练而准确地运用促销组合策略。

【核心理论】

一、传播的定义

传播(communication)是指人与人关系赖以成立和发展的机制——包括一切精神象征及其在空间中得到传递、在时间上得到保存的手段。它包括表情、态度、动作、声调、语言、文章、印刷品、铁路、电报、电话以及人类征服空间和时间的其他任何最新效果。

二、促销的定义

促销(promotion)就是营销者向消费者传递有关本企业及产品的各种信息,说服或吸引消费者购买其产品,以达到扩大销售量的目的。

促销实质上是一种沟通活动,即营销者(信息提供者或发送者)发出作为刺激消费的各种信息,把信息传递到一个或更多的目标对象(即信息接受者,如听众、观众、读者、消费者或用户等),以影响其态度和行为。常用的促销手段有广告、人员推销、网络营销、营业推广和公共关系。

三、食品促销的定义

食品促销可以理解为促进食品的销售,是指食品营销者以满足消费者需要为前提,将企业及其产品(服务)的信息通过各种促销方式传递给消费者或用户,促进顾客了解、信赖本企业的产品,进而唤起需求,采取购买行为的营销活动。

四、促销的作用

(一) 传递信息,强化认知

销售产品是市场营销活动的中心任务,信息传递是产品顺利销售的保证。信息传递有单项和双向之分。

1. 单向信息传递

单向信息传递指食品企业发出信息,顾客接受信息,它是间接促销的主要功能。产品在尚未进入市场之前,食品营销者应及时向中间商和顾客提供产品情报,引起他们的注意,中间商也要向顾客传递信息,争取他们成为现实的购买者。

2. 双向信息传递

买卖双方互通信息,双方都是信息的发出者和接受者,直按促销有此功效。在促销过程中,食品企业向顾客发出企业和产品的信息,顾客向企业反馈对产品价格、质量和服务等有关信息,促使企业经营者取长补短,更好地满足消费者的需求。

(二) 突出特点,诱导需求

在食品行业竞争日益激烈的形势下,许多产品只有细微的差别,同质化趋势越来越明显,消费者往往不易察觉,食品企业通过促销活动可以告知顾客自身产品的不同,可给顾客带来的特殊利益,使顾客乐于到店消费,这样不仅可以唤起需求,还可以创造需求,增加需求或恢复需求,收到扩大销售的效果。

(三) 指导消费,扩大销售

在促销活动中,营销者循循善诱地介绍产品知识,一定程度上对顾客起到了教育指导作用,从而有利于激发顾客的需求欲望,变潜在需求为现实需求,实现扩大销售之功效。

(四) 形成偏爱,稳定销售

在激烈的市场竞争中,产品的市场地位常不稳定,致使销售状况波动较大。食品营销者运用适当的促销方式,开展促销活动,可使较多的消费者对本企业的产品产生偏爱,进而稳住已占领的市场,达到稳定销售的目的。

五、促销信息的有效沟通

(一) 促销的实质是信息沟通

促销的实质是一种沟通活动,是企业作为行为主体发出作为刺激物的信息,以刺激影响受众的有效过程。

（二）促销信息的沟通过程

促销信息的沟通过程基本上有七个要素：沟通主体（信息的发出者或来源）、编码（主体采用某种形式传递信息的内容）、媒体（沟通渠道）、沟通客体（信息的接受者）、译码（客体对接受到的信息所做解释或理解）、反馈和噪声。编码、译码和沟通渠道是沟通联络过程取得成效的关键环节。沟通过程中出现的意外称为噪声，噪声在沟过程通中的每一个阶段都会出现。企业在沟通过程中，必须防范可能发生的干扰。

六、促销组合及其影响因素

（一）促销组合的含义

促销组合是指是一种组织促销活动的策略思路，企业根据促销的需要，对广告（Advertising）、营业推广（Sales Promotion）、公共关系（Public Relation）与人员推销（Personal Selling）等各种促销方式进行的适当选择和配合协调一致，最大限度地发挥整体效果，从而顺利实现企业目标。

促销组合体现了现代市场营销理论的核心思想——整体营销。促销组合是一种系统化的整体策略，四种基本促销方式则构成了这一整体策略的四个子系统。每个子系统都包括了一些可变因素，即具体的促销手段或工具，某一因素的改变意味着组合关系的变化，也就意味着一个新的促销策略。

（二）促销组合的决策过程

1. 确认促销对象

通过企业目标市场的研究与市场调研，界定其产品的销售对象是现实购买者还是潜在购买者，是消费者个人、家庭还是社会团体。明确了产品的销售对象，也就确认了促销的目标对象。

2. 确定促销目标

不同时期和不同的市场环境下，企业开展的促销活动都有着特定的促销目标。短期促销目标，宜采用广告促销和营业推广相结合的方式。长期促销目标，公关促销具有决定性意义。须注意企业促销目标的选择必须服从企业营销的总体目标。

3. 促销信息的设计

须重点研究信息内容的设计。企业促销要对目标对象所要表达的诉求是什么，并以此刺激其反应。诉求一般分为理性诉求、感性诉求和道德诉求三种方式。

4. 选择沟通渠道

传递促销信息的沟通渠道主要有人员沟通渠道与非人员沟通渠道。人员沟通渠道向目标购买者当面推荐，能得到反馈，可利用良好的"口碑"来扩大企业及产品的知名度与美誉度。非人员沟通渠道主要指大众媒体沟通。大众传播沟通与人员沟通的有机结合才能发挥更好的效果。

5. 确定促销的具体组合

根据不同的情况，将人员推销、广告、营业推广和公共关系四种促销方式进行适当搭配，使其发挥整体的促销效果。应考虑的因素有产品的属性、价格、寿命周期、目标市场特点、"推"或"拉"策略。

6. 确定促销预算

企业应从自己的经济实力和宣传期内受干扰程度大小的状况决定促销组合方式。如果企业促销费用宽裕，则可几种促销方式同时使用；反之，则要考虑选择耗资较少的促销方式。

（三）促销组合的影响因素

公司面临着把总的促销预算分摊到广告、人员推销、营业推广和宣传报道上。影响促销组合决策的主要因素：

1. 促销目标

促销目标是影响促销组合决策的首要因素。每种促销工具——广告、人员推销、销售促进和人员推广，都有各自独有的特性和成本。营销人员必须根据具体的促销目标选择合适的促销工具组合。

2. 市场特点

除了考虑促销目标外，市场特点也是影响促销组合决策的重要因素。市场特点受每一地区的文化、风俗习惯、经济政治环境等的影响，促销工具在不同类型的市场上所起作用是不同的，所以我们应该综合考虑市场和促销工具的特点，选择合适的促销工具，使它们相匹配，以达到最佳促销效果。

3. 产品性质

由于产品性质的不同，消费者及用户具有不同的购买行为和购买习惯，因而企业所采取的促销组合也会有所差异。

4. 产品生命周期

在产品生命周期的不同阶段，促销工作具有不同效益。在导入期，投入较大的资金用于广告和公共宣传，能产生较高的知名度；促销活动也是有效的。在成长期，广告和公共宣传可以继续加强，促销活动可以减少，因为这时所需的刺激较少。在成熟期，相对广告而言，销售促进又逐渐起着重要作用。购买者已知道这一品牌，仅需要起提醒作用水平的广告。在衰退期，广告仍保持在提醒作用的水平，公共宣传已经消退，销售人员对这一产品仅给予最低限度的关注，然而销售促进要继续加强。

5. 促销费用

促销组合较大程度上受公司选择"推动"或"拉引"策略的影响。推动策略要求使用销售队伍和贸易促销，通过销售渠道推出产品。而拉引策略则要求在广告和消费者促销方面投入较多，以建立消费者的需求欲望。

6. 其他营销因素

影响促销组合的因素是复杂的，除上述五种因素外，本公司的营销风格，销售人员素质，整体发展战略，社会和竞争环境等不同程度地影响着促销组合的决策。营销人员应审时度势，全面考虑才能制定出有效的促销组合决策。

【学以致用】

实践目标

了解某类食品的特点，制定合理的产品促销方案。

实践方案

1. 教师规定产品类型，以小组为单位进行充分讨论和调研，归纳和整理出该产品的特点。
2. 形成小组制定某产品的促销方案并进行 PPT 汇报．

说明：学生每个小组组长负责分配实践训练任务，每位学生完成指定任务并在小组内分享。

技能培养

1. 文献检索与整理能力。
2. 组内分享训练学生口语表达能力。
3. PPT 形式汇报锻炼学生的数据处理能力与信息化操作能力。

思考练习

1. 食品企业为什么要进行促销？
2. 促销究竟是怎样完成的？
3. 影响促销顺利开展的因素是什么？

任务二

广告与人员推销

任务目标

1. 掌握广告的概念与种类。
2. 了解人员推销的步骤。

【核心理论】

一、广告的概念及其演变历史

广告,英文:ad(缩写),advertising。广告的本质是传播,广告的灵魂是创意。

广告一词,据考证是一外来语。它首先源于拉丁文 *advertere*,其意为注意,诱导,传播。中古英语时代(约公元1300—1475年),演变为 Advertise,其含义衍化为"使某人注意到某件事",或"通知别人某件事,以引起他人的注意"。直到17世纪末,英国开始进行大规模的商业活动。这时,广告一词便广泛地流行并被使用。此时的"广告",已不单指一则广告,而指一系列的广告活动。静止的物的概念的名词 Advertise,被赋予现代意义,转化成为"Advertising"。汉字的广告一词源于日本。

1890年以前,西方社会对广告较普遍认同的一种定义是:广告是有关商品或服务的新闻。

1894年,Albert Lasher(美国现代广告之父)认为:广告是印刷形态的推销手段。这个定义含有在推销中劝服的意思。

1948年,美国营销协会的定义委员会形成了一个有较大影响的广告定义:广告是由可确认的广告主,对其观念、商品或服务所做之任何方式付款的非人员式的陈述与推广。

美国广告协会对广告的定义:广告是付费的大众传播,其最终目的为传递情报,改变人们对广告商品之态度,诱发其行动而使广告主得到利益。

《韦伯斯特词典》对广告的定义:广告是指在通过直接或间接的方式强化销售商品、传播某种主义或信息、召集参加各种聚会和集会等意图下开展的所有告之性活动的形式(《韦伯斯特辞典》1977年版)。

在现代,广告被认为是运用媒体而非口头形式传递的具有目的性信息的一种形式,它旨在唤起人们对商品的需求并对生产或销售这些商品的企业产生了解和好感,告之提供某种非营利目的的服务以及阐述某种意义和见解等(《韦伯斯特辞典》1988版)。

《简明大不列颠百科全书》(2015年版)对广告的定义:广告是传播信息的一种方式,其目的在于推销商品、劳务服务、取得政治支持、推进一种事业或引起刊登广告者所希望的其他的反映。广告信息通过各种宣传工具,传递给它所想要吸引的观众或听众。广告不同于其他传递信息的形式,它必须由登广告者付给传播的媒介以一定的报酬。

在中国,商业广告还没有到达巅峰,已存在着极大的泡沫成分和非理性行为;随着消费者的成熟、行业的规范,企业也会走向理性,自然会回落,启用普通模式将成为主流;同时,广告将异军突起并逐渐走向成熟,避免不了挑战。企业启用形象代言人，可能有各种目的，尤其是在"子弦效应"和炒作之风盛行的年代。现代市场形象代言人基本特性是用广告方式传达品牌独特、鲜明的个性主张，使产品得以与目标消费群建立某种联系，顺利进入消费者的生活和视野，达到与之心灵的深层沟通，并在其心中树立某种印象和地位，使品牌变成一个有意义的带有附加价值的符码。通过一定的媒介或载体传播诉诸目标受众，从而在品牌如云的市场中树立和打造个性化的品牌形象；或者通过品牌创立人独具人格魅力的形象代言，给目标受众以鲜明的品牌个性和信心；或者通过影视明星、社会名人极具亲和力的广告代言，令品牌产品迅速对目标消费群的购买施加影响；或者通过虚构人物演绎品牌叙事，传达品牌理念与价值取向，赢得目标受众的认同；或者通过漫画式卡通动物的形象代言，塑造活泼可爱、耳目一新的品牌形象，让人在相视一笑中对品牌产生美好的联想和印象。形象代言并不完全等于企业的形象，所以，形象代言人的走红并不意味着产品就能够走红。企业的监督与他们的配合就显得相当重要。

二、广告的特点

（1）传播性　广告是将某一项商品的信息，由这项商品的生产或经营机构（广告主）传送给一群用户和消费者。

（2）需付费　做广告需要付费。

（3）说服性　广告进行的传播活动是要争取说服潜在消费者。

（4）计划性　广告是有目的、有计划，是连续的。

（5）互利性　广告不仅对广告主有利，而且对目标对象也有好处，它可使用户和消费者得到有用的信息。

三、广告的分类

（1）内容分类　产品广告、品牌广告、观念广告、公益广告。

（2）目的分类　告知广告、促销广告、形象广告、建议广告、公益广告、推广广告。

（3）策略分类　单篇广告、系列广告、集中型广告、反复广告、营销广告、比较广告、说服广告。

（4）传播媒介　报纸广告、杂志广告、电视广告、电影广告、网络广告、包装广告、广播广告、招贴广告、POP广告、交通广告、直邮广告、车体广告、门票广告、餐盒广告。

随着新媒介的不断增加，依媒介划分的广告种类也会越来越多。

四、广告的设计原则

广告效果,不仅决定于广告的媒体的选择,还决定于广告设计的质量。高质量的广告必须遵循下列原则来设计:

(1) 真实性。
(2) 社会性。
(3) 针对性。
(4) 感召性。
(5) 简明性。

五、人员推销的概念

人员推销是指通过推销人员深入中间商或消费者进行直接的宣传介绍活动,使中间商或消费者采取购买行为的促销方式。它是人类最古老的促销方式。在商品经济高度发达的现代社会,人员推销这种古老的形式更焕发了青春,成为现代社会最重要的一种促销形式。

六、人员推销的基本形式

1. 自己建立自己的销售队伍,使用本企业的推销人员来推销产品

在西方国家,企业自己推销队伍的成员叫推销员、销售代表、业务经理、销售工程师。

2. 企业可以使用专业合同推销员

例如制造商、销售代理商、经纪人等,按照期待销售额付给佣金。

3. 企业可以雇佣兼职的销售推销员

在各种零售营业场所,用各种方式促销,按销售额比例提取佣金,方式如产品操作演示、现场模特、咨询介绍等。

七、人员推销的特点

1. 满足不同需要

人员推销可满足推销员和潜在顾客的特定需要,针对不同类型的顾客,推销员可采取不同的、有针对性的推销手段和策略。

2. 即时性

人员推销往往可在推销后立即成交。在推销现场使顾客进行购买决策,

完成购买行为。

3. 获取第一手反馈信息

推销员可直接从顾客处，得到信息反馈，诸如顾客对推销员的态度、对推销品和企业的看法和要求等。

4. 人性化

人员推销可提供售后服务和追踪，及时发现并解决产品在售后和使用及消费时出现的问题。

5. 成本高

人员推销所需人力、物力、财力和时间量大。

6. 局限性

某些特殊条件和环境下人员推销不宜使用。

八、推销员的任务

1. 顺利销售产品，扩大产品的市场占有率，提高产品知名度

公司经营的中心任务就是占领和开拓市场，而推销员正是围绕这一中心任务开展工作的。推销员的重要任务就是利用其"千里眼"和"顺风耳"在复杂的市场中寻找新的、尚未满足的消费需求。他们不仅要说服顾客购买产品，沟通与老顾客的关系，而且还要善于培养和挖掘新顾客，并根据顾客的不同需求，实施不同的推销策略，不断扩大市场领域，促进公司生产的发展。

2. 沟通信息

顾客可通过推销员了解公司的经营状况、经营目标、产品性能、用途、特点、使用、维修、价格等诸方面信息。刺激消费者从需求到购买行动的完成，同时，推销员还肩负着搜集和反馈市场信息的任务，应及时了解顾客需求、需求特点和变化趋势，了解竞争对手的经营情况，了解顾客的购后感觉、意见和看法等，为公司制定有关政策、策略提供依据。

3. 推销商品、满足顾客需要、实现商品价值转移

推销员在向顾客推销产品时，必须明确他推销的不是产品本身，而是隐藏在产品背后的对顾客的一种建议，即告诉顾客，通过购买产品，他能得到某些方面的满足。同时，要掌握顾客心理，善于应用推销技巧，对不同顾客使用不同的策略。

4. 良好的服务是推销成功的保证

推销员在推销过程中，应积极向顾客提供多种服务，如业务咨询、技术咨询、信息咨询等。推销中的良好服务能够增强顾客对企业及其产品的好感和信赖。

【学以致用】

实践目标

模拟食品企业营销人员，通过策划广告，制定人员推销方案，锻炼利用上述方式进行产品促销的能力。

实践方案

以小组为单位进行实践，假如你是一个企业营销部的市场总监，现在公司推出了一款新产品需要推销给消费者，根据企业市场竞争优势策划广告文案，并制定产品人员推销方案，在班级进行分享。

技能培养

1. 广告文案撰写能力。
2. 组内分享训练学生口语表达能力。
3. 制定人员推销方案训练营销创新能力。

【案例链接】

重在沟通的耐克广告

耐克（Nike）正式命名于1978年，却后来居上，超过了曾雄居市场的领导品牌阿迪达斯、彪马、锐步，被誉为是"近年世界新创建的最成功的消费品公司"。

在美国，与成年人想拥有名牌跑车相映，约有高达七成的青少年的梦想便是有一双耐克鞋，"耐克"成为消费者追求的一个"梦"。

显然，"耐克"品牌有许多值得我们挖掘的行销启示。"耐克"的行销奥秘是多方面的，其中一个很出色的方面是它的行销沟通（Nike's Marketing Commumcation）。着眼于沟通的耐克广告给消费者留下深到的印象。"耐克"的广告费投入与全球头号广告主P&G公司的广告费相比，并不为多，大约只是后者的1/9左右，但富有创意、极具魅力的耐克行销传播，为"耐克"赢得了消费者，使"耐克"成为市场的胜利神话（Nike原意即为"古希腊的胜利女神"）。

耐克神话是因为"上帝所赐"吗？耐克公司的总裁耐特回答说："是的，是'消费者上帝'。我们拥有与'上帝'对话的神奇工具——耐克广告……"。

想一想

1. 试比较重沟通的耐克广告与重推销的锐步广告之间的区别及影响。
2. 耐克公司开展网上定做运动鞋的业务，是基于什么原因考虑的？

任务三
营业推广与公共关系

任务目标

1. 了解营业推广的概念及其类型。
2. 掌握公共关系的主要方法。

【核心理论】

一、营业推广的定义

营业推广,也称销售促进,是一种适宜于短期推销的促销方法,是企业为鼓励购买、销售商品和劳务而采取的除广告、公关和人员推销之外的所有企业营销活动的总称。它是企业用来刺激早期需求或强烈的市场反映而采取的各种短期性促销方式的总称。

二、营业推广的类型

1. 面向消费者

(1) 赠送促销　向消费者赠送样品或试用品,赠送样品是介绍新产品最有效的方法,缺点是费用高。样品可以选择在商店或闹市区散发,或在其他产品中附送,也可以公开广告赠送,或入户派送。

(2) 折价券　在购买某种商品时,持券可以免付一定金额的钱。折价券可以通过广告或直邮的方式发送。

(3) 包装促销　以较优惠的价格提供组合包装和搭配包装的产品。

(4) 抽奖促销　顾客购买一定的产品之后可获得抽奖券,凭券进行抽奖获得奖品或奖金,抽奖可以有各种形式。

(5) 现场演示　企业派促销员在销售现场演示本企业的产品,向消费者介绍产品的特点、用途和使用方法等。

(6) 联合推广　企业与零售商联合促销,将一些能显示企业优势和特征的产品在商场集中陈列,边展销边销售。

(7) 参与促销　通过消费者参与各种促销活动,如技能竞赛、知识比赛等活动,能获取企业的奖励。

(8) 会议促销　各类展销会、博览会、业务洽谈会期间的各种现场产品介绍、推广和销售活动。

2. 面向中间商

（1）批发回扣　企业为争取批发商或零售商多购进自己的产品，在某一时期内给经销本企业产品的批发商或零售商加大回扣比例。

（2）推广津贴　企业为促使中间商购进企业产品并帮助企业推销产品，可以支付给中间商一定的推广津贴。

（3）销售竞赛　根据各个中间商销售本企业产品的实绩，分别给优胜者以不同的奖励，如现金奖、实物奖、免费旅游、度假奖等，以起到激励的作用。

（4）扶持零售商　生产商对零售商专柜的装潢予以资助，提供POP广告，以强化零售网络，促使销售额增加；可派遣厂方信息员或代培销售人员。生产商这样做目的是提高中间商推销本企业产品的积极性和能力。

3. 面对内部员工

主要是针对企业内部的销售人员，鼓励他们热情推销产品或处理某些老产品，或促使他们积极开拓新市场。一般可采用的方法有：销售竞赛、免费提供人员培训、技术指导等形式。

三、营业推广的作用与不足

1. 营业推广的作用

（1）可以吸引消费者购买　这是营业推广的首要目的，尤其是在推出新产品或吸引新顾客方面，由于营业推广的刺激比较强，较易吸引顾客的注意力，使顾客在了解产品的基础上采取购买行为，也可能使顾客追求某些方面的优惠而使用产品。

（2）可以奖励品牌忠实者　因为营业推广的很多手段，譬如销售奖励、赠券等通常都附带价格上的让步，其直接受惠者大多是经常使用本品牌产品的顾客，从而使他们更乐于购买和使用本企业产品，以巩固企业的市场占有率。

（3）可以实现企业营销目标　这是企业的最终目的。营业推广实际上是企业让利于购买者，它可以使广告宣传的效果得到有力的增强，破坏消费者对其他企业产品的品牌忠实度，从而达到本企业产品销售的目的。

2. 营业推广的不足

（1）影响面较小　它只是广告和人员销售的一种辅助的促销方式。

（2）刺激强烈，但时效较短　它是企业为创造声势获取快速反应的一种短暂促销方式。

（3）顾客容易产生疑虑　过分渲染或长期频繁使用，容易使顾客对卖者产生疑虑，反而对产品或价格的真实性产生怀疑。

四、营业推广的操作步骤

1. 确定推广目标

营业推广目标的确定,就是要明确推广的对象是谁,要达到的目的是什么。只有知道推广的对象是谁,才能有针对性地制定具体的推广方案,例如:是为达到培育忠诚度的目的,还是鼓励大批量购买为目的?

2. 选择推广工具

营业推广的方式方法很多,但如果使用不当,则适得其反。因此,选择合适的推广工具是取得营业推广效果的关键因素。企业一般要根据目标对象的接受习惯和产品特点,目标市场状况等来综合分析选择推广工具。

3. 推广的配合安排

营业推广要与营销沟通其他方式如广告、人员销售等整合起来,相互配合,共同使用,从而形成营销推广期间的更大声势,取得单项推广活动达不到的效果。

4. 确定推广时机

营业推广的市场时机选择很重要,如季节性产品、节日、礼仪产品,必须在季前节前做营业推广,否则就会错过了时机。

5. 确定推广期限

即营业推广活动持续时间的长短。推广期限要恰当,过长,消费者新鲜感丧失,产生不信任感;过短,一些消费者还来不及接受营业推广的实惠。

五、公共关系的内涵

公共关系是指某一组织为改善与社会公众的关系,促进公众对组织的认识、理解及支持,达到树立良好组织形象、促进商品销售的目的的一系列公共活动。它本意是社会组织、集体或个人必须与其周围的各种内部、外部公众建立良好的关系。它是一种状态,任何一个企业或个人都处于某种公共关系状态之中。它又是一种活动,当一个工商企业或个人有意识地、自觉地采取措施去改善和维持自己的公共关系状态时,就是在从事公共关系活动。作为公共关系主体长期发展战略组合的一部分,公共关系的涵义包含这些管理职能:评估社会公众的态度,确认与公众利益相符合的个人或组织的政策与程序,拟定并执行各种行动方案,提高主体的知名度和美誉度,改善形象,争取相关公众的理解与接受。

"公共关系"一词的首次出现是在1807年美国总统托马斯·杰斐逊的国会演说。根据爱德华·伯尼斯(Edward Bernays)定义,公共关系是一项管理功能,制定政策及程序来获得公众的谅解和接纳。

自从公共关系诞生以来,人们给其下一个准确定义的努力就没有停止过。由于每个人的认识角度不同,对公共关系内涵的理解也各异,于是就形成了许许多多的公共关系定义。20世纪70年代中期,美国著名的公共关系学者莱克斯·哈洛(Rex Harlow)博士就搜集到47个公共关系的定义;还有人说,公共关系的定义已有上千条之多。于是有人不无幽默地说有多少公共关系学者,便有多少种公共关系的定义。

在市场营销学体系中,公关关系是企业机构唯一一项用来建立公众信任度的工具。

由于社会上的分工越来越细,公关人员的重要性愈显增加,许多大专院校纷纷成立公共关系学系,为社会培养不同领域的公关人才。

公关行业的性质使其不可避免地与媒体之间具有密切联系。目前,中国大陆公关行业的企业要接近顾客群(对公关服务有需求的组织)及媒体,所以主要集中分布在北京、上海、广州三地,而成都、武汉等城市也有分布。

六、 公共关系的特征

公共关系是社会关系的一种表现形态,科学形态的公共关系与其他任何关系都不同,有其独特的性质,了解这些特征有助于加深对公共关系概念的理解。

1. 情感性

公共关系是一种创造美好形象的艺术,它强调的是成功的人和环境、和谐的人事气氛、最佳的社会舆论,以赢得社会各界的了解、信任、好感与合作。我国古人办事讲究"天时、地利、人和",把"人和"作为事业成功的重要条件。公共关系就是要追求"人和"的境界,为组织的生存、发展或个人的活动创造最佳的软环境。

2. 双向性

公共关系是以真实为基础的双向沟通,而不是单向的公众传达或对公众舆论进行调查、监控,它是主体与公众之间的双向信息系统。组织一方面要吸取人情民意以调整决策,改善自身;另一方面又要对外传播,使公众认识和了解自己,达成有效的双向意见沟通。

3. 广泛性

公共关系的广泛性包含两层意思:一层意思是公共关系存在于主体的任何行为和过程中,即公共关系无处不在,无时不在,贯穿于主体的整个生存和发展过程中;另一层意思指的是其公众的广泛性。因为公共关系的对象可以是任何个人、群体和组织,既可以是已经与主体发生关系的任何公众,也可以是将要或有可能发生关系的任何暂时无关的人们。

4. 整体性

公共关系的宗旨是使公众全面地了解自己,从而建立起自己的声誉和知名度。

它侧重于一个组织机构或个人在社会中的竞争地位和整体形象，以使人们对自己产生整体性的认识。它并不是要单纯地传递信息，宣传自己的地位和社会威望，而是要使人们对自己各方面都要有所了解。

5. 长期性

公共关系的实践告诉我们，不能把公共关系人员当作"救火队"，而应把他们当作"常备军"。公共关系的管理职能应该是经常性与计划性的，这就是说公共关系不是水龙头，想开就开，想关就关，它是一种长期性的工作。

七、公共关系的主要模式

1. 网络公关

公关随着网络的普及以及社会公众对网络的使用越来越频繁，网络对社会的舆论导向，对公共事件的评价都有巨大的影响力。网络已经成为消费者对某一品牌或商品影响、评价的第一来源，而且网络上信息传播迅速，短时间内就能产生巨大的影响力。网络日益成为企业日常公关活动的主阵地，扩大对外宣传，树立企业品牌。网络宣传成本相对较低，且针对性强效率高，网络宣传作用日益扩大，对于企业口碑的形成也有重要推动作用。

2. 新闻公关

新闻公关也称新闻行销，即是以新闻报道的形式行产品或企业宣传之目的，是一种高明的行销手段。同样是将产品信息传达给消费者，广告的张扬与自夸，可能让人不胜烦扰，而新闻公关的表现方式则显得客观、公正，在不动声色娓娓道来之余让君自动入瓮。可以说，新闻公关是公共关系与营销策略之间的一种巧妙组合。

新闻公关的核心在于传播。传播目的在于张扬企业良性信息、提高企业知名度，最后达到促进产品销售或塑造企业品牌的目的。出色的新闻公关有三个层面的应用：思维创新、品牌传播与事件营销。不同层面的新闻公关应用会有不同的效果。

3. 传播说

这一理论强调公共关系是组织一种特定的传播管理行为和职能，认为公共关系离不开传播沟通，我国公共关系学者廖为建就持此种观点。其定义：公共关系是一个组织与其相关公众之间的传播管理。

在国外，持这种观点的学者不在少数。在美国的大学中，公共关系专业往往设在新闻传播学院内。

英国人弗兰克·杰夫金斯（Frank Jefkins）也认为：公共关系是由为达到相互理解有关特定目标而进行的各种有计划的沟通联络所组成的，这种沟通联络处于组织与公众之间，既是内向的，也是外向的。国外一些大型的百科全书或综合词典也从传播或沟通的角度来定义公共关系。《美利坚百科全书》中的定义：公共关系是关于建立一个组织同其既定公众之间相互了解的活动。《大英百科全书》中是这样定义的：公共关系是旨在传递有关个人、公司、政府机构或其他组织的信息，并改善公众对其态度的种种政策或行动。《韦伯斯特新国际词典》认为公共关系是通过传播大量有说服力的材料，发展邻里的相互交往和估价公众的反应，从而促进个人、公司或机构同他人、各种公众以及社区之间的亲善友好关系。

4. 管理职能说

"管理职能说"理论把公共关系看做和计划、财务一样的管理职能，其中美国人莱克斯·哈洛博士的定义便是典型代表。他认为：公共关系是一种特殊的管理职能，它帮助一个组织建立并保持与公众之间的交流、理解、认可与合作；它参与处理各种问题与事件；它帮助管理部门了解民意，并对其做出反应；它确定并强调企业为公众利益服务的责任；它作为社会趋势的监视者，帮助企业保持与社会同步；它使用有效的传播技能和研究方法作为基本工具。

国际公共关系协会同样认为公共关系是一种管理职能，其定义：公共关系是一种管理功能，它具有连续性和计划性。

通过公共关系，公立的和私人的组织机构试图赢得与它们有关的人们的理解、同情和支持——借助对舆论的估价，以尽可能协调它们自己的政策和做法，依靠有计划的、广泛的信息传播，赢得更有效的合作，更好地实现它们的共同利益。

美国著名公共关系学者卡特李普（Scott. M. Cutlip）和森特（Allen. H. Centre）认为公共关系是这样一种管理功能，它能建立和维护组织与公众之间的互利互惠关系，而一个组织的成功或失败取决于公众。

5. 传播管理说

传播管理说将管理说和传播说结合起来，强调公共关系是组织一种特定的传播管理行为和职能。当代美国公共关系学术权威、马里兰大学的詹姆斯·格鲁尼格教授认为，公共关系是一个组织与其相关公众之间的传播管理。

6. 形象说

这类理论从塑造形象的角度揭示公共关系的本质属性，强调公共关系的宗旨是为组织塑造良好的形象。这类定义认为，公共关系是社会组织为了塑造组织形象，通过传播、沟通手段来影响公众的科学与艺术。

7. 协调说

该理论是对"关系说"的深化，认为公关关系主要是协调组织与公众之间的社会关系，即公共关系是"维持企业的营利性和社会性之平衡"。

8. 特定关系说

持这种观点的人认为，"关系"体现公共关系的本质属性，公共关系是一种特定的社会关系，正确认识公众关系、处理公众关系是开展公共关系的出发点和归宿。

美国普林斯顿大学的资深公共关系教授希尔兹（H. L. Chils）认为：公共关系就是我们所从事的各种活动所发生的各种关系的通称，这些活动与关系是公众性的，并且都有社会意义。

英国公共关系学会的定义：公共关系是在组织和它的公众之间建立和维持相互了解的、有目的、有计划的持续过程。

9. 特征综合说

有的公关学者认为，前面几类定义都只反映了公共关系某一方面的含义或特征，未免失之偏颇，因此他们试图通过一个定义把公共关系的所有内涵或特征都包括进去。

美国《公共关系季刊》曾详细罗列了公共关系的 14 个特征。1982 年 11 月，美国公共关系学会（PRSA）在其一流成员组成的专家小组的努力下，正式采用了一个"关于公共关系的官方陈述"。这一定义除了概念方面的内容外，还将各种活动、结果和对公共关系实践的知识要求包括在内。

10. 经营艺术说

持这种观点的人认为，公共关系还只是一门不精确的学科，许多公共关系问题不存在惟一正确的答案，公共关系在实际运作中要讲究创造性，讲求形象思维，需要从整体上来把握公共关系及其工作。因此，公共关系是一种艺术。

如 1978 年 8 月，在墨西哥城召开的世界公共关系协会大会上，代表们经过商讨，提出了这样一个公共关系的定义：公共关系是一门艺术和社会科学，公共关系的实施是分析趋势，预测后果，向机构领导人提供意见，履行一连串有计划的行动，以服务于本机构和公众利益。我国学者余阳明认为：公共关系是社会组织为了塑造组织形象，通过传播、沟通来影响公众的科学和艺术。

11. 搜索引擎优化

公共关系搜索引擎优化（简称 PRSEO，其中 PR 为公关的英文简称，SEO 为搜索引擎优化的英文简称），主要表现以互联网为平台，根据企业现状、产品特点和行业特征，综合利用各种网络媒体资源平台对企业新闻稿进行合理优化，使软文获得搜索引擎稳定的较前排位，从而达到有效宣传推广且带来意向客户的行为。对于优化软文新闻稿主要从标题关键词设置、内容关键词密度、发布渠道、超链设置等方面入手。

【案例链接】

可口可乐公司的危机公关

1999 年 6 月初，比利时和法国的一些中小学生饮用美国饮料可口可乐，发生了中毒。一周后，比利时政府颁布禁令，禁止本国销售可口可乐公司生产的各种品牌的饮料。已经拥有 113 年历史的可口可乐公司，遭受了历史上鲜见的重大危机。

1999年6月17日，可口可乐公司首席执行官依维斯特专程从美国赶到比利时首都布鲁塞尔，在这里举行记者招待会。当日，会场上的每个座位上都摆放着一瓶可口可乐。在回答记者的提问时，依维斯特这位两年前上任的首席执行官反复强调，可口可乐公司尽管出现了眼下的事件，但仍然是世界上一流的公司，它还要继续为消费者生产一流的饮料。有趣的是，绝大多数记者没有饮用那瓶赠送与会人员的可乐。后来的可口可乐公司的宣传攻势说明，记者招待会只是他们危机公关工作的一个序幕。

记者招待会的第二天，也就是6月18日，依维斯特便在比利时的各家报纸上出现。由他签名的致消费者的公开信中，仔细解释了事故的原因，信中还作出种种保证，并提出要向比利时每户家庭赠送一瓶可乐，以表示可口可乐公司的歉意。

与此同时，可口可乐公司宣布，将比利时国内同期上市的可乐全部收回，尽快宣布调查化验结果，说明事故的影响范围，并向消费者退赔。可口可乐公司还表示要为所有中毒的顾客报销医疗费用。可口可乐其他地区的主管，如中国公司也宣布其产品与比利时事件无关，市场销售正常，从而稳定了事故地区外的人心，控制了危机的蔓延。

此外，可口可乐公司还设立了专线电话，并在因特网上为比利时的消费者开设了专门网页，回答消费者提出的各种问题。比如，事故影响的范围有多大，如何鉴别新出厂的可乐和受污染的可乐，如何获得退赔等。整个事件的过程中，可口可乐公司都牢牢地把握住信息的发布源，防止危机信息的错误扩散，将企业品牌的损失降低到最小的限度。

随着这一公关宣传的深入和扩展，可口可乐的形象开始逐步地恢复。不久，比利时的一些居民陆续收到了可口可乐公司的赠券，上面写着："我们非常高兴地通知您，可口可乐又回到了市场"。孩子们拿着可口可乐公司发给每个家庭的赠券，高兴地从商场里领回免费的可乐说："我又可以喝可乐了。"商场里，也可以见到人们在一箱箱地购买可乐。

中毒事件平息下来，可口可乐重新出现在比利时和法国商店的货架上。

从第一例事故发生到禁令的发布，仅10天时间，可口可乐公司的股票价格下跌了6%。据初步估计，可口可乐公司共收回了14亿瓶可乐，中毒事件造成的直接经济损失高达6000多万美元。

比利时的一家报纸评价说，可口可乐虽然为此付出了代价，却赢得了消费者的信任。可口可乐公司渡过了艰难的危机时刻，但是这次事件却远未从可口可乐这样的欧美大公司中消除影响。

想一想

1. 本案例中可口可乐公司应对危机有哪些做法值得学习？
2. 你认为上述案例中可口可乐公司有什么地方改进？

【学以致用】

实践目标

体验和熟练掌握危机公关的操作流程与注意事项。

实践方案

以小组为单位进行实践,采用情景剧的形式,模拟食品公司遭遇食品安全事件后进行一系列公共关系的做法。

剧中情节需要完整展示一家食品公司适合的应对危机策略。

技能培养

通过编排情景剧,锻炼学生的调研、分析与团队合作能力,通过演出情景剧,锻炼学生的交际能力和口语表达能力。

【项目小结】

促销就是营销者向消费者传递有关本企业及产品的各种信息,说服或吸引消费者购买其产品,以达到扩大销售量的目的。

促销实质上是一种沟通活动,即营销者(信息提供者或发送者)发出作为刺激消费的各种信息,把信息传递到一个或更多的目标对象(即信息接受者,如听众、观众、读者、消费者或用户等),以影响其态度和行为。常用的促销手段有广告、人员推销、网络营销、营业推广和公共关系。企业可根据实际情况及市场、产品等因素选择一种或多种促销手段的组合。

在任何社会化大生产和商品经济条件下,一方面,生产者不可能完全清楚谁需要什么商品,何地需要,何时需要,何价格消费者愿意并能够接受等;另一方面,广大消费者也不可能完全清楚什么商品由谁供应,何地供应,何时供应,价格高低等等。正因为客观上存在着这种生产者与消费者间"信息分离"的"产销矛盾",企业必须通过沟通活动,利用广告、宣传报道、人员推销等促销手段,把生产、产品等信息传递给消费者和用户,以增进其了解、信赖并购买本企业产品,达到扩大销售的目的。随着企业竞争的加剧和产品的增多,消费者收入的增加和生活水平的提高,在买方市场上的广大消费者对商品要求更高,挑选余地更大,因此企业与消费者之间的沟通更为重要,企业更需加强促销,利用各种促销方式使广大消费者和用户加深对其产品的认识,以使消费者愿多花钱来购买其产品。

【项目练习】

（一）单项选择题（在每小题的备选答案中选出一个合适的答案）

1. 促销信息的沟通过程基本上有七个要素，其中不包括（   ）。
   A. 编码   B. 噪声   C. 干扰   D. 译码
2. 促销组合有四种常见方式，其中不包括（   ）。
   A. 广告   B. 联络会议   C. 营业推广   D. 公共关系
3. 广告设计的原则不包括（   ）。
   A. 社会性   B. 广泛性   C. 感召性   D. 简明性
4. （   ）不是广告的特点。
   A. 传播性   B. 说服性   C. 计划性   D. 可免费
5. 人员推销的特点不包括（   ）。
   A. 人性化   B. 即时性   C. 低成本   D. 局限性
6. （   ）不属于营业推广的不足。
   A. 较低成本   B. 影响面较小   C. 时效较短   D. 顾客易疑虑
7. 公共关系的特征不包括（   ）。
   A. 情感性   B. 双向性   C. 针对性   D. 长期性

（二）多项选择题（在每小题的备选答案中选出合适的答案）

1. 面向中间商可采取哪些营业推广方式（   ）。
   A. 推广津贴   B. 现金折扣   C. 赠送样品   D. 销售竞赛
   E. 装潢资助
2. 按照广告的内容分类，有（   ）。
   A. 产品广告   B. 品牌广告   C. 观念广告   D. 公益公告
   E. 说服广告   F. 市场全面化
3. 建立公共关系的方法有（   ）。
   A. 选择媒体   B. 社会活动   C. 宣传展览   D. 咨询游说
   E. 导入 CIS

（三）判断题（判断下列论述是否正确）

1. 促销的目的是与顾客建立良好的关系。（   ）
2. 在信息的传播过程中噪声并不是必然存在的，是可以防止的。（   ）
3. 对单位价值低，流通环节多，渠道长，市场需求大的产品常采用拉引策略。（   ）
4. 推式策略适用于用户多而广，需求量大的产品促销。（   ）
5. 在产品的衰退期，没有必要采取任何的促销手段。（   ）
6. 公共关系是注重长期效应的间接促销方式。（   ）
7. 人员推广主要适合于消费者数量多，比较分散的情况下促销。（   ）
8. 营业推广和公共关系作为企业主导性策略必须配合使用。（   ）

9. 企业可以通过长期使用营业推广或人员推销培养顾客忠诚度。　　　　（　　）

（四）简答题

1. 促销的本质是什么？
2. 什么是促销组合策略？影响因素有哪些？
3. 什么是人员推销？简述推销人员的任务。
4. 什么是广告？简述广告的特点。
5. 什么是公共关系？公共关系与广告有何区别？
6. 如何进行营业推广？

（五）论述题

1. 试论述公共关系的重要性。
2. 试论述促销组合及其影响因素。

【项目拓展理论】

网络营销

一、网络营销的基本内涵

网络营销是企业整体营销战略的一个组成部分，网络营销是为实现企业总体经营目标所进行的，以互联网为基本手段营造网上经营环境的各种活动，是一个广义词，从目前的商业来讲，网络营销更宽泛的涵盖网络的产品及投放互联网概念。

网络营销（On-line Marketing 或 E-Marketing）是随着互联网进入商业应用而产生的，尤其是万维网（www）、电子邮件（e-mail）、搜索引擎、社交软件等得到广泛应用之后，网络营销的价值才越来越明显。其中可以利用多种手段，如 E-mail 营销、博客与微博营销、网络广告营销、视频营销、媒体营销、竞价推广营销、SEO 优化排名营销、大学生网络营销能力秀等。总体来讲，凡是以互联网或移动互联为主要平台开展的各种营销活动，都可称之为整合网络营销。简单地说，网络营销就是以互联网为主要平台进行的，为达到一定营销目的的全面营销活动。

1. 网络营销不是孤立存在的

网络营销是企业整体营销战略的一个组成部分，网络营销活动不可能脱离一般营销环境而独立存在，在很多情况下，网络营销理论是传统营销理论在互联网环境中的应用和发展。

2. 网络营销不等于网上销售

网络营销是为最终实现产品销售、提升品牌形象的目的而进行的活动，网上销售是网络营销发展到一定阶段产生的结果，但这并不是结果，因此网络营销本身并不等于网上销售。网络营销是进行产品或者品牌的深度曝光。

3. 网络营销不等于电子商务

网络营销和电子商务是一对紧密相关又具明显区别的概念，两者很容易混淆。电子商务的内涵很广，其核心是电子化交易，电子商务强调的是交易方式和交易过程的各个环节。网络营销的定义已经表明，网络营销是企业整体战略的一个组成部分。网络营销本身并不是一个完整的商业交易过程，而是为促成电子化交易提供支持，因此是电子商务中的一个重要环节，尤其是在交易发生前，网络营销发挥着主要的信息传递作用。

二、网络营销的特征

网络营销，亦称做网上营销或者电子营销，指的是一种利用互联网的营销型态。互联网为营销带来了许多独特的便利，如低成本传播资讯与媒体到寰宇听众/观众手中。互联网媒体在术语上立即回响与引起回响双方面的互动性本质，皆为网络营销有别于其他种营销方式独一无二的特性。

网络营销特征：具有鲜明的理论；市场的全球性；资源的整合性；明显的经济性；市场的冲击性。

三、网络营销的主要方式

1. 搜索引擎营销

搜索引擎营销即 SEM（通常以 PPC 为代表），通过开通搜索引擎竞价，让用户搜索相关关键词，并点击搜索引擎上的关键词创意链接进入网站/网页进一步了解他所需要的信息，然后通过拨打网站上的客服电话、与在线客服沟通或直接提交页面上的表单等来实现自己的目的。

2. 搜索引擎优化

搜索引擎优化即 SEO，指的是在了解搜索引擎自然排名机制的基础上，使用网站内及网站外的优化手段，使网站在搜索引擎的关键词排名提高，从而获得流量，进而产生直接销售或建立网络品牌。

3. 电子邮件营销

电子邮件营销是以订阅的方式将行业及产品信息通过电子邮件的方式提供给所需要的用户，以此建立与用户之间的信任与信赖关系。

4. 即时通讯营销

即时通讯营销是利用互联网即时聊天工具进行推广宣传的营销方式。

5. 病毒式营销

病毒式营销模式来自网络营销，利用用户口碑相传的原理，是通过用户之间自发进行的，费用低的营销手段。

6. BBS营销

这个应用的已经很普遍了，尤其是对于个人站长，大部分到门户站论坛灌水同时留下自己网站的链接，每天都能带来几百IP。

7. 博客营销

博客营销是建立企业博客或个人博客，用于企业与用户之间的互动交流以及企业文化的体现，一般以诸如行业评论、工作感想、心情随笔和专业技术等作为企业博客内容，使用户更加信赖企业深化品牌影响力。

8. 微博营销

微博营销是指通过微博平台为商家、个人等创造价值而执行的一种营销方式，也是指商家或个人通过微博平台发现并满足用户的各类需求的商业行为方式。

9. 微信营销

微信营销是网络经济时代企业营销模式的一种创新，是伴随着微信的火热而兴起的一种网络营销方式。微信不存在距离的限制，用户注册微信后，可与周围同样注册的"朋友"形成一种联系，用户订阅自己所需的信息，商家通过提供用户需要的信息，推广自己的产品，从而实现点对点的营销，比较突出的如体验式微营销。

10. 视频营销

以创意视频的方式，将产品信息移入视频短片中，被大众化所吸收，也不会造成太大的用户群体排斥性，也容易被用户群体所接受。

11. 软文营销

软文广告顾名思义，它是相对于硬性广告而言，由企业的市场策划人员或广告公司的文案人员来负责撰写的"文字广告"。与硬广告相比，软文之所以称作软文，精妙之处就在于一个"软"字，好似绵里藏针，收而不露，克敌于无形。等到你发现这是一篇软文的时候，你已经冷不丁地掉入了被精心设计过的"软文广告"陷阱。它追求的是一种春风化雨、润物无声的传播效果。如果说硬广告是外家的少林功夫，那么，软文则是绵里藏针、以柔克刚的武当拳法，软硬兼施、内外兼修，才是最有力的营销手段。

12. 体验式微营销

体验式微营销以用户体验为主，以移动互联网为主要沟通平台，配合传统网络媒体和大众媒体，通过有策略、可管理、持续性的O2O线上线下互动沟通，建立和转化、强化顾客关系，实现客户价值的一系列过程。体验式微营销（Has experience marketing）站在消费者的感官、情感、思考、行动、关联五个方面，重新定义、设计营销的思考方式。此种思考方式突破传统上"理性消费者"的假设，认为消费者消费时是理性与感性兼具的，消费者在消费前、消费时、消费后的体验，才是研究消费者行为与企业品牌经营的关键。体验式微营销以SNS、微博、微电影、微信、微视、微生活、微电子商务等为代表新媒体形式，为企业或个人达成传统广告推广形式之外的低成本传播提供了可能。

13. O2O立体营销

O2O立体营销，是基于线上、线下全媒体深度的整合营销，以提升品牌价值转化为导向，运用信息系统移动化，帮助品牌企业打造全方位渠道的立体营销网络，并根据市场大数据分析制定出一整套完善的多维度立体互动营销模式，从而实现大型品牌企业全面以营销效果为以全方位视角，针对受众需求进行多层次分类，选择性地运用报纸、杂志、广播、电视、音像、电影、出版、网络、移动在内的各类传播渠道，以文字、图片、声音、视频、触碰等多元化的形式进行深度互动融合，涵盖视、听、光、形象、触觉等人们接受资讯的全部感官，对受众进行全视角、立体式的营销覆盖，帮助企业打造多渠道、多层次、多元化、多维度、全方位的立体营销网络。

14. 自媒体营销

自媒体又称个人媒体或者公民媒体，自媒体平台包括个人博客、微博、微信、贴吧等。黑骏马为企业量身定制，根据企业实际情况，提供行之有效的自媒体解决方案，提升企业公信力的同时，帮助企业运维自媒体内容。

15. 新媒体营销

新媒体营销是指利用新媒体平台进行营销的模式。在web 2.0带来巨大革新的年代，营销思维也带来巨大改变，体验性、沟通性、差异性、创造性、关联性，互联网已经进入新媒体传播 2.0 时代。并且出现了网络杂志、博客、微博、微信、TAG、SNS、RSS、WIKI等这些新兴的媒体。

四、网络营销的优势

网络媒介具有传播范围广、速度快、无时间地域限制、无时间约束、内容详尽、多媒体传送、形象生动、双向交流、反馈迅速等特点，可以有效降低企业营销信息传播的成本。

1. 直销功能

网络销售无店面租金成本，有实现产品直销的功能，能帮助企业减轻库存压力，降低运营成本。

2. 国际覆盖

国际互联网覆盖全球市场，通过它，企业可方便快捷地进入任何一国市场。尤其是世贸组织第二次部长会议决定在下次部长会议之前不对网络贸易征收关税，网络营销更为企业架起了一座通向国际市场的绿色通道。

3. 交互性和纵深性

网络营销不同于传统媒体的信息单向传播，而是信息互动传播。通过链接，用户只需简单地点击鼠标,就可以从厂商的相关站点中得到更多、更详尽的信息。另外,用户可以通过广告位直接填写并提交在线表单信息,厂商可以随时得到宝贵的用户反馈信息,进一步减少了用户和企业、品牌之间的距离。同时,网络营销可以提供进一步的产品查询需求。

4. 成本低、速度快、更灵活

网络营销制作周期短,即使在较短的周期进行投放,也可以根据客户的需求很快完成制作,而传统广告制作成本高,投放周期固定。

5. 多维营销

纸质媒体是二维的,而网络营销则是多维的,它能将文字、图像和声音有机的组合在一起,传递多感官的信息,让顾客如身临其境般感受商品或服务。网络营销的载体基本上是多媒体、超文本格式文件,广告受众可以对其感兴趣的产品信息进行更详细的了解,使消费者能亲身体验产品、服务与品牌。

6. 更具有针对性

通过提供众多的免费服务,网站一般都能建立完整的用户数据库,包括用户的地域分布、年龄、性别、收入、职业、婚姻状况、爱好等。

7. 可重复性和可检索性

网络营销可以将文字、声音、画面结合之后供用户主动检索,重复观看。而与之相比电视广告却是让广告受众被动地接受广告内容。

8. 受众关注度高

据资料显示,电视并不能集中人的注意力,电视观众40%的人同时在阅读,21%的人同时在做家务,13%的人在吃喝,12%的人在玩赏它物,10%在烹饪,9%在写作,8%在打电话。而网上用户55%在使用计算机时不做任何其他事,只有6%同时在打电话,5%在吃喝,4%在写作。

9. 媒体投放进程快

广告主要在传统媒体上进行市场推广,一般要经过三个阶段:市场开发期、市场巩固期和市场维持期。在这三个阶段中,厂商要首先获取注意力,创立品牌知名度;在消费者获得品牌的初步信息后,推广更为详细的产品信息;然后是建立和消费者之间较为牢固的联系,以建立品牌忠诚。而互联网将这三个阶段合并在一次广告投放中实现:消费者看到网络营销,点击后获得详细信息,并填写用户资料或直接参与广告主的市场活动,甚至直接在网上实施购买行为。

【案例链接】

三只松鼠网络营销

安徽三只松鼠电子商务有限公司成立于2012年,是一家以坚果、干果、茶叶等森林食品的研发、分装及网络自有B2C品牌销售的现代化新型企业。先后获得

IDG 的 150 万美金 A 轮天使投资和今日资本的 600 万美元 B 轮投资。其发展速度之快，创造了中国电子商务历史上的一个奇迹。在 2012 年天猫双十一大促中，成立刚刚 4 个多月的"三只松鼠"当日成交近 800 万元，一举夺得坚果零食类目冠军宝座，2013 年的坚果销售额超过 3 亿元，三只松鼠正在成为一家实力雄厚的互联网电商食品领导品牌。

三只松鼠的快速崛起除了 VC 的强有力推进外，还有以下几点造就了其的成功：

①正确的定位：无论是早起的森林食品第一品牌，还是后面提出中国最具用户体验网店，接着宣传互联网食品第一品牌，到现在直截了当提出全网坚果销量第一，都牢牢获取了用户心智，合适的时间踏出了合适的脚步。

②互联网思维：从创新的使用开箱器果壳袋湿巾到称呼顾客为主人，从简单易记忆的品牌名字到萌意十足的动漫 logo，从每个员工都只叫鼠 XX 到装修着大树池塘的办公室，三只松鼠的每一个举动都在用互联网思维去引发顾客好评。

③成功撬动媒体：无论是三只松鼠的微博矩阵和所有粉丝互动，还是创始人章燎原频频现身各大电视报纸杂志，三只松鼠本身和它的成功以及它的团队都引发了媒体的狂热追捧，在这个全民自媒体的时代，抓取观众的眼球，挖掘媒体想要什么，电商太需要会这块资源的操盘手了。想想为何刘强东每次融资总会伴随着一个事件炒作、陈欧要亲自给聚美优品代言呢？

④优秀的设计＋数据运用：很多人觉得三只松鼠的设计很赞：冲击力十足的大头包装；狂抓眼球的宝贝首图；频繁更新的创意首页；文化故事丰富的宝贝描述；然而更要看到三只松鼠旗舰店背后强有力的数据驱动：日均 10W 的 UV；双十一 500W 的 PV；直通车高于同行 2 倍的 ROI；日均 1000 单还高于同行 20% 的 DSR。这么庞大的数据没有一个强有力的数据引擎是吃不消的。

当然，三只松鼠的快速崛起肯定还包括优秀的供应链，成功的团队文化打造和资金运作，不作为互联网时代独有产物，不做深究。我们要深层次去挖掘其背后独特彰显的互联网思维。

要看到 O2O 日渐盛行，微信支付已经基本开放，人们打车、吃饭、购物已经可以不需现金即能实现支付了，互联网真的在改变人们的方方面面，世界已经进入到移动互联时代了。如何让"传统品牌"具备互联网思维，真正接受并勇敢地踏进互联网这个新兴渠道才是营销者需要沉下心来去思考的。那究竟什么是互联网思维呢？至少包含但不仅限于以下几点：

①服务已上升为基础：过去企业的成功可以归结于产品，那是因为改革开放物资匮乏，兴起了一批企业如傻子瓜子。后来归结于品质，竞争有了，我比别人品质更好，如诺基亚。再后来归结于服务，竞争变多了，我的服务软实力比你强，如海底捞。而今天，互联网这批消费者，尤其以 80 后 90 后这代人，除去关注产品、品质、服务三项基础，其实更关注服务。

②跟用户更近：学会用新兴工具与用户互动。有人说：人们在哪里，哪里就有市场。品牌商应该意识到，互联网时代人们去的地方变了。之前人们去工厂、去车间、去电影院更多，而现在年轻一代在微博、微信、朋友圈是否消磨的时间更长，投入眼球更多呢？互联网思维最重要一点就是跟用户走得更近，任何高端冷艳冷冰冰都是纸老虎终将被用户放弃。传统品牌是不缺乏和用户分享互动的"物料"的，只是关注点应该随着人们的视线转移而转移了。微博、微信、公众账户，更多互动的节目活动是否可以借助传统的包装、广告以及新型工具传播开来呢？

③勤洗澡换衣：让设计带给顾客品牌的新鲜和生命力。如果一个品牌10年不换包装，那么这个品牌是有危险的，就跟人10年不洗澡相似，但企业VI性的东西是慎换的，也就是说衣服可以换，身体要是自己的，这就是为什么可口可乐百年过去了，口味几乎没变，但是包装和广告永远在更新的原因。如果传统品牌的包装、线上广告、线上页面设计似乎很长时间没有更新过，就仿佛失去了品牌生命力。

④重视数据：有一家知名服装品牌叫"UNIQLO"，在网上开了几家旗舰店，并不在乎网上销售额业绩，也不看重赚了多少净利润，它们通过线上销售产生的宝贵数据成功指导它们产品定位和线下实体店选址，取得了良好的效果。电商最重要最宝贵的也就是数据驱动力，传统行业难以望其项背。这种快速的数据积累和反馈，可以让企业在最短时间内作出最正确的决策，这同时也是沃尔玛收购一号店的核心原因。数据之于"线下大牌"仍旧是一座等待开启的互联网宝藏。

项目十 食品营销的管理

【学习指南】

知识目标

熟悉食品营销的管理及应用技术,向食品提供能够满足消费者需求的产品和服务。

技能概述

学习食品营销管理,提高食品企业的营销水平,提高食品竞争力。

【案例导入】

从电视广告到明星代言,再到终端堆头形象宣传,价格一路走高,膨化食品堪称是小食品中的营销上层人物。当然这也仅限于表现较突出的薯片而已。像锅巴这样的产品,消费者对它的印象还只停留在太阳锅巴、小米锅巴那个年代,没有任何食品动作,价格一路走低。可见膨化食品领域的两极化多么明显。对于膨化食品,其实除了打广告,攀明星,抢终端还可以有很多突破方式,譬如从产品口味突破,结合不同消费层;从产品销售突破,建立不同的组合路线;从产品包装形态突破,不只是瓶装、长方形口袋这么单一。营销手段比比皆是。

思考:膨化食品出现两极化的根本原因是什么,要制定怎样的营销计划才能改变这种两极化现象。

任务一
食品营销的计划及制定

任务目标

1. 学习并掌握食品营销方案的计划及制定。
2. 能够灵活运用所学知识制定一个良好的营销计划。

【核心理论】

一、制定营销计划的目的

营销计划是企业战略管理的最终体现，好的营销计划可以使企业的目标有条不紊地顺利实现。若营销计划只是出售商品的数量或销售金额以及日常工作的计划是不够充分的，营销计划一定要成为能够实现公司的经营方针、经营目标以及符合发展计划、利益计划、损失计划、资产计划的整个内容才行。

二、食品营销计划制定的意义

1. 主要优势分析

主要优势分析是围绕营销策划主题，将要开展某一方面的食品营销活动（如食品调查、新产品开发、食品促销、广告宣传等），拥有哪些方面的优势，主要是自身优势（即自身的强项）分析，也应考虑外部的一些有利因素。营销策划就是要利用好有利因素，发挥出自身优势。分析优势应冷静客观，既不能"过"，也不能"不及"，要实事求是。

2. 主要劣势分析

主要劣势分析是分析与将要开展的食品营销活动相关联的外部一些不利因素和自身的弱项、短处等。营销策划就是要避免和化解这些不利因素，如何弥补自身的不足，错开自身的弱项。

3. 主要条件分析

主要条件分析是分析将要开展的食品营销活动所需要的条件，包括已具备的条件和尚须创造的条件，逐一列出，逐一分析，以求得资源的最佳利用与组合。

三、如何制定食品营销策划方案

食品为促进销售，针对行业特点，需要在活动前期拟定营销方案。营销方案必须具备鲜明的目的性、明显的综合性、强烈的针对性、突出的操作性、确切的明了性等特点，即体现"围绕主题、目的明确，深入细致、周到具体，一事一策，简易明了"的要求。

（一）坚强宣传，做好促销活动

1. 做好促销前的宣传工作

"酒香也怕巷子深"，再好的促销方式消费者不知晓，也只能"胎死腹中"。做好促销前的宣传工作是促销达到目的的前提。要组织分工到位，物料准备充足，注意与政府职能部门保持良好的关系，确保活动顺利进行。可运用电视广告、广告杂志、网络等媒体，全方位多渠道地向消费者传递信息，充分利用散发传单，店内海报、门头广告、宣传栏、宣传车广播等资源，真正做到广而告之。

2. 巧制促销政策

促销方式的合理与否直接关系到促销效果的好坏，在制定促销政策的时候，一定要先对目标顾客食品进行调查，有一个整体上的把握，然后有针对性地制定相关的政策，这样才能收到较好的效果。

3. 活动要多，不间断，更要注意创新

4. 与知名商家联盟，共享资源

移动公司、商家打折联盟，广告营销杂志等商家都有丰富的资源，完全可以强强联合，共同策划一些大型活动，实现资源共享，抱团发展。时代在变，如果促销却"一成不变"，因循守旧，就会成了"聋子的耳朵"（摆设）。所以促销方式一定要以新取胜，新由头、新卖点、新活动形式，只有新才有活力，才能更多地吸引消费者的"眼球"。还要考虑符合"四性原则"：促销性、公益性、权威性、新闻时事性。

（二）提升店面人气

（1）锁定目标客户　产品有产品的定位，商店应该有商店的定位。商店只有明确了定位之后，才能更加懂得消费者的需求，更好的满足目标客户，从而赢得他们的青睐。

（2）提供最大便利　优化店内环境，货物摆放要合理，设立顾客休息处，协助看管小孩和大宗物品等，一切为了方便顾客购物。

（3）营造销售气氛　人气旺，自然会吸引顾客上门，在无人光顾的时候，也要不时地整理店里食品，调整摆设。

（4）经营推陈出新　要迅速反映流行，"开发"特别食品，让顾客产生"这次不买，下次就买不到"的抢手感觉。

（5）以优质服务培养顾客忠诚度　最好能尽量抓住每一位上门顾客，能记得老顾客的喜好，并主动介绍他们可能会喜欢的食品。另外，接受顾客的单独订货时调货速度要快。

（6）贴心的服务　在雨天，备用一些广告伞、中暑药等，免费送给一些顾客，可以提高顾客的忠诚度和商场的凝聚力。

(三) 强化管理,提升员工素质,树立门店形象

实行人性化管理,服务规范是必须遵守的,原则问题坚持严肃执行。现场管理也是一个培训指导的过程,发现问题及时纠正,让从业人员的综合素质得到不断地提高。

四、食品营销计划的制定

食品营销计划的制定见表10-1。

表10-1　　　　　　　　　食品营销计划

部分	目的
1. 计划概要	对拟议的确良计划给予扼要的综述,便于管理机构快速浏览
2. 目前营销状况	提供有关食品、产品、竞争、分销以及宏观环境的相关背景资料
3. 机会与问题分析	确定主要的机会、威胁、优势、劣势和产品面临的问题
4. 目标	确定计划在销售量、食品份额和利润等领域所完成的目标
5. 食品营销战略	提供将用于实现计划目标的主要营销手段
6. 行动方案	问题:具体要做什么?谁去做?什么时候去做?费用多少?
7. 预计盈亏报表	预测计划中的预期财务开支
8. 控制	指明如何监测计划

【学以致用】

实践目标

能够制定一个良好的食品营销计划。

实践方案

根据目前的食品发展现状总结食品的定位并尝试制定一个食品营销计划方案?

技能培养

1. 帮助学生了解制定食品营销计划的重要性。
2. 使学生能够掌握食品营销计划的流程及方案。

思考练习

1. 为什么要制定食品营销计划?

2. 为了不出现案例中的两极分化情况，制定食品营销方案的时候应注意哪些事项？

任务二
食品营销的组织与实施

任务目标

1. 了解食品营销组织的概念，掌握食品营销组织的类型和特点。
2. 了解食品营销实施的方法和特点。

【核心理论】

一、食品营销组织的含义

食品营销组织是指企业内部涉及企业营销活动的各个职位、部门及其相互关系的结构。理解这一概念必须注意两个问题：并非所有的食品营销活动都发生在同一个组织岗位，即凡是有食品营销活动的组织机构都属于食品营销组织；不同食品企业对其经营管理活动的划分是不同的，但一个食品营销组织的目标应该是一致的。个别合作社化或集团化的食品营销组织或许所有的业务都做，其在大组织中应该区分不同功能的小组织，以各司其职，有条不紊的开展业务。有时，食品营销组织也被理解为各个食品职位中介人的集合。判断食品营销组织的好坏主要是指人的素质，而不单单是组织结构的设计。

二、食品营销组织的目标

1. 对食品需求做出快速反应

了解到食品变化后，食品营销人员必须迅速做出积极的反应，涉及的范围包括整个食品营销活动，从新产品开发到价格确定乃至包装都要做出相应的调整。

2. 使食品营销效率最大化

为避免各部门间的矛盾和冲突，食品营销组织要充分发挥其协调和控制的职能，确定各自的权利和义务。

3. 代表并维护消费者利益

食品营销组织一旦奉行现代食品营销观念，就要把消费者放在第一位。这里主要由食品营销组织承担这项职责，以确保消费者的利益不致受到侵害。食品营销组织的任务就是在明确营销目标的基础上,根据人员、环境和任务的具体要求,进行工作任务的分类和相应部门、职务结构的设计,并通过组织内信息沟通、协调和配合提高组织工作的效率,使整个食品营销组织结构成为一个严密而有活力的整体,以保证企业营销目标的顺利实现。

4. 组织评价与调整

任何组织都不可能尽善尽美和一成不变,组织内部之间、组织和组织外部之间总会不同程度地存在着各种摩擦和冲突。因此,从食品营销组织建立之时,食品营销管理人员就要经常检查、监督组织的运行状况,并及时加以调整,使之不断得到发展。

三、食品营销组织应具有的特征

1. 灵活性

一个良好的食品营销组织,必须具有一定的机动灵活性,能适应内外部经营环境的变化而不断调整自身的运行状态。食品是多变的,影响企业经营的因素又是多样的,企业营销组织就必须根据食品需求的变动情况,把握经营环境各要素变动的脉搏,并对这种变动可能给企业带来的影响作出明确的判断,从而适当地调整自身系统的运行规则,使之符合环境的要求。

2. 开放性

由于企业营销任务的完成并不仅仅取决于营销人员的业务素质,还取决于企业对预测未来的信息视野宽度和为准备营销方案而收集数据的活动视野的广度。企业营销组织必须是一个开放性的系统,能及时吸收环境信息和扩散企业信息,并处于动态交换状况。不断地与外界进行材料和信息的交换,使企业营销系统不断地调整、完善和发展。

3. 系统性

现代食品中的营销活动是一种全方位的活动,它不仅是营销人员与顾客达成商品成交的简单行为,在这种成交行为的背后,还需做大量的售前、售后工作。这些工作涉及企业的各个方面,需要各个部门的支持和配合。食品营销部们通过协调和促进各职能部门的活动均以顾客为基础和出发点,来制定策略、计划,并通过从整体上满足消费者的需要,从而实现企业利润目标。

4. 人员的差异性

食品营销人员和销售人员是两种不同的群体,尽管食品营销人员很多来自销售人员,但并不是所有销售人员都能成为食品营销人员。从专业性来说,食品营销的任务是寻找和确定食品机会、准备食品营销策略,并计划组织新产品进入,使销售活动达到预定目标;而销售的任务则是负责实施新产品进入和销售活动。

但是,不论哪种情况,企业配备组织人员必须为每个职位制定详细的工作说明书，从受教育程度、工作经验、个性特征及身体状况等方面进行全面考察。而对再造组织来说，还必须重新考核现有员工的水平，以确定他们在组织中的职位。

四、食品营销的实施

（一）食品营销实施的意义

营销实施是指将营销计划付诸实施，使其转化为任务和行动，以实现营销计划所追求的目标的过程。有关营销实施的一个积极的看法是，营销实施必须引起足够的重视，它不仅仅是营销计划的落实，而且是营销计划的完善和发展。公司可能有一个好的营销计划，也可能有一个不好的营销计划。好的或不好的营销计划可能被很好地实施，也可能不被很好地实施。因此营销计划和实施的相互影响将产生4种结果：成功、摇摆、艰难和失败。

（二）营销实施的模式

1. 指挥型

企业领导人或者自己制定战略计划，或者指示战略计划人员去决定企业所要采取的战略行动。他们通常运用严密的逻辑分析方法，如份额增长矩阵、产业与竞争分析等，以寻求一个最佳战略计划。一旦得到一个满意的计划方案，企业领导人便将其布置给高层管理人员，高层管理人员便让基层管理人员去实施。

2. 变革型

与指挥型模式相反，在变革型模式中，企业领导人考虑的是如何实施一个既定计划。他把重点放在一系列变革上，为此他要借助于权力或各方面的支持帮助，对企业进行改造，以增加战略成功的机会。

企业领导人为有效地实施营销计划，往往会发动以下变革：

（1）变更人事　调整组织机构，利用新的组织体系向公司员工传达新计划的优点和重点是什么，把企业的注意力集中到新的战略努力上来。

（2）改进业务组合　建立新的信息系统、战略规划系统、战略评价系统和控制系统，以保证营销计划的实施。

（3）启用新的激励手段　充分调动企业员工的积极性，以支持营销计划的实施。

3. 合作型

在合作型模式中，企业领导人考虑的是如何让其他高层管理人员共同对企业战略问题进行研究，使每一种设想都得到充分探讨与论证。在此基础上形成的营销实施方案，将使每一个高层管理人员都有可能在其实施过程中作出各自的贡献。

4. 文化型

将合作型的合作范围扩大到企业全体员工，就得到文化型的营销实施模式。在该模式中，高层管理人员的角色只是指引总的战略努力方向，而在实施层则放手让每个人作出自己的决策。文化型模式打破了计划制定者与实施者的界限,使每一个职工都或多或少地投身于营销计划的制定与实施,从而使营销计划得以顺利实施。在企业面临重大的或彻底的战略变化时,采用这种营销实施模式风险较小,企业发展迅速。

5. 增长型

在前面4种模式中,营销计划的制定与实施是自上而下地推行;而在增长型模式中,营销计划是自下而上地形成和实施的。增长型模式的特点是,企业高层管理人员多方面激励中下层管理人员制定及实施企业营销计划的积极性,为企业效益的增长而奋斗。

五、影响营销实施的要素

良好的实施实际上很难得,只有很少的公司能够做得很优秀。广大食品销售企业在战略上"缺乏实施系统强有力的支持",表现为没有周到可行的战役行动计划与良好的战术方案,战役级作业部门水平低等,而这又是由于战略领导层对实施组织不力造成的。

实施的困难表明它受到许多复杂因素的影响。首先是公司的营销战略变化会影响实施的结果。有些战略计划只要求公司做微小的改变,有些则要求公司有很大的变化。对这些计划,实施的难度很不一样,结果也不一样。可能有以下五种营销战略变化出现在管理者面前。

(一)零战略变化

如果新的战略计划只是原有战略计划的翻版,是上一个计划期内已实施过的战略,公司就不需要新的技能。它只要保证每项活动都按旧的模式进行,就能获得预期实施效果。公司在上一个计划期所获得的经验曲线效应,会使公司以最小的代价顺利地实现战略使命和目标。这是营销战略变化中最小变化的一种。不过原有战略计划是否与当前的营销环境及企业资源相适应是一个必须考虑的前提。

(二)常规战略变化

如果新的战略计划是要在原有食品上吸引更多的顾客,或者确定、调整公司的食品定位,就会给公司带来常规性的战略变化。这时公司需要对正常的、基本的营销努力作出某些调整,例如改进产品的外观和包装,采用新的定价政策,改变分销方式,推出新的广告等。这种战略变化不至于给公司造成大的冲击,但是管理者仍应具备驾驭常规变革的能力。

(三)有限战略变化

公司打算在原有业务基础上开拓新食品,就需要对原有业务作出局部改变。这样的战略计划将导致有限战略变化。由于业务创新的方式较多,战略变化的形式也较多。一般地说,如果只是改进产品的形式,则不需要在生产和营销努力上作出很大的改变；但是如果产品改进中含有高新技术，就会对战略计划的实施带来新的复杂的问题，而实施的效果则取决于管理者的远见卓识和胆略。

（四）巨大战略变化

当企业的基本业务以及组织结构步入重新组合阶段时，会发生重大战略变化。有两种情况较常见：一种是在同一产业内各企业之间进行联合或兼并时发生的，由于新的联合体不仅要面对新的业务和食品，而且要解决如何建立新的组织结构、形成新的企业文化等问题，使得战略变化非常复杂。另一种发生在企业自身遭遇重大变故时，例如在多元化经营的企业中，如果管理当局对下属业务单位动大手术推动联合或出售，其战略变化就十分明显。在这两种情况下，重大战略变化都是对管理者的重大考验。

（五）彻底战略变化

如果企业改变自己的业务领域，从而改变自己的经营方向，就会发生彻底战略变化。也有两种情况。一种是不同产业之间的企业进行联合或兼并时发生的，这时战略变化的程度取决于各产业之间关键性因素的差异化程度，以及新企业实行集权管理的程度。另一种发生在企业从原产业中脱离出来，转移到一个新产业中去的时候。由于战略变化是彻底的，计划实施遇到的挑战也是空前的。

【案例链接】

果冻曾经是一个很受消费者欢迎，尤其是孩子和女生喜欢的小食品，市场上出现了喜之郎、亲亲、水晶之恋、蜡笔小新等诸多品牌。然而，近年来果冻成分事件，果冻噎死孩子的事件不断曝光，各种负面新闻铺天盖地，一时间果冻行业大幅萎缩。

究其根本，果冻行业除了90%的作坊式经营弊端外，其产品固步自封、原料低劣的特点也是其失败的根本所在。对于日益注重健康的消费者，渐渐了解阿斯巴甜、色素、卡拉胶这些成分对孩子的危害，不然也就不会有当年金娃"营养果冻"的成功了。

想一想

应实施哪些营销方法能有效的解决案例中的情况？

【学以致用】

实践目标

掌握食品营销组织的含义及特征，了解食品营销实施的方法和特点。

实践方案

根据以往食品中发生的不良案例总结这些案例有哪些特点？试分析导致企业失败的原因以及如何解决。

技能培养

使学生掌握食品营销组织及实施并能制定一个良好的营销方案。

任务三

市场营销的控制

任务目标

1. 了解市场营销控制的基本含义、任务、特点与类型。
2. 理解和掌握企业进行市场营销控制的四种方法以及上述四种控制方法的含义、特点和控制工具。

【核心理论】

一、市场营销控制的含义

1. 市场营销控制的概念

市场营销控制是指市场营销管理者为了确保预定营销计划的运行、衡量和评估营销计划的成果，从而实施的一整套的工作程序或工作制度。

2. 市场营销控制的任务

第一，市场营销控制的中心内容是目标管理，在营销计划制定出来之后，营销控制就必须严密监控是否有与计划或目标不一致的情况出现，自始至终实施目标管理。

第二，市场营销控制必须监视市场营销计划的执行情况，进行对比，判断计划与实际是否始终保持一致。

第三，通过市场营销控制发现差距后，要及时查找原因，判断是何种因素导致了偏离计划的行为产生。

第四，查明原因后，采取适当的措施加以纠正，必要时甚至可以改变原有的计划目标，以实现营销战略的预期总目标。

3. 市场营销控制的特点

市场营销控制具有整体性、动态性、人为性。

二、市场营销控制的内容和原则

1. 市场营销控制的内容

市场营销控制的内容主要包括年度计划控制、战略控制、盈利能力控制与效率控制。

2. 市场营销控制的原则

市场营销控制的目标管理性、及时性、客观性、经济性。

三、营销的计划与盈利控制

（一）营销年度计划控制

1. 年度计划控制的含义

所谓年度计划控制，是指由企业高层管理人员负责的，旨在发现计划执行中出现的偏差，并及时采取纠正措施，帮助年度计划顺利执行，检查计划实现情况的营销控制活动。

2. 企业的年度计划控制方法

企业的年度计划控制应该包括销售分析、市场份额分析、营销费用 - 销售额分析、财务分析和顾客满意度追踪五种方法。

（1）销售分析　销售分析就是要衡量并评估企业的实际销售额与计划销售额之间的差异情况。具体而言有两种方法：销售差异分析与微观销售分析。

①销售差异分析：销售差异分析用来衡量在销售目标的执行过程中形成缺口的不同影响因素所起的相应作用。

②微观销售分析：微观销售分析是分别从产品、销售地区以及其他方面来分析没有能够达到预定销售额的原因。

（2）市场份额分析　根据企业选择的比较范围不同，有三种方法可以衡量市场份额，包括公司总的市场份额、服务市场份额、相对市场份额等测量指标。

①公司总的市场份额：也叫全部市场占有率，或简称市场占有率，是指企业销售在行业总销售中所占的比例。

②服务市场份额：所谓服务市场是指所有能够和愿意购买它的产品的购买者。服务市场份额就是指其销售额占其所服务市场的总销售额的比例。服务市场份额总是大于它的总的市场份额。

③相对市场份额：相对市场份额是将其销售和最大的竞争者相比的百分比，即将本企业的市场占有率与行业内领先的竞争者的市场占有率进行比较，如果相

对市场份额大于1，意味着本企业即为行业的领导者；相对市场份额等于1，表示本企业与行业的领导者平起平坐、不相上下；相对市场份额小于1，则表示本企业在行业内不处于领先地位。如果相对市场份额不断上升，意味着该企业的市场成长速度很快，正不断地接近领先的竞争者。

（3）营销费用-销售额分析　营销费用-销售额分析是指企业营销费用对销售额的比率，还可以进一步细分为销售费用、人力推销费用率、广告费用率、销售促进费用率、市场营销调研费用率、销售管理费用率等。

（4）财务分析　财务分析主要是通过一年来的销售利润率、资产收益率、资本报酬率和资产周转率等指标来了解企业的财务情况。企业管理层可以利用财务分析来判断影响企业净资产报酬率的各种因素。

（5）顾客满意度追踪　所谓顾客满意度追踪是指企业通过设置顾客抱怨和建议系统、建立固定的顾客样本或者通过顾客调查等方式，了解顾客对本企业及其产品的态度变化情况。运用这种方法可以及时发现企业营销中存在的问题，以便第一时间采取纠正措施，加以解决。

（二）营销盈利能力控制

1. 盈利能力控制的含义

盈利能力控制一般是由企业内部负责监控营销支出和活动的营销主计人员负责，旨在测定企业不同产品、不同销售地区、不同顾客群、不同销售渠道以及不同规模订单的盈利情况的控制活动。它包括各营销渠道的营销成本控制、各营销渠道的营销净损益和营销活动贡献毛收益的分析，以及反映企业盈利水平的指标考察等内容。

2. 盈利能力控制的程序

企业盈利能力控制的程序主要分为三步，即确定职能性费用——将职能性费用分配给各个营销实体——为每个营销渠道编制一张损益表。

3. 企业盈利能力考察的指标

在对市场营销成本进行分析之后，还应该考察以下几个反映企业盈利能力的指标：

（1）销售利润率　是指企业利润与销售额之间的百分比，表示每销售100元使企业获得的利润，它反映了企业市场控制能力和企业盈利能力之间的关系。

（2）资产收益率　是指企业所创造的总利润与企业全部资产的百分比。

（3）净资产收益率　是指税后利润与净资产所得的百分比。

（4）资产管理效率　可以用以下两种方法来分析：

①资产周转率：资产周转率是指一个企业产品销售收入净额与资产平均占有额之比。

②存货周转率：存货周转率是指产品销售成本与存货平均余额之比。

四、营销的效率与战略控制

(一) 营销效率控制

1. 效率控制的含义

所谓效率控制就是指企业不断地寻求更有效的方法来管理销售队伍、广告、销售促进及分销等绩效不佳的营销实体活动。

2. 效率控制的方法

企业进行效率控制时经常采用的方法有四种：销售队伍效率控制、广告效率控制、销售促进效率控制和分销效率控制。

(二) 营销战略控制

1. 战略控制的含义

战略控制就是指市场营销管理者采取一系列行动，对整体营销效果进行全面评价，以确保企业的目标、政策、战略和计划与外部的市场营销环境相适应。

2. 战略控制的工具

企业在进行战略控制时，有两种工具可以利用，即营销效益等级评定和营销审计。

(1) 营销效益等级评定　一个企业的营销效益可以从营销导向的五种主要属性的不同程度上反映出来：顾客观念、整合营销组织、充分的营销信息、战略导向和工作效率。

(2) 营销审计　市场营销审计是对一个企业或一个业务单位的市场营销环境、目标、战略、组织和活动等所做的综合的、全面的、系统的、独立的和定期性的核查，以便确定问题的范围和各项机会，并提出行动计划的建议，以提高企业的营销业绩，改进市场营销管理效果。

一次完整的营销审计活动的内容是十分丰富的，概括起来包括六个大的方面，即营销环境审计、营销战略审计、营销组织审计、营销系统审计、营销生产率审计、营销功能审计。

营销审计具有四个特性：全面性、系统性、独立性和定期性。

营销审计的基本步骤如下：

①了解营销目标，确定审计范围。

②制定工作计划。

③收集资料。

④对审计结果进行汇总，提出改进意见，做出营销审计报告。

五、营销风险管理

1. 风险管理概念

风险管理（Risk Management）的定义为，当企业面临市场开放、法规解禁、产品创新,均使变化波动程度提高,连带增加经营的风险性。良好的风险管理有助于降低决策错误的几率、避免损失的可能、相对提高企业本身的附加价值。

2. 风险管理的基本程序

(1) 风险识别　风险识别是发现、辨认和表述风险的过程,是指在风险事故发生之前,人们运用各种方法系统的、连续的认识所面临的各种风险以及分析风险事故发生的潜在原因,风险识别是风险管理的第一步,是风险管理的基础。

(2) 风险分析　系统的运用相关信息来确认风险的来源,并对风险进行估计。

(3) 风险评价　风险评价是指将估计后风险与给定的风险准则对比,来决定风险严重性的过程。

(4) 风险决策　根据风险评价的结果,确定该风险是可承受还是需要进行处理,分别采用风险规避、风险优化、风险转移、风险保留或风险利用等措施。

(5) 风险监控　发现出现问题,需要重新进行风险识别、风险估计、风险评价和风险决策以决定是否继续执行原计划。

【案例链接】

"居安思危"的联华超市

联华超市初创于1991年5月。迄今为止,经历了三个不同的阶段:1991~1995年的初创阶段;1996~1997年的调整阶段;1998年至今的重组扩张阶段。联华超市在1997年拥有30家连锁店、24亿元销售额,到2000年11月底已拥有950家网点和100亿元的销售额。公司以低成本运行和目标管理为核心,在资本运作、市场拓展、技术进步等方面取得了领先优势,成为全国连锁超市的领头羊。联华超市在最初发展过程中十分注重对资本运作模式的选择,其最初门店的建立都是银行贷款及政府贴息的结果,走的是一条负债经营的发展道路。1996年联华超市进入发展的第二个阶段,通过资本投资,建立控股合资子公司,在原先直营店的基础上不断向其他空间扩张。继将上海陕北超市、新新超市、宏良便利、百家便利等门店纳入旗下后,又并购了排名位于前二十位的永昌超市。1997年,联华超市实行改制,正式组建了"联华超市有限公司",并引进境外资本8000多万元人民币,吸引了诸如日本三菱商事株式会社等国际著名跨国公司的参股。同年,与法国顶级连锁超市"家乐福"合资组建了联家超市,在上海率先开出了超市大卖场,并在扬州、南京、杭州以及上海市区和郊区成功组建了数个联华控股有限公司,使其规模迅速扩大。在此基础上,1999年年底联华超市又与南京的长江超市实施资产重组,一举纳入其拥有的十家超市。同期还接收了为民超市的48家门店和天天配送公司。联华的规模呈几何级数般的迅猛膨胀。在规模效应日益明显的同时,联华超市还积极探索着超市业态多元化发展的思路。

在全力巩固和发展800~1000平方米标准食品型超市的同时,联华超市在部分中心城区和郊县开出了 2000~3000 平方米左右的综合型食品加强超市，配备商品 15000 余种，形成了食品超市与百货商店的混合体，并在部分城乡结合部开设了 10000~30000 平方米的超市大卖场，极大地满足了"双休日"大众消费的需要。此外，联华超市有限公司还将联华便利店的发展视为其主力业态延伸的新兴业态，形成了多元业态的经营网络。

"顾客第一，唯一的第一"是联华超市的经营理念。注重个性化的经营特色是联华超市得以快速发展的关键。1995 年 12 月，联华超市抓住市政府"菜篮子工程"的契机，在上海的连锁超市行业中首先引进了生鲜食品的经营。1996 年 3 月，联华超市建立了生鲜食品加工配送中心。1997 年联华超市又有意识地将生鲜食品的经营与市政府的厨房工程贴近，在山东、浙江、河南、河北、江苏等地开发了生鲜食品基地，初步建成了全国采购网，先后建立了肉食品、鸡蛋、副食品等生产供应基地，开创了超市与园艺常定向种菜的先河。

从联华近年来的实践看，其个性化经营模式成功地实现了三个转变：一是建立并依托生产基地，实现了由原来多个环节向产销对接的转变；二是突破了传统的商业经营体制，实现了由单一零售商业向生产、加工、销售一体化的转变；三是冲破了商业无科技含量的旧观念，实现了由低层次的商品供应向蕴有科技含量的转变。此外联华超市在品牌经营过程中，也注重以贴近日常消费的生活日用品为切入点，以同样的品质，不一样的价格为核心，通过工商联手、定牌监制的方式，开发了一批联华品牌的日用纸制品系列和日用小商品系列。开发品牌、提炼品牌、形成品牌、联华的品牌战略推动了联华的规模经营，又扩大了联华的无形资产，形成了联华超市规模经营的整体优势。

想一想

试简述联华超市在营销上的措施，并简述其营销的控制过程。

【学以致用】

实践目标

理解研究、分析企业进行市场营销控制的四种方法，以及上述四种控制方法的含义、特点和控制工具。

实践方案

结合上述联华超市的案例，以小组为单位试做出分析，分析其企业市场控制过程。

技能培养

通过对企业是市场营销的控制的分析，学生了解市场营销控制的基本含义、任务、特点与类型。

【项目小结】

营销计划是企业战略管理的最终体现。好的营销计划可以使企业的目标有条不紊的顺利实现。若营销计划只是出售商品的数量或销售金额以及日常工作的计划是不够充分的，营销计划一定要成为能够实现公司的经营方针、经营目标以及符合发展计划、利益计划、损失计划、资产计划的整个内容才行。

市场营销控制是指市场营销管理者为了确保预定营销计划的运行、衡量和评估营销计划的成果，从而实施的一整套工作程序或工作制度。

市场营销控制的原则：
①市场营销控制的目标管理性。
②市场营销控制的及时性。
③市场营销控制的客观性。
④市场营销控制的经济性。

风险管理的定义：当企业面临市场开放、法规解禁、产品创新，均使变化波动程度提高，连带增加经营的风险性。良好的风险管理有助于降低决策错误之几率、避免损失之可能、相对提高企业本身之附加价值。

【项目练习】

（一）单项选择题（在每小题的四个备选答案中选出一个最合适的答案）

1. （　　）是最常见的市场营销组织形式。
   A. 职能型组织　　　　　　B. 产品型组织
   C. 地区型组织　　　　　　D. 管理型组织

2. 制定实施市场营销计划，评估和控制市场营销活动，是（　　）的重要任务。
   A. 市场主管部门　　　　　B. 市场营销组织
   C. 广告部门　　　　　　　D. 销售部门

3. （　　）是最常见的市场营销组织形式。
   A. 职能型组织　　　　　　B. 产品型组织
   C. 地区型组织　　　　　　D. 管理型组织

4. 年度计划控制要确保企业在达到（　　）指标时，市场营销费用没有超支。
   A. 分配指标　　　　　　　B. 生产计划
   C. 长期计划　　　　　　　D. 销售计划

5. 销售差距分析主要用来衡量造成（　　）的不同因素的影响程度。

A. 销售差距　　　　　　　B. 市场营销
C. 营业总额　　　　　　　D. 销售数量

(二) 判断题（判断下列论述是否正确）

1. 市场营销组织设置不应该都按一种模式设置市场营销机构。（　）
2. 市场营销审计是进行市场营销控制的有效工具，其任务是对企业或经营单位的财务状况进行审查。（　）
3. 在市场营销计划的实施过程中，组织结构起着决定性的作用。（　）
4. 企业实行计划的过程中，新旧战略、计划之间的差异越小，实施中可能遇到的阻力也就越大。（　）
5. 市场营销组织形式实质就是研究如何配置人力资源。（　）

(三) 简答题

1. 职能型组织的主要特点是什么？
2. 市场营销计划通常包含哪些内容？
3. 企业要达到有效性，实现工作的高效率，必须具备的基本条件是什么？

(四) 论述题

A 公司在甲、乙、丙三地区的计划销售量分别是 2000 件、2500 件、3500 件，共计 8000 件。实际销售量分别是 1000 件、2000 件、3300 件。请分析其地区实际销售量与计划销售量之间的差距和原因。

(五) 技能题

某销售经理审查了公司的地区销售并注意到东部销售额低于定额 3%。为进一步调查，销售经理审查了地区销售额。发现东部沿海的福建销售区对此有责任，然后，又调查了该销售区的三位销售员的个人销售。结果显示高级销售员张某在这一阶段只完成了其分配额的 60%。可不可以肯定地推断出张某工作懒散或有个人问题？

参考文献

[1] 菲利普·科特勒. 营销管理. 北京:中国人民大学出版社,2001.
[2] 迈克尔·波特. 竞争战略. 北京:华夏出版社,2005.
[3] 沈祖德. 产品市场定位成功实例集锦. 管理工程师,1997(6):35-36.
[4] 廖晓丹. 贺州市芬芳果蔬食品有限公司营销策略研究. 广西大学硕士学位论文,2016.
[5] 吴健安. 市场营销学. 北京:清华大学出版社,2012.
[6] 罗杰·A·凯林. 市场营销. 北京:世界图书出版公司,2013.
[7] 林华瑾. 市场营销学. 北京:中国经济出版社,2014.
[8] 杨剑英,杨春洪. 市场营销学. 南京:南京大学出版社,2013.
[9] 艾·里斯,杰克·特劳特. 定位. 北京:机械工业出版社,2010.
[10] 晁钢令. 市场营销学. 上海:上海财经大学出版社,2014.
[11] 章蓉. 药品市场营销原理与实务. 北京:中国轻工业出版社,2013.
[12] 吴澎. 食品营销学. 北京:化学工业出版社,2012.
[13] 卢万强. 食品营销学. 北京:化学工业出版社,2007.
[14] 王燕茹. 食品市场营销. 北京:化学工业出版社,2007.
[15] 詹跃勇,曹源,董立哲. 食品市场营销. 北京:中国科学技术出版社,2013.
[16] 吴辉. 益海嘉里特种油脂产品市场细分策略研究. 吉林化工学院学报,2015(10):101-104.
[17] 周静. 产品市场定位的创新策略研究. 现代商业,2009(9):152-153.
[18] 理查德·库尔斯. 农产品市场营销学. 北京:清华大学出版社,2006.
[19] 安玉发. 食品营销学. 北京:中国农业出版社,2002.
[20] 赵政华,杨阳. 电商环境下的南通特色食品企业营销策略创新研究. 市场周刊(理论研究),2017(11):65-67.
[21] 赵斌乐. 暖春食品精细化营销管理优化研究. 广西大学硕士学位论文,2017.
[22] 李怀堤. 浅析阜阳方便面企业营销环境. 时代经贸. 2015(10):98-101.
[23] 杨小红,赵洪珊主编. 市场营销学. 北京:中国纺织出版社,2016.
[24] 张新昌等编著. 食品包装设计与营销. 北京:化学工业出版社,2008.
[25] 邹晓燕. 食品安全视角下食品企业营销对策研究. 河南商业高等专科学校学报,2013(05):71-73.
[26] 肖长荣. 我国民营食品企业市场营销环境浅析. 中国商贸,2010(20):22-23.